体育健身原理与方法

易　锋　刘德华　编著

苏州大学出版社

图书在版编目(CIP)数据

体育健身原理与方法/易锋,刘德华编著. —苏州:苏州大学出版社,2019.6(2024.7重印)
ISBN 978-7-5672-2885-6

Ⅰ.①体… Ⅱ.①易… ②刘… Ⅲ.①体育锻炼-高等学校-教材 Ⅳ.①G806

中国版本图书馆 CIP 数据核字(2019)第 138188 号

体育健身原理与方法

易　锋　刘德华　编著

责任编辑　周建兰

苏州大学出版社出版发行
(地址:苏州市十梓街1号　邮编:215006)
常州市武进第三印刷有限公司印装
(地址:常州市武进区湟里镇村前街　邮编:213154)

开本 787 mm×1 092 mm　1/16　印张 13.25　字数 331 千
2019 年 6 月第 1 版　2024 年 7 月第 9 次印刷
ISBN 978-7-5672-2885-6　定价:32.00 元

苏州大学版图书若有印装错误,本社负责调换
苏州大学出版社营销部　电话:0512-67481020
苏州大学出版社网址　http://www.sudapress.com
苏州大学出版社邮箱　sdcbs@suda.edu.cn

前 言
PREFACE

  《全民健身计划（2016—2020年）》指出，全民健康是国家综合实力的重要体现，是经济社会发展进步的重要标志。全民健身是实现全民健康的重要途径和手段，是全体人民增强体魄、拥有幸福生活的基础保障。实施全民健身计划是国家的重要发展战略。《"健康中国2030"规划纲要》指出，推进健康中国建设，是全面建成小康社会、基本实现社会主义现代化的重要基础，是全面提升中华民族健康素质、实现人民健康与经济社会协调发展的国家战略。

  生命在于运动，体育健身对于我们每个人都有着非同寻常的意义。体育健身活动可以增强人的体质，提高人的心理素质。健康的体魄来源于体育健身，"终身体育"和"健康第一"的理念已经深入人心。但是目前由于种种原因，许多人还是忽视了体育锻炼的重要性，特别是多数年轻人，工作压力大、竞争强，身心处于亚健康状态。因此，对国民进行体育健身意识的培养和健身科学知识的教育，使之"学会锻炼"并科学地进行锻炼，养成自觉和积极锻炼的良好习惯，奠定终身体育锻炼的基础，走自我发展和完善健康的道路，是当前体育工作者的重要任务。

  体育健身重在遵循身体发展规律，了解健身原理，按照科学的健身方法，循序渐进地进行，才能达到预期的健身目标。人们只有了解自身身体的发展规律，熟悉健身的原理和原则，掌握科学的健身方法，才能通过体育健身活动实现身心健康的愿望。

  基于以上原因我们撰写了此书。由于水平有限，书中难免存在不少问题和不足之处，敬请广大读者批评、指正。

目 录

Contents

第一章　体育健身与身体发展 ··· 1

　第一节　健康与身体发展 ·· 1
　第二节　体质与身体发展 ·· 7
　第三节　影响身体发展的基本因素 ··· 10
　第四节　体育健身的科学基础 ·· 15
　第五节　健身锻炼对身体发展的促进作用 ··· 20

第二章　社会发展与体育健身运动 ··· 27

　第一节　体育健身运动的兴起与发展 ··· 27
　第二节　现代社会的体育健身运动 ·· 30
　第三节　现代生活方式与体育健身运动 ·· 34
　第四节　现代体育健身运动 ··· 41

第三章　体育健身与健康促进 ·· 47

　第一节　健身运动与健康 ·· 47
　第二节　健身运动与运动保健 ·· 49
　第三节　体育健身与健康促进 ·· 54

第四章　体育健身与营养卫生 ·· 62

　第一节　体育健身与营养健康 ·· 62
　第二节　体育健身与卫生 ·· 72

第五章　体质测试与评价 ·· 86

　第一节　体质概述 ··· 86
　第二节　体质测试与评价 ·· 88

第六章　运动处方的制定与执行 ………………………………………… 95

第一节　运动处方的概念与内容 ……………………………………… 95
第二节　运动处方的组成要素 ………………………………………… 100
第三节　运动处方的制定 ……………………………………………… 102

第七章　体育健身中常见损伤与预防 …………………………………… 114

第一节　运动损伤概述 ………………………………………………… 114
第二节　常见运动损伤与预防 ………………………………………… 115
第三节　常见运动损伤的治疗与康复 ………………………………… 118

第八章　有氧锻炼 …………………………………………………………… 125

第一节　有氧锻炼概述 ………………………………………………… 125
第二节　有氧锻炼处方的组成要素 …………………………………… 130
第三节　有氧锻炼处方的实施过程 …………………………………… 132
第四节　有氧锻炼注意事项 …………………………………………… 138

第九章　健美锻炼 …………………………………………………………… 139

第一节　健美锻炼概述 ………………………………………………… 139
第二节　健美锻炼的动作与锻炼方法 ………………………………… 145
第三节　影响健美锻炼效果的因素 …………………………………… 154
第四节　健美锻炼注意事项 …………………………………………… 159

第十章　塑身锻炼 …………………………………………………………… 163

第一节　塑身锻炼概述 ………………………………………………… 163
第二节　身姿锻炼 ……………………………………………………… 164
第三节　形体锻炼 ……………………………………………………… 167
第四节　塑形锻炼 ……………………………………………………… 169
第五节　矫形锻炼 ……………………………………………………… 173

第十一章　减肥锻炼 ………………………………………………………… 177

第一节　身体成分与身体密度 ………………………………………… 177
第二节　肥胖及其危害 ………………………………………………… 178
第三节　肥胖产生的原因与减肥的机理 ……………………………… 179
第四节　减肥锻炼的实施过程 ………………………………………… 181
第五节　减肥锻炼注意事项 …………………………………………… 183

第十二章　体能锻炼 …………………………………………………………… 184

　　第一节　体能概述 ………………………………………………………… 184
　　第二节　力量素质及其锻炼 ……………………………………………… 185
　　第三节　速度素质及其锻炼 ……………………………………………… 188
　　第四节　耐力素质及其锻炼 ……………………………………………… 192
　　第五节　柔韧素质及其锻炼 ……………………………………………… 197

参考文献 ………………………………………………………………………… 203

第一章 体育健身与身体发展

第一节 健康与身体发展

一、健康的内涵

从古到今,健康与长寿始终是人类永恒的主题。

受传统观念和世俗文化的影响,人们往往将健康单纯理解为"无病、无残、无伤"。然而,随着社会的发展和科学技术的进步,世界卫生组织(World Health Organization,WHO)对健康的定义有了新的认识。

在《辞海》中健康的概念是:"人体各器官系统发育良好、功能正常,体质健壮、精力充沛,并具有良好劳动效能的状态。通常用人体测量、体格检查和各种生理指标来衡量。"这种提法要比"健康就是没有病"完善些,但仍然把人作为生物机体来对待。虽然它提出了"劳动效能"这一概念,但仍未把人当作社会人来对待。这种对健康的认识,在生物医学模式时代被公认是正确的。

随着医学科学的进步,解剖学、生理学、细胞病理学和生物化学等理论的形成以及各种理化检查项目的开展,人类对健康的认识有了不断的发展。1948年,世界卫生组织在其宪章中对健康所下的定义是:"健康不仅是免于疾病和衰弱,而且是保持体格方面、精神方面和社会方面的完美状态。"

1978年9月,国际初级卫生保健大会发表的《阿拉木图宣言》中对健康内涵的描述重申:"健康不仅是疾病和体弱的匿迹,而且是身心健康、社会幸福的完美状态。"并且提出:"健康是人的基本权利,达到尽可能的健康水平,是世界范围内的一项最重要的社会性目标。"

1990年,世界卫生组织对健康又做出了最新定义:"一个人在躯体健康、心理健康、社会适应良好和道德健康四个方面皆健全,才算健康。"

综上所述,健康是指一个人在身体、精神和社会等方面都处于良好的状态。健康包括两个方面的内容:一是主要脏器无疾病,身体形态发育良好,体形均匀,人体各系统具有良好的生理功能,有较强的身体活动能力和劳动能力,这是对健康最基本的要求;二是对疾病的抵抗能力较强,能够适应环境变化、各种生理刺激以及致病因素对身体的作用。传统的健康观是"无病即健康",现代人的健康观是整体健康。世界卫生组织提出,"健康不仅是躯体没有疾病,还要具备心理健康、社会适应良好和有道德"。

因此,现代人的健康内容包括:躯体健康、心理健康、道德健康、社会适应能力良好等。

(一) 躯体健康

通常认为"躯体健康"就是人体生理健康，指人体结构的完整和生理功能正常，具有良好的健康行为和习惯，是其他健康的基础。从外表看为"体格健壮，精力充沛"，而从生理指标看即医务部门常用的几个指标，如心跳、脉搏、血压、肺活量等正常。但是由于各人年龄不同，性别不同，地域差异，民族情况，以及不同职业间的差别，躯体健康的指标都会有所不同，因此，目前的躯体健康只能是粗线条的。主要参照以下两方面：

1. 体能

体能是一种能满足生活需要和有足够的能量完成各种活动任务的能力。它主要通过体育锻炼而获得。具备这种能力，就可以预防疾病，提高生活质量。

2. 智力

智力健康即指智力正常，具备思维的认知能力，能够准确地用语言和文字表达自己的思想，描述不同的事物，并能对不同的人与事物做出分析与判断，在长期的学习和生活中，大脑始终保持活跃状态。有许多方法可以使大脑活跃、敏捷，如听课、与朋友讨论问题和阅读报刊书籍等。努力学习和勤于思考还能使人有一种成就感和满足感。

(二) 心理健康

心理健康是现代人健康不可分割的重要方面，那么，什么是人的心理健康呢？人的生理健康是有标准的，一个人的心理健康也是有标准的。不过人的心理健康标准不及人的生理健康标准具体与客观。了解与掌握心理健康的定义，对于增强与维护人们的健康有很大的意义。当人们掌握了衡量人的心理健康标准，就能以此为依据对照自己，进行心理健康的自我诊断。若发现自己的心理状况某个或某几个方面与心理健康标准有一定距离，就有针对性地加强心理锻炼，以期达到心理健康水平。若发现自己的心理状态严重地偏离心理健康标准，就要及时求医，以便早期诊断与早期治疗。

心理健康是指一种持续且积极发展的心理状态，在这种状态下，主体能做出良好的适应，并且充分发挥其身心潜能。心理健康教育是"新健康教育"的一个重要组成部分，它是以培养身心健康的社会公民为目的，通过运用健康管理的方法，以生活环境、功能环境的改善为主，人文环境的改善相配合，以全体公民为主体，提供科学、健康、专业的指导。在学校健康教育中，"新健康教育"要求在学校建设专门的健康指导室（心理咨询室），配备专业的心理咨询师，以开设心理课程和开展课外活动等方法引导学生的心理健康发展。同时，开设"亲情聊天室"，为亲情的连接打开通道，为学生们的健康成长铺就一条畅途。

心理健康是形成健全人格的重要基础，是以一个人的整个行为以及他对整个客观世界的适应性作为观察、评估心理健康的基础，不能孤立地观察或只重视某一方面的症状和表现。心理健康主要参照以下两方面：

（1）情绪。情绪健康指应对日常生活中人际关系和环境压力的能力。情绪涉及我们对自己的感受和对他人的感受，情绪健康的主要标志是情绪的稳定性。所谓情绪稳定性，是指个体适应日常生活的人际关系和环境压力的能力。生活中偶尔情绪高涨或情绪低落属于正常，关键是在生活的大部分时间里要保持情绪稳定。

（2）精神。精神健康对于不同宗教、文化和国籍的人意味着不同的内容，主要包括理解生活基本目的的能力以及关心和尊重所有生命的能力，属于心理的高层次范畴。

心理健康的标准：
（1）有适度的安全感，有自尊心，对自我的成就有价值感。
（2）适度地自我批评，不过分夸耀自己，也不过分苛责自己。
（3）在日常生活中，具有适度的主动性，不为环境所左右。
（4）理智、现实、客观，与现实有良好的接触，能容忍生活中挫折的打击，无过度的幻想。
（5）适度地接受个人的需要，并具有满足此种需要的能力。
（6）有自知之明，了解自己行为的动机和目的，能对自己的能力做客观的估计。
（7）能保持人格的完整与和谐，个人的价值观能适应社会的标准，对自己的工作能集中注意力。
（8）有切合实际的生活目标。
（9）具有从经验中学习的能力，能适应环境的需要改变自己。
（10）有良好的人际关系，有爱人的能力和被爱的能力。在不违背社会标准的前提下，能保持自己的个性，既不过分阿谀，也不过分寻求社会赞许，有个人独立的意见，有判断是非的标准。

（三）道德健康

道德健康主要是指不以损害他人利益来满足自己的需要和有辨别真假、善恶、荣辱、美丑等是非观念。人们从社会生活中，每个人都会深深感到，一个社会的全体成员、一个团体的全体成员的道德修养，对于调整人与人之间的和谐、友好的关系，改善社会风气，促进人们的身心健康关系重大。还有专家提出，人类的道德规范产生于人类的社会生活，一个在社会生活中遵循道德规范的人应该说这是他道德健康的体现。道德健康是"新健康教育"的一个重要组成部分，它以培养道德健康的社会公民为目的，通过运用健康管理的方法，以人文环境的改善为主，生活环境、功能环境的改善相配合，运用知识教学与环境塑造相结合的方式，注重从思想上与行为上培养高尚的道德修养。"新健康教育"配备专业的老师，在学校举办道德健康讲座，开展各项活动普及法律知识，让学生们通过爱自己、爱父母、爱同学、爱老师，逐步升华到爱家乡、爱祖国，在切身行动中加强道德观念修养，养成良好的道德行为习惯，成为道德健康的人。

道德健康是健康的第一要素，健康应以道德为本。"道"，既是指人在自然界及社会生活中待人处世应当遵循的一定规律、规则、规范等，也是指社会政治生活和做人的最高准则。"德"是指个人的品德和思想情操。可以说，道德是人类应当遵守的所有自然、社会、家庭、人生的规律的统称。违反了这些规律，人们的身心健康就会受到伤害。

衡量道德健康的标准很多，主要包括法律法规、道德规范、职业美德、社会舆论以及除法律之外的道德约束等标准。

（四）社会适应能力良好

社会适应能力良好是指人为了在社会上更好的生存而进行的心理上、生理上以及行为上的各种适应性的改变，与社会达到和谐状态的一种适应能力。

个人为与环境取得和谐的关系而产生心理和行为变化，它是个体与各种环境因素连续而不断改变的相互作用过程，它有三个基本组成部分：

（1）个体。个体是社会适应过程的主体。
（2）情境。情境与个体相互作用，情境不仅对个体提出了自然的和社会的要求，而且也是个体实现自己需要的来源,人际关系是个体在社会适应过程中情境的重要部分。

(3) 改变。改变是社会适应的中心环节。它不仅包括个体改变自己以适应环境,而且包括个体改变环境,使之适合自己的需要。

个体在遇到新情境时,一般有三种基本的适应方式:解决问题,改变环境,使之适合个体自身的需要;接受情境,包括个体改变自己的态度、价值观,接受和遵从新情境的社会规范和准则,主动地做出与社会相符的行为;心理防御,个体采用心理防御机制掩盖由于新情境的要求与个体需要的矛盾所产生的压力和焦虑。

二、健康的评价

(一) 世界卫生组织为现代健康人制定的10条健康标准

(1) 精力充沛,能从容不迫地应付日常生活和工作压力,而不感到过分紧张。
(2) 心态端正,处事乐观,态度积极,乐于承担任务,不论事情大小都不挑剔。
(3) 善于休息,睡眠良好。
(4) 应变能力强,能适应外界环境的各种变化。
(5) 抗病能力强,对一般感冒和传染病有一定的抵抗力。
(6) 身体结构合理,体重适当,体态均匀,身体各部位比例协调。
(7) 眼睛有神,反应敏锐,眼睑不发炎。
(8) 牙齿健康、洁白,无蛀牙,无缺损,无疼痛感。
(9) 头发有光泽,无头屑。
(10) 肌肤细滑,有光泽,有弹性,走路轻松、协调。

(二) 健康的自我衡量标准

(1) 食得快:内脏功能正常,进食时有很好的胃口,能快速吃完一餐饭而不挑剔食物。
(2) 便得快:胃肠功能良好,有便意时,能很快排泄大小便,且感觉轻松自如。
(3) 睡得快:上床能很快熟睡,且睡得深,醒后精神饱满,头脑清醒。
(4) 说得快:语言表达正确,说话流利,表示头脑清楚,思维敏捷,心、肺功能正常。
(5) 走得快:行动自如、转变敏捷,表明精力充沛旺盛。
(6) 良好的个性:性格温和,意志坚强,感情丰富,具有坦荡的胸怀与达观的心境。
(7) 良好的处世能力:看问题客观现实,具有自我控制能力,适应复杂的社会环境,对事物的变迁能始终保持良好的情绪,能保持对社会外环境与机体内环境的平衡。
(8) 良好的人际关系:待人接物能大度和善,不过分计较,能助人为乐,与人为善。
(9) 适量运动:运动能改变血液中的化学成分,有利于防止动脉血管硬化,保护血液,维护心血管系统的健康。要经常参加以耐力性为主的运动项目,如跑步、球类、登山等。

三、影响健康的因素

影响人类健康的因素是十分复杂的,大致可分为两大类:一类是有利于健康的因素,称为"健康促进因素";另一类是不利于健康的因素,它是可以直接或间接地招致疾病或死亡,或可使发生疾病或死亡的可能性增加的因素,称为"健康危险因素"。世界卫生组织(WHO)提出:"健康不是基本人权,而是自我责任,现代健康观应该是学会自我医疗与自我保健。"因此,现代健康应加强健康教育、健康保护、健康促进,提倡自我保健。要求人们把注意力由偏重于治疗(并非治疗不重要)转向积极地预防和保健,由依赖医生转向由自己把握健康的命运。据统计显示:自我保健占60%,遗传因素占15%,社会因素占10%,医疗因素占8%,

气候因素占7%。

影响人体健康的因素究竟有哪些？随着医学模式和健康观的转变，从社会医学和预防医学的"大卫生观"出发，一般将影响人体健康的因素分为四大类。

（一）生物学遗传因素

生物学遗传因素对健康的影响包括生物性致病因素、心理因素、遗传因素三个方面。生物性致病因素是指感染致病菌、病毒、螺旋体、立克次体、衣原体和支原体等病原微生物或感染寄生虫而引起疾病。随着预防医学的发展和诊疗技术的提高，生物性因素致病概率在不断下降，治愈率在不断提高，因此其对健康的危害正在退居次要地位。随着市场经济带来的压力增加，加上医学模式的转变，心理因素的致病作用越来越被人们所认识和重视。今后，心理性问题和精神疾病对人类健康的危害将会进一步显现。

遗传因素对健康的影响分为遗传性疾病和体质遗传两个方面。前者是指遗传缺陷性疾病，如血友病、白化病和有遗传倾向的疾病如高血压、糖尿病及某些肿瘤等；后者是指体质机能，如胖瘦、心脏功能天生低下等，通过后天的营养和运动等可以加以改变。有遗传倾向的疾病也可通过改良生活方式及行为，达到预防或延缓发病年龄的目标。

（二）环境因素

环境因素是指围绕着人类空间及其直接或间接地影响人类生活的各种自然因素和社会因素之总和。人类环境强调人体与自然环境和社会环境的统一，强调健康、环境与人类发展问题不可分割。

人类环境包括自然环境和社会环境。

1. 自然环境

自然环境又称物质环境，是人类生存的必要条件，主要是指围绕人类周围的客观物质世界，如水、空气、土壤及其他生物等。保持自然环境与人类的和谐，对维护、促进人类健康有着十分重要的意义。若破坏了人与自然的和谐，人类社会就会遭到大自然的报复。在自然环境中，影响人类健康的因素主要有生物因素、物理因素和化学因素。

（1）生物因素：包括动物、植物及微生物。一些动物、植物及微生物为人类的生存提供了必要的保证，但另一些动物、植物及微生物却通过直接或间接的方式影响甚至危害人类的健康。

（2）物理因素：包括气流、气温、气压、噪声、电离辐射、电磁辐射等。在自然状况下，物理因素一般对人类无危害，但当某些物理因素的强度、剂量及作用于人体的时间超出一定限度时，会对人类健康造成危害。

（3）化学因素：包括天然的无机化学物质、人工合成的化学物质及动物和微生物体内的化学元素。一些化学元素是保证人类正常活动和健康的必要元素；一些化学元素及化学物质在正常接触和使用情况下对人体无害，但当它们的浓度、剂量及与人体接触的时间超出一定限度时，将对人体产生严重的危害。

2. 社会环境

社会环境又称非物质环境，是指人类在生产、生活和社会交往活动中相互间形成的生产关系、阶级关系和社会关系等。在社会环境中，有诸多的因素与人类健康有关，包括社会制度、法律、经济、文化、教育、人口、民族、职业等。社会环境是人类在自然环境的基础上，有目的、有计划地创造而成的人工环境，是人类物质文明和精神文明发展的标志。社会环境因素对人体的致病影响,可以通过破坏社会环境直接影响人体健康。

(三) 行为和生活方式因素

行为和生活方式因素是指因自身不良行为和生活方式,直接或间接地给健康带来的不利影响。例如,糖尿病、高血压、冠心病、结肠癌、前列腺癌、乳腺癌、肥胖症、性传播疾病和艾滋病、精神性疾病、自杀等均与行为和生活方式有关。

1. 行为因素

行为因素是指人类在其主观因素影响下产生的外部活动,是影响健康的重要因素,几乎所有影响健康因素的作用都与行为有关。如吸烟与肺癌、慢性阻塞性肺病、缺血性心脏病及其他心血管疾病密切相关。酗酒、吸毒、婚外性行为等不良行为严重危害人类健康。

2. 生活方式

生活方式是指人们在长期的民族习俗、规范和家庭影响下所形成的一系列生活意识及习惯。不良的生活方式和行为导致了慢性非传染性疾病及性病、艾滋病的迅速增加。近年来我国恶性肿瘤、脑血管病和心血管病已占总死亡原因的61%。据有关调查,只要有效地控制行为危险因素,如不合理饮食、缺乏体育锻炼、吸烟、酗酒和滥用药物等,就能减少40%~70%的早死、1/3的急性残疾、2/3的慢性残疾。

(四) 卫生保健因素

卫生保健包括预防服务、治疗报务、康复服务等几个方面,是指促进及维护人类健康的各类医疗、卫生活动,它包括医疗机构所提供的诊断、治疗服务,也包括卫生保健机构提供的各种预防保健服务。一个国家医疗卫生服务资源的拥有、分布及利用将对其人民的健康状况起重要的作用。

随着社会的发展、人们健康观的转变以及人类疾病的不断变异,人类行为和生活方式对健康的影响越来越引起人们的重视。合理、卫生的行为和生活方式将促进和维护人类的健康,而不良的行为和生活方式将严重威胁人类的健康,甚至导致一系列身心疾病。

四、健康的维护

健康专家经过长期研究得出了一个健康公式:健康=(情绪稳定+运动适量+饮食合理)/(懒惰+嗜烟+嗜酒)。上述公式中分子越大,身体越健康;分母越大,身体越差。因此,维护健康的措施是:平衡饮食、适量运动、戒烟限酒、心理健康四个方面。

(一) 平衡饮食

生活中饮食营养要均衡,不但要吃多种谷物和粗粮,还要多吃新鲜水果和蔬菜,注意少油、低盐、无糖,控制主食量。

(二) 适量运动

适量运动是指运动者根据个人的身体状况、场地、器材和气候条件,选择适合的运动项目,使运动负荷不超过人体的承受能力。适量运动是保持脑力和体力协调,预防、消除疲劳,防止亚健康,延年益寿的一个重要因素。切忌在疲劳到极点时参加运动,此时运动对人体有害无益。对待运动的科学态度是"贵在坚持,贵在适度"。就是说,运动不能一曝十寒,运动必须持之以恒,不可中途而废,即使不能每天锻炼,每周也要锻炼三到五次并延续下去。养生专家认为,人的运动量应以每天不少于一小时为宜。

(三) 戒烟限酒

应节制欲望,消除不良嗜好,不吸烟,少喝酒。抽烟易患肺癌、唇癌、舌癌、喉癌、食道癌,与膀胱癌也有关。酗酒易导致肝硬化,引发肝癌。因为酒精会抑制制造抗体的 B 细胞,增加细菌感染的机会。

(四) 心理健康

应相信科学的指导,建立良好的信念,坚定信心,保持乐观、平和的心态。心理健康是指精神活动正常、心理素质好,大多与遗传(基因)相关。心理健康者既能过着平平淡淡的日子,也能经受各种事件的发生。心理健康者在社交、生产、生活上能与其他人保持较好的沟通或配合,能够适应发展着的环境,具有完善的个性特征;且其认知、情绪反应、意志行为处于积极状态,并能保持正常的调控能力。在生活实践中,能够正确认识自我,自觉控制自己,正确对待外界影响,从而使心理保持平衡协调,即具备了心理健康的基本特征。

第二节 体质与身体发展

一、体质的概念

"发展体育运动,增强人民体质",作为中华人民共和国体育事业发展的方针,一直指导着我国体育事业的发展。但对于体质,体育界一直没有明确的定义。直到 1982 年,中国体育科学学会体育体质研究分会才对体质下了一个权威定义:体质,是人体的质量,它是在遗传性和获得性基础上表现出来的人体形态结构、生理功能和心理因素的综合的、相对稳定的特征,是人体在先天遗传的基础上和后天环境的影响下,在生长、发育和衰老的过程中逐渐形成的身、心两方面相对稳定的特质。

遗传是人的体质发展变化的先天条件,对一个人的体质强弱有重要影响,如机能、体形、性格等,都与遗传有关。后天因素,如环境、营养、体育锻炼等条件,也与体质强弱有密切关系。体质在人的不同发展时期及年龄段具有明显的差异性和阶段性。不同人的体质差异表现在形态发育、生理机能、心理状态、身体素质、对环境的适应及对疾病的抵抗能力等方面。同时,在人的生命活动的各个阶段,从幼儿、儿童、青少年到中老年,体质状况不但具有某些稳定特征,而且在发展过程中表现出阶段性。

二、体质的内容

体质通常包含人体的身体形态发育水平、生理功能、身体素质和运动能力、心理发育水平及适应能力五个方面。

(一) 身体形态发育水平

身体形态发育水平即体格、体形、姿势等。常用测试指标主要包括身高、坐高、体重、胸围、腰围、臀围、皮褶厚度等。身高是反映人体骨骼生长发育和人体纵向高度的主要形态指标,它与体重等指标的比例关系,可以反映体形特点。体重是反映人体横向生长的整体指标。胸围可以表示胸廓大小和肌肉发育状况,是人体宽度和厚度最具代表性的指标。腰围不仅可以反映体形特点,同时,保持腰围和臀围的适当比例,还对成年人的健康及寿命有重要意义。

(二) 生理功能

生理功能即机体新陈代谢水平及人体各器官、系统功能。测定的指标有脉搏(心率)、血压和肺活量等。脉搏、血压是检查人体心血管功能的简易指标;肺活量能反映肺的容积和肺的扩张能力。

（三）身体素质和运动能力

身体素质和运动能力即速度、力量、耐力、灵敏、柔韧等素质和走、跑、跳、投、攀爬等运动能力。例如,50米跑反映了速度素质,即人体快速奔跑能力;1 000米跑反映了耐力素质,即较长时间的奔跑能力;立定跳远主要反映下肢肌肉爆发力和弹跳能力。

（四）心理发育水平

心理发育水平即本体的感知能力、个性、意志等。

（五）适应能力

适应能力即对内外环境的适应能力和对疾病的抵抗能力,它反映了人体在适应自然环境和社会环境中所表现出来的机能能力。

以上五个方面相互依存、相互影响和相互制约,决定着人们的不同体质水平。身体形态发育水平和生理功能构成了体质的基础,身体素质和运动能力、适应能力及心理发育水平是体质的外在表现。一方面,一定的身体形态发育水平和生理功能表现出某种身体素质、运动能力及心理状况;另一方面,通过提高身体素质和运动能力,与机体相对应的生理功能和身体形态结构也会发生一系列变化,这些变化是与机体外在环境改变相适应的。同时,提高身体素质和运动能力的过程对人的心理也会产生一定影响,从而促进人的个性、心理良性发展。

三、体质的影响因素

人的体质在一生中并非是一成不变的,先天因素起着决定性的作用,是体质形成的第一要素;而后天因素决定体质的发展和差异性。

（一）遗传因素

遗传是指亲代的特征通过遗传物质传递给后代的过程。人体的形态、结构、相貌、肤色等均受遗传的影响。遗传是人体生长发育的基础,是人的体质形成的重要因素,对体质的强弱具有重要的影响。

（二）环境因素

人类所处的环境,包括自然环境和社会环境以及人类赖以生存的一切条件,如物质生活条件、学习环境、工作环境、社会制度、气候条件、生态环境、保健制度、教育水平及体育锻炼等,特别是人类特有的社会环境,对于人体体质的发展起着至关重要的作用。

1. 自然环境

自然环境是指人类生态系统周围的各种因素,如阳光、空气、水、气候及各种生物等。自然环境对人体有很大的影响。人体的生存离不开阳光、空气和水,优美的自然环境让人精神振奋,呼吸通畅,内分泌协调,对人体产生良好的生理影响。相反,混浊的空气、没有草木的大地、污染的河流水源、日晒时间的不合理等,都会危害人体的健康。

2. 社会环境

人类社会为人们提供了生存和发展的物质保障,人的知识才能、形态、机能等只有在人类社会环境中才能形成和发展。一个国家的社会制度、环境、物质生活条件、社会经济状况及政治、经济文化等方面,都对人体的发展有很大的影响。社会经济落后,物质生活贫困,必然导致人的体质下降。长期的营养不良,会使儿童和青少年生长发育迟缓,体重减轻,人体免疫力降低。

（三）年龄和性别因素

年龄是影响体质的一个重要因素，体质随年龄变化而出现两头弱的特征，即幼儿和老年人体质弱，青少年和成年人体质强。幼儿脏腑娇嫩、气血未充，发育尚不完全；青少年和成年人发育健全，体格健壮，人体形态、机能、素质处于一生中最佳状态；而老年人脏腑功能低下、日趋衰老，形态、机能逐渐萎缩，体质综合能力下降。

男女体质也存在差别，现代生理病理学研究和临床实践发现，严重的呼吸道感染、中枢神经病毒性感染、病毒性肠胃炎和肝炎，男性比女性更为敏感，患病率更高。其原因主要是女性产生免疫力的基因比男性高一倍。情志活动贵在调和，如果长期遭受精神刺激或突然遭到剧烈的精神创伤，超过人体生理活动所调节的范围，就会影响体质，引起机体阴阳、气血失调，脏腑功能活动紊乱，从而导致疾病的发生。

（四）体育锻炼

"生命在于运动"这一科学原理，进一步明确了体育锻炼对维持和增强人体活力的重要性。有计划、有目的、科学地进行体育锻炼是对人体产生影响的重要因素，可以使机体在运动中消耗的能量得到超量恢复，增加体内的能量储备，提高机体内各组织器官系统的功能，使机体对营养物质的供应能力增强，促进机体的新陈代谢，摆脱一切对人体健康有影响的不利因素，达到增强体质的目的，使弱者变为强者，强者会变得更健壮。

（五）其他因素

生活条件的优劣，保健水平的高低，饮食因素、起居习惯和卫生，以及疾病因素、社会因素、地理因素等对体质都有一定的影响。另外，心理因素也是影响体质的重要原因。不良的性格和个性也会对体质带来不良的影响。

四、体质健康的标准

（一）身体发育良好

人体的生长主要表现在身体上的变化，而发育则是指人体各器官系统在形态和机能上的变化。人体生长、发育都受遗传、营养和自然生长的影响，但体育锻炼能够加速这个过程并使之更加完美。据统计，经常参加体育锻炼的青少年要比不参加体育锻炼的青少年身高高出4~8厘米。体形的健美主要表现在身体健壮、匀称和谐、比例协调。此外，健壮的体格还是发展体能的基础。

（二）精神状态良好，生命力旺盛

精神健康是衡量体质的一个重要方面。精神状态对身体健康有重要影响。精力充沛，生命力旺盛者，他的精神状态也会很好。

（三）机体适应能力较强

长期在各种条件下进行锻炼，能改善机体体温调节的机能，提高机体对自然环境的适应能力；同时，由于体育运动能促进血液循环，加速新陈代谢，提高造血机能，因而提高了对疾病的抵抗能力和对"文明病"的预防能力。因此，人们要有意识地在各种条件下进行运动，使身体能较好地适应各种环境。

（四）体能全面发展

体能是指机体在身体活动中表现出来的能力，它的发展与提高机体机能的过程是一致的。例如，发展了耐力素质，会使机体的心血管系统、呼吸系统和肌肉的工作持久力都得到发展，所以，身体素质好的人，身体的基本活动能力就强。

第三节　影响身体发展的基本因素

一、生物遗传因素

遗传是人体生长发育产生变化的主要原因,是人类和其他生物体共同具有的生物特征之一,各种生物都是通过生殖产生子代的。子代和亲代之间,在外貌、体态、性格、气质和生理机能等方面都很相似,这种现象叫遗传。遗传的物质基础是基因,基因的最主要成分是脱氧核糖核酸(DNA),正是由于亲代把具有自己特征的DNA传给子代,才使得子代获得与亲代相同的遗传性状。遗传性是生物体的一种属性,它使人体生长发育获得了物质基础,具备了人体生长发育所需的条件。对人类遗传的研究证明:人与人之间存在着遗传素质的差异,这种现象既存在于群体之中,也表现在亲代和子代之间,是一种生物体的变异反应。世界上不存在完全相同的人体,正常子女的身高、容貌在很大程度上取决于父母,但又不完全像。同一母亲所生子女,甚至孪生兄弟也各有不同之处,如肤色、身高、体重、身体素质、运动能力、智力、气质、性格、身体的基本活动能力及寿命等方面都具有不同的遗传性。这是遗传性的变异,是生物体发展的基础。遗传和变异是生命运动中的一对矛盾,这对矛盾既对立又统一:遗传是相对的、保守的;而变异是绝对的、发展的。正因为人体有遗传性,后代才能继承前代的性状,才保持了人类相对稳定的特性。而变异能使人体产生新的适应性变化。因此,遗传和变异是人体发展变化的基本规律,也是生物进化的主要动力,有变异才会有人类的发展。

人类存在着种族和血缘的关系。遗传是人体机体发展变化的先天条件,遗传基因对人体的身体形态、机能、肤色、气质、性格及健康、寿命均有影响,这是由于亲代的遗传基因(DNA)或称"遗传密码"在数目上、顺序上和排列方式上的一致性向后代传递的结果。然而,亲代之间遗传基因的排列和组合也存在着变异的现象,所以子女往往跟父母有所不同。这种变异形成生物体发展进化的基础。正确地掌握遗传与变异的规律,运用优生学原理,可使亲代之间的优越因素繁殖传递,从而改善后代的先天素质。

二、环境因素

适宜的环境可以使遗传因素得到充分的发展,还能使某些遗传方面的缺陷受到抑制和弥补。人类生活在自然环境和社会环境当中,这两种环境对人体发展起着主要作用,但是,起决定作用的应是社会环境,这个环境是人类生活的物质条件。

(一)社会环境

一个国家经济发展水平和物质文明、文化教育、医疗卫生制度等因素构成的社会环境是决定人们生长发育和体质状况的重要因素。例如,营养水平是社会物质生活条件的重要指标,长期营养不良,会导致体质水平的下降。从我国历年来对公民体质调查情况看,合理的营养、良好的人文环境和社会制度、健全的医疗保健制度等是增强体质的有效保证和关键因素。

当今社会竞争非常激烈,各种机遇和挑战,既给人们带来动力,也给他们造成巨大的压力。激烈的竞争,使人产生极大的心理压力和精神负担;复杂的社会工作,也给人们的躯体和精神带来极度的疲劳。另外,严重的社会公害——大气、水源、辐射、噪声的污染,还有某些低劣、变质的食品,不良风气和丑恶现象,这些都是社会环境影响人们健康的不利因素。

人类社会为人们提供了生存和发展的物质生活保障,人体如果离开这些物质生活条件,就难以生存下去。从近代公布野兽哺育人的婴儿事例,不难看出那些"狼孩"由于脱离人类社会的生活环境,同野兽共同生活成长,所以不会讲话,不会站立行走,只能爬行;相反,却具备了野兽的习性,如吃生肉、昼伏夜出等野性,已不具备人的基本特征。因此,人的知识、才能、形态、机能等只有在人类社会环境中才能形成和发展。一个国家的社会制度、环境、物质生活条件、社会的经济状况及政治、经济文化等方面的不同,都对人体的发展产生很大的影响。社会经济落后,物质生活贫困,必然导致人的体质下降,长期的营养不良,会使儿童和青少年生长发育迟缓,体重减轻,青春期的增长幅度减少,造成人体免疫力降低。据统计,一个在日本出生的婴儿寿命是孟加拉国出生婴儿寿命的两倍,日本人比尼日利亚人平均多活32.3岁。由此可见,社会经济的发展,物质生活条件的改善,能促进人的生长发育,增强人的体质,延长人的寿命。

(二) 自然环境

人类的生存依赖于自身所处的自然环境,所以自然环境对其健康产生直接或间接的影响。自然环境是指天然形成的水、空气、土壤、阳光等生存系统,它们是人体生存的物质基础。良好的自然环境与人体保持着一种平衡关系——生态平衡,对人体健康有促进作用。但由于地理或地质等原因,有些地区的土壤或水中存在过多或缺少某种元素,使得当地居民体内某种微量元素过多或过少,造成地方病。

我国经济的发展及某些人为的因素,也会造成对自然环境的污染(如森林被乱砍滥伐,造成水土流失;城市植被面积大幅度减少;大工厂的烟囱喷吐污浊浓烟,汽车废气及噪音等),从而破坏了大自然与人之间的生态平衡,使人体健康和正常寿命受到威胁,甚至引发疾病和死亡。可喜的是,如何处理好环境保护与防止污染的问题已成为当今世界各国政府和人们所关注的重要问题,并已采取了有关措施,如保护臭氧层、重视净化自然环境设施的建设、保护生物、维持生态平衡等。大学生更应加强环保意识,爱护一草一木,注意环境卫生,为营造良好的生态环境做出积极贡献。

(三) 家庭环境

大学生来自社会各阶层的不同家庭,他们的身心无不打上家庭的烙印。家庭成员的人生观、世界观、价值观及他们的思想作风、生活方式、家庭经济拮据或富裕、家长漠不关心或寄予过高的期望、家庭成员关系不和甚至父母离异等因素都会给大学生的身心健康带来影响。例如,某些大学生自由散漫,吸烟,酗酒,有不良生活方式和不良饮食习惯,好逸恶劳,不爱运动,任性,孤僻,人际关系不良,等等,都与家庭环境不良因素的影响有关。

良好的家庭环境对塑造孩子健康人格具有积极的作用和深远的影响,因此,作为合格的父母,要注重孩子的全面健康,促进儿童健全人格的建构。家长一定要对此引起足够的重视,要帮助孩子维护心理健康。除了观念上的滞后造成孩子心理障碍外,儿童不健康心理的另一杀手是不健康的生活方式,家长在家庭教育中要特别注重培养孩子良好而稳定的情绪和乐观开朗的性格,坚持运动,增强体质,提高生活质量,改变不良的行为习惯,养成良好的学习和生活习惯。

(四) 社会适应能力

社会适应能力是每个人都应该具备的一项重要能力,它所表示的是个人或群体与社会环境之间的积极的互相沟通的关系,具体是指个人或群体在与社会环境相互作用过程中通过不断调整自己的身心状态,从而使自己与社会环境相互协调、和谐。

1. 加强个性修养,提高人际沟通协调能力

爱因斯坦曾说过,"优秀的性格和钢铁般的意志比智慧和博学更为重要"。在生活中人们常说,"思想决定行为,行为决定习惯,习惯决定性格,性格决定命运"。的确,我们身边无数的成功者,其成功的真正原因,无一不是因为具有坚强、乐观、不屈不挠的个性。对每个人来说,自信而不自负,谦虚而不自卑,自尊而不自傲,自强而不拒绝善意扶助,不卑不亢,是社会适应性强的个性保证。同时,应当努力提高自己的人际沟通协调能力。良好的人际沟通协调能力能够促进我们熟悉社会规范,掌握科学技术和生产技能,加快社会化进程。在这方面,应注意从中国传统文化中汲取精华。要明礼好仁、平等尊重、团结互利、真诚守信、相互谅解,要学会赞美别人、换位思考,要保持一颗感恩的心灵,学会运用批评、建议的艺术。当然,增强人际交往的主动性是非常必要的。

2. 努力增强挫折承受力,勇于并善于走出困境

没有一帆风顺的人生,困难和挫折是人生旅途中不可避免的。面对困难和挫折,面对人生的诸多不测,首先要有挫折承受力。要认识到"失败是成功之母"。挫折,对于弱者是句号,对于强者只是逗号,应该学会用挫折来激发意志,改进方法,提高能力。做到能进能退,能取能予,能胜能败,能伸能屈。应该坚信没有河水的冲刷,便没有钻石的璀璨;没有挫折的考验,便没有不屈的人格。只要我们能够正视挫折的存在,并采取积极的态度,就一定能够经受住挫折的考验,从而战胜之。更重要的是,要有预见,要未雨绸缪,要勇于走出困境。在这里,我们特别强调《谁动了我的奶酪》中所蕴含的敢于并善于改变自己,应对变化、应对挫折的精神。"奶酪"是个比喻,它可能是一份工作,也可能是金钱、爱情、幸福、健康或心灵的安全……生活在今天这样一个快速、多变和危机频发的时代,每个人都可能面临着与过去完全不同的境遇,人们时常会感到自己的"奶酪"在变化。问题在于我们要能预见变化,适应变化,更应达到享受变化的境界。

总之,人的成长过程是不断适应社会发展的过程。努力提高自己的社会适应能力,增强自己的社会适应性,这既是一种自我关怀,也是一种社会关怀。因为只有这样,我们才能与社会建立起积极的互动关系,求得个人与社会双赢的良好效果。

三、心理健康因素

心理活动是受中枢神经系统支配的,它与生理活动有着不可分割的联系,因此,心理状态的好坏必然影响躯体的健康。对人体心理健康构成影响的因素主要表现在以下两方面:一种是消极情绪,如焦虑、怨恨、忧郁、愤怒、恐惧、悲伤等,会给大脑皮质带来恶性刺激,出现心跳加快、血压升高、失眠、食欲减退、尿急、月经失调等症状,造成机体的抵抗能力下降,各种生理功能失调。《黄帝内经》中早就提出"怒伤肝、思伤脾、忧伤肺、恐伤肾"的医学论述,说明消极情绪会给人体的健康带来不良的影响。另一种是愉快情绪,如希望、快乐、豪爽、和悦等,愉快的情绪会给人带来安宁、幸福、健康和长寿。同时良好的情绪会通过神经系统和内分泌系统改善对人体其他器官系统的活动,协调各器官系统的关系,充分调动人体的潜在能力,从而起到保护和促进人体健康的作用。心理健康的标准是一个不确定的衡量心理健康的指标。心理健康的人一般具有正常的智力和逻辑思维、积极稳定的情绪、坚强的意志、良好的性格、应激反应适度、心理与行为相协调等特征。评价心理健康大体包括以下几个

方面。

（一）完善的自我意识

人对自身的认识和评价叫作自我意识，在心里确定"自我"的形象判断，它反映个人对自己的态度，是心理健康的重要过程。人是在个人与现实环境的相互关系中，在个人的实践活动中来认识自己的。一般正常的人对自己的认识，即关于"自我"的形象判断，是比较接近现实的，即所谓有"自知之明"。在认识自己的同时，还要有相应的评价伴随着某些情绪体验，如对自己的长处和优点感到欣慰而产生的自豪感，但又不至于狂妄自大；同时对自己的弱点、缺点，既不回避迁就，也不感到不可容忍和自暴自弃，而是持积极的态度来对待自己。这被称为"自我接纳"。每个人在成长过程中都要经历一次自我观察、自我认识、自我判断和自我评价的过程。在接受那些不可避免而又令人不安的现实过程中，在不断调整"现实我"与"理想我"的差距中完善自我观念，建立起明确的自我意识。

（二）良好的人际关系

良好的人际关系是与别人交往的必要条件，也是衡量心理健康的标志。心理健康的人都有正常的交往活动，没有人天生喜欢孤独，长期的离群寡居，会使人性格变态。性格孤僻者一般不愿主动与人交往，缺乏彼此间的交流，这不仅影响集体间交往的效果，更影响个人活动的积极性和学习效率。良好的人际关系的建立有赖于对自己、对他人及两者之间关系的正确认识和评价。个体在集体中有一种稳定感和归属感，从而增强自信心和克服困难的能力。能"接纳自我"，又能"接纳别人"，才能与别人友好相处，达到人际关系的和谐。只有懂得怎样尊重别人的人才会得到别人的尊重。在现实生活中，不论是现代化大工业生产、科研或是一般社会工作都需要协同合作，良好的人际关系往往是成功的重要保证。

（三）健康的性心理

性心理的形成是人体发育成熟的重要标志之一。健康的性心理是受理智控制和调节的，是区分人类和其他动物的重要标志，是受社会环境和道德规范约束的，失去约束就是病态心理。在与异性交往过程中应摆脱低级趣味，伴随文化知识的加深以及对性知识的了解，高雅适度的异性交往对自己及社会都是一件美好的事物。

（四）社会适应正常

能够正视社会现实，既要进行客观观察以取得正确认识，以有效的办法应付环境中的各种困难，不退缩；又要根据环境的特点和自我意识的情况努力进行协调，或改变环境适应个体需要，或改造自我适应环境。

（五）情绪健康

能够经常保持情绪稳定和心情愉快。包括：愉快情绪多于负性情绪，乐观开朗、富有朝气，对生活充满希望；情绪较稳定，善于控制与调节自己的情绪，既能克制又能合理宣泄自己的情绪；情绪的表达既符合社会的要求，又符合自身的需要，在不同的时间和场合有恰如其分的情绪表达；情绪反应与环境相适应，反应的强度与引起这种情绪的情境相符合。

（六）意志健全

意志是人在完成一种有目的的活动时进行选择、决定与执行的心理过程。意志健全者在行动的自觉性、果断性、顽强性和自制力等方面都表现出较高的水平。意志健全的人在各种活动中都有自觉的目的性，能适时地做出决定并运用切实有效的方式解决所遇到的问题，在困难和挫折面前，能采取合理的反应方式，能在行动中控制情绪，言而有信，而不是行动盲目、畏惧困难、顽固执拗。

（七）人格完整

人格完善是指有健全统一的人格，个人的所想、所说、所做都能够很好地协调。人格完善包括人格结构的各要素完整统一；具有正确的自我意识，不产生自我同一性混乱，以积极进取的人生观作为人格的核心，并以此为中心把自己的需要、目标和行动统一起来。

（八）人际关系和谐

乐于与人交往，既有广泛而深厚的人际关系，又有真挚的朋友；在交往中保持独立而完整的人格，有自知之明，不卑不亢；能客观评价别人和自己，善于取人之长，补己之短，宽以待人，乐于助人，积极的交往态度多于消极态度，交往动机端正。

四、生活方式因素

生活方式是指人类社会长期形成的生活习惯、生活制度和生活意识。通常个人可以直接实施和控制，故对健康的影响较大。能够增进健康、预防疾病、促进健康长寿的生活方式，称为健康的生活方式；而增加患病的危险性、导致疾病的发生或死亡的生活方式，则称为不健康或有害的生活方式。正确选择和自觉培养健康的生活方式，预防、摒弃不健康的生活方式，对于维护和增进自身健康、预防疾病和实现健康的生活方式具有重要意义。

（一）建立作息时间表，合理安排生活时间

有规律的生活能使大脑和神经系统的兴奋和抑制交替进行，能在大脑皮层上形成动力定型，合理地安排作息时间，形成良好的作息制度。

（二）保证合理的营养供应，养成良好的饮食习惯

由于现代生活节奏加快，工作压力加大，许多人往往不清楚怎样吃好三餐，而且很多人本身就存在着一些不太好的饮食习惯，长此以往将会对身体造成一定的危害，影响自身发展。

通过调查，许多人在饮食方面主要存在的问题有：日常饮食没有规律，一日三餐的食量和时间经常不固定，不重视吃早饭，但是吃夜宵、吃零食的现象比较普遍，很多女性有盲目节食减肥的行为。这些不科学的饮食习惯，严重影响我们身体的健康。营养学家们的研究证明早餐吃饱、吃好，对维持血糖水平是很有必要的，用餐时要定时定量，不挑食偏食，要加强全面营养，还要多吃水果、蔬菜。

（三）要克服长时间沉溺于上网玩游戏的不良习惯

现代的网络游戏吸引了很多年轻人，若年轻人没有自制力，容易长时间"浸泡"在网络游戏中，久而久之，危害身体健康。健康的身体，是个人把奋斗目标变为现实的基础；而健康的生活行为，则是身心健康为事业奋斗的前提与保证。我们要用实际行动建立起健康的生活方式，保持身心健康，为未来之路打下坚实的基础。

（四）要控制不良的生活行为

充分认识吸烟对自身身心健康、行为道德、家庭社会的危害性；提高对吸烟所致疾病和死亡风险及危害性的认识，消除侥幸心理、轻视心理和好奇心理；走出"吸烟有益"的误区，如吸烟提神，吸烟显示成熟和风度，吸烟是男子汉的象征，吸烟是社交的需要，等等。

酗酒是诱发疾病的主要因素之一，对人的身心健康、行为乃至生命、家庭和社会等危害极大。酒精中不含营养素，经常饮酒者会食欲下降，进食减少，势必造成多种营养素的缺乏，特别是B族维生素的缺乏，还影响叶酸的吸收，所以青少年切勿沾染嗜酒的恶习。

五、体育锻炼因素

根据"生命在于运动"这一科学原理,进一步明确了体育锻炼对维持和增强人体活力的重要性。进行经常的、全面的体育锻炼,可以使机体在运动中消耗的能量得到超量恢复,增加体内的能量储备,提高机体内各组织器官系统的功能,使机体对营养物质的供应能力增强,促进机体的新陈代谢,摆脱一切对人体健康有影响的不利因素,达到增强体质的目的。

人的体质因受遗传因素的影响,虽然有强弱之分,但这并不是固定不变的,只要在后天经过科学的锻炼和调节,就可使身体变得强壮。由于在青少年时期,身体正处在生长发育不稳定阶段,身体的形态机能尚未定型,有一定的弹性,因此,这个时期是形成和发展良好的体形、体态、体质及获得健美体格的关键时期。按"用进废退"的规律,如果一个人先天体质较弱,只要他能按科学方法积极参加体育锻炼,而且持之以恒,可有效地弥补先天不足,从实践中获得健壮的身体。相反,一个人先天条件再好,但缺乏意志品质,怕苦、怕累,不参加体育锻炼,原先强健的身体也会变弱,这就是"不用则废"的道理。强和弱是矛盾的两个方面,但它们之间可以相互转换,在诸多影响人体生长发育的因素中,有计划、有目的、科学地进行身体锻炼是对人体产生影响的最大因素,运动可以改变人的体质,使弱者变为强者,强者会变得更健壮。

第四节 体育健身的科学基础

一、体育健身的人体科学基础

(一) 人体运动时的营养物质

水、蛋白质、糖、脂类、无机盐、维生素、膳食纤维素是人生命活动的物质基础。人体活动的能量,是摄入的食物在人体内经一系列化学变化,进行物质代谢而得到的。人参加体育运动时,由于肌肉长时间的收缩和舒张,脏器活动的增强,能量消耗会大大增加。所以体育运动可以促进人体的新陈代谢过程和提高机能活动水平,是增强体质的一种积极手段。

糖是生命活动中能量的主要供应者。糖在体内除供应能量外,还可以转变成蛋白质和脂肪。人进行体育运动,体内能量消耗大,肝脏储存的糖原便转变成葡萄糖进入血液,由血液输送到肌肉中供运动需要。经常参加体育运动,体内糖储备量增加,调节糖代谢能力加强,能使血糖在较长时间内保持稳定,能提高耐力。

脂肪是人体细胞的组成部分,它包括甘油酯、磷脂和胆固醇三大类,是一种含能量最多的物质。它在体内氧化所释放出的能量,约为同量的糖或蛋白质的两倍。脂肪还可以起到保护器官、减少摩擦和保护体温的作用。脂肪过多对人体是有害的。经常参加体育运动,不但可以防止肥胖,还可以预防因人体脂肪过多而造成的疾病。

蛋白质是生命的基础,是细胞的主要组成部分,是体内能量的来源之一。肌肉收缩、神经系统的活动、血液中氧的携带和参与各种生理机能调节的许多激素,都与蛋白质有关。人体内有一类能加速各种化学反应进行的酶,其化学本质也是蛋白质。参加体育锻炼能提高酶的活性,有利于增加人运动时身体内的能量供应和运动后消耗物资的补充。

水在人体的组成中含量最高,成年人体内含水量约占体重的65%,水不但能维持人体体温,参加体内的水解,促进物质的电离,还在体内有润滑作用。

（二）人体运动时的能量供应

伴随物质代谢过程发生的能量吸收、储存、释放、转移和利用的过程，称为能量代谢。能量代谢的核心物质是 ATP。

1. 磷酸原供能系统

ATP、CP 分子内均含有高能磷酸键，在代谢中均能通过转移磷酸基团的过程释放能量，所以将 ATP、CP 合称磷酸原。由 ATP、CP 分解反应组成的供能系统称作磷酸原供能系统。

2. 糖酵解供能系统

糖原或葡萄糖无氧分解生成乳酸，并合成 ATP 的过程称为糖的无氧代谢，又称为糖酵解。糖酵解供能系统是机体进行大强度剧烈运动时的主要能量系统。

3. 有氧代谢供能系统

在氧的参与下，糖、脂肪和蛋白质氧化生成二氧化碳和水的过程，称为有氧代谢。

有氧运动是指人体在氧气供应充分的情况下，进行的以增强人体吸入、输送与使用氧气为目的的耐久性锻炼运动。有氧运动的好处是：可以提升氧气的摄取量，能更好地消耗体内多余的热量。

4. 运动时供能系统的动用特点

运动时代谢供能的输出功率取决于能源物质合成 ATP 的最大速率。运动中基本不存在一种能量物质单独供能的情况，肌肉可以利用所有能量物质，只是时间、顺序和相对比率随运动状况而异，不是同步利用。最大功率输出的顺序由大到小依次为：磷酸原供能系统＞糖酵解供能系统＞糖有氧氧化供能系统＞脂肪酸有氧氧化供能系统，且分别以近 50% 的速率依次递减。当以最大输出功率运动时，各系统能维持的运动时间是：磷酸原供能系统供极量强度运动 6～8 秒；糖酵解供能系统供最大强度运动 30～90 秒，可维持 2 分钟以内；超过 3 分钟，则主要依赖氧代谢途径。运动时间愈长，强度愈小，脂肪氧化供能的比例愈大。由于运动后 ATP、CP 的恢复及乳酸的清除，须依靠有氧代谢系统才能完成，因此有氧代谢供能是运动后机能恢复的基本代谢方式。

（1）安静时。安静时，骨骼肌内能量消耗少，ATP 保持高水平，氧的供应充足，肌细胞内以游离脂肪酸和葡萄糖的有氧代谢供能。线粒体内氧化脂肪酸的能力比氧化丙酮酸强，即氧化脂肪酸的能力大于糖的有氧代谢。在静息状态下，骨骼肌基本依靠脂肪酸氧化供能。

（2）长时间低强度运动时。在长时间低强度运动时，骨骼肌内 ATP 的消耗逐渐增多，ADP 水平逐渐增高，NAD^+ 还原速度加快，但仍以有氧代谢供能为主。血浆游离脂肪酸浓度明显上升，肌内脂肪酸氧化供能增强，这一现象在细胞内糖原量充足时就会发生。同时，肌糖原分解速度加快，加快的原因有以下两点：① 能量代谢加强；② 脂肪酸完全氧化需要糖分解的中间产物草酰乙酸协助才能实现。

在低强度运动的最初数分钟内，血乳酸浓度稍有上升，但随着运动的继续，逐渐恢复到安静时的水平。

（3）大强度运动时。随着运动强度的提高，整体对能量的要求进一步提高，但在血流量调整后，机体对能量的需求仍可由有氧代谢得到满足，即有氧代谢产能与总功率输出之间保持平衡。在这类运动中，血乳酸浓度保持在较高的水平上，说明在整体上基本依靠有氧代谢供能时，部分骨骼肌内由糖酵解合成 ATP。血乳酸浓度是由运动肌细胞产生乳酸与高氧化型肌细胞或其他组织细胞内乳酸代谢之间的平衡决定的。

(4) 短时间激烈运动时。在接近和超过最大摄氧量强度运动时,骨骼肌以无氧代谢供能。极量运动时,肌内以 ATP、CP 供能为主。超过 10 秒的运动,糖酵解供能的比例增大。随着运动时间的延长,血乳酸水平始终保持上升趋势,直至运动终止。

运动结束后的一段时间,骨骼肌等组织细胞内有氧代谢速率仍高于安静时水平,它产生的能量用于运动时消耗的能源物质的恢复,如磷酸原、糖原等。

二、适量运动促进健康的生理学效应

（一）经常性的适量运动促进和改善心血管的功能

运动时一方面需要大量的氧气和营养物质,另一方面也需要排出二氧化碳等代谢产物,这就需要有一个强有力的循环系统。运动不仅可以加强新陈代谢,而且还能改善血管的弹性,提高血流量,促进血液循环,增大心脏容量,提高机体的摄氧能力。由于每搏输出量的不同,安静时一般人心率为 60~80 次/分,而经常进行适量运动的人心率为 50~60 次/分甚至更少,心脏跳动次数少了,心脏休息时间就增加了,这标志着心脏功能的储备能力得到了提高,人体能够承受更大的负荷量,且运动后恢复期短。那么运动中心率应控制在怎样的范围内,才能获得最佳的效果呢？

研究表明,心率在 110 次/分以下的运动负荷时,机体的血压、心电图等多项指标没有明显变化,健身价值不大；心率在 130 次/分的运动负荷时,每搏输出量接近和达到一般人的最佳状态,健身效果明显；心率在 150 次/分的运动负荷时,每搏输出量开始出现缓慢下降,当心率随运动负荷增加到 160~170 次/分之间时,虽无不良的异常反应,但也未能呈现出更好的运动效果。因此,只有当运动时的平均心率在 120~150 次/分之间波动,锻炼时间达到 20~60 分,每周至少运动 3~5 次,才能取得理想的健身效果,才有利于人体身心健康。

（二）体育锻炼使运动系统产生良好的适应性变化

人体的运动系统由肌肉、骨骼、关节和韧带组成。机体之所以能够进行各种各样复杂的运动,其原动力就是来源于那些大大小小的肌肉,按照机体各器官系统"用进废退"的自然法则,只要通过长期、系统、科学、适量的运动,就能够使运动器官特别是肌肉的毛细血管组织和肌肉内的化学成分与形态结构等发生一系列质的变化。

人体在安静时肌肉每平方毫米内开放的毛细血管数量只有 80 多条,而在运动时毛细血管的口径增大,肌肉每平方毫米内毛细血管开放量可达 2 000~3 000 条,比安静时增加了 30 多倍,使单位时间内通过的血氧量增多,从而给肌肉组织提供更多的营养物质和氧气,与此同时,肌肉在运动后消耗了大量的能量,经过适当休息和摄取营养后肌肉组织就会得到更多的补充,有助于其生长,这种现象生理学上称为"超量恢复"。

运动还能促进骨骼新陈代谢加强,改善血液循环,增强骨细胞生长能力,使骨的长度增加、骨密度增厚、骨径变粗、骨组织的机械稳定性加强,使骨骼的抗拉、抗压、抗扭转性能增强。

三、运动性疲劳的产生与消除

参加体育锻炼或比赛到一定程度的时候,人体就会产生工作能力暂时降低的现象,这种现象称为运动性疲劳。早在 1880 年,莫索(Mosso)就开始研究人类的疲劳。此后,许多著名学者从多种视角采用不同手段广泛研究疲劳,并先后给疲劳下了不同的定义。第五届国际运动生物化学会议(1982)指出,运动性疲劳是指机体生理过程不能持续其机能在一特定水平上或不能维持预定的运动强度。

运动性疲劳是运动本身引起的机体工作能力暂时降低,经过适当时间休息和调整可以恢复的生理现象,它是一个极其复杂的身体变化综合反应过程。疲劳时工作能力下降,经过一段时间休息,工作能力又会恢复,只要不是过度疲劳,并不损害人体的健康。所以,运动性疲劳是一种生理现象,对人体来说又是一种保护性机制。但是,如果人经常处于疲劳状态,前一次运动产生的疲劳还没来得及消除,新的疲劳又产生了,疲劳就可能积累,久而久之就会产生过度疲劳,影响运动员的身体健康和运动能力。如果运动后能采取一些措施,就能及时消除疲劳,使体力很快得到恢复,消耗的能量物质得到及时的补充甚至达到超量恢复,就有助于训练水平的不断提高。

（一）疲劳产生的原因及意义

体育运动科研人员对疲劳进行了大量的研究,提出了运动性应激的负效应可能是导致运动性疲劳发生的根本原因,如代谢基质的耗竭、代谢产物的堆积、代谢环境的改变等。

目前,运动生化研究对于运动性疲劳的定义是:机体的生理过程不能维持其机能在某一特定水平或不能维持预定的运动强度。同时,对于"力竭"定义为:它是疲劳的一种特殊形式,是在疲劳时继续运动,直到肌肉和器官不能维持运动。

上述"疲劳"的定义具有以下两个特点:① 把疲劳时体内组织、器官的机能水平和运动能力结合起来,评定疲劳的发生和疲劳的程度;② 有助于选择客观的指标来评定疲劳。通过这个定义,可以对运动员的疲劳进行客观的评价,这也是疲劳的定义在运动实践中重要的应用。

体育锻炼后身体会产生一定的疲劳感,主要表现在三个方面:

（1）肌肉疲劳:肌肉力量下降,收缩速度放慢,肌肉出现僵硬、肿胀和疼痛,动作变慢、不协调。

（2）神经疲劳:反应迟钝,判断错误,注意力不集中。

（3）内脏疲劳:呼吸变浅变快,心跳加快等。

由于运动量不同,每个人的情况不一样,产生的疲劳也有不同程度之分。一般将疲劳分成三个层次:轻度、中度和重度疲劳。运动后产生疲劳感是正常的。轻度疲劳可以在短时间内消除;中度疲劳通过采取一系列手段也能很快消除,不会影响身体;但如果重度疲劳不能及时消除,就会影响学习和生活,损伤身体。研究证明,运动员提高体育成绩最关键的两个条件是运动训练的科学性和恢复手段的有效性,由此可见消除疲劳、恢复体力的重要性。

运动性疲劳在人体中可以分为躯体性疲劳和心理性疲劳。这两种不同性质的疲劳有其不同的表现,躯体性疲劳主要表现为运动能力的下降;心理性疲劳主要表现为行为的改变。按不同运动项目的物质能量代谢特点,可将运动项目分为五种代谢类型(磷酸原代谢类型、磷酸原糖酵解型、糖酵解型、糖酵解有氧代谢型、有氧代谢型)。不同运动项目的疲劳存在一定的规律性,短时间最大强度运动性疲劳是由于肌细胞内代谢变化导致ATP转换速度下降或一部分运动单位不能参加收缩所致,长时间中等强度运动性疲劳往往与能源储备动用过程受抑制有关。

（二）运动性疲劳的消除

运动时和运动后供能物质数量的变化,是消耗和恢复过程保持平衡的结果。运动时以消耗过程为主,恢复过程跟不上消耗过程,表现为能源物质数量下降;运动后休息期,以恢复过程为主,消耗过程下降,因此,能源物质逐渐恢复,达到或超过原来水准。

在训练期应根据训练的目的、身体内消耗的主要能源物质,选择最适宜的休息间歇,并在这期间增加被消耗能源物质的补充或采取其他有关措施,以加速恢复过程。力竭运动后物质的恢复时间如下:① 肌肉中磷酸原恢复,最短 2 分钟,最长 3 分钟;② 氧合血红蛋白恢复,最短 1 分钟,最长 2 分钟;③ 长时间运动后肌糖原恢复,最短 10 小时,最长 46 小时;④ 间歇训练后肌糖原恢复,最短 5 小时,最长 24 小时;⑤ 活动性休息时肌肉和血液中乳酸消除,最短 30 分钟,最长 1 小时;⑥ 静坐休息时肌肉和血液中乳酸消除,最短 1 小时,最长 2 小时。

运动性疲劳的消除可以通过以下途径来进行。

1. 用各种方法使肌肉放松

改善肌肉血液循环,加速代谢产物排出及营养物质的补充,如整理活动、水浴、蒸汽浴、桑拿浴、理疗、按摩等。

(1) 整理活动。这是消除疲劳、促进体力恢复的一种良好方法。教练员、运动员应给予足够的重视。剧烈运动后进行整理活动,可使心血管系统、呼吸系统仍保持在较高水平,有利于偿还运动时所欠的氧债。整理活动使肌肉放松,可避免由于局部循环障碍而影响代谢过程。整理活动应包括慢跑、呼吸体操及各肌群的伸展练习。运动后做伸展练习可消除肌肉痉挛,改善肌肉血液循环,减轻肌肉酸痛和僵硬程度,消除局部疲劳,对预防运动损伤发生也有良好作用。

(2) 按摩。这是有效的恢复手段。负担量最大的部位,应是按摩的重点,肌肉部位以揉捏为主,交替使用按压、抖动、扣打等手法,在肌肉发达的部位可用肘顶、脚踩。关节部位不仅是运动的着力点,也是运动的枢纽,应以按摩为主,穿插使用按压、搓和揉拉。按摩应先全身后局部,全身性按摩一般取俯卧位。根据专项不同,如某部位运动负担过重,须重点按摩,应在全身按摩之后再进行。在按摩肢体时,先按摩大肌肉群,后按摩小肌肉群。例如,按摩下肢时,先按摩大腿肌肉,后按摩小腿肌肉,以提高肌肉韧带的工作能力,加速疲劳时的肌僵硬紧缩和酸胀痛的代谢产物的排除,改善血液循环和心脏收缩功能。

2. 通过调节神经系统机能状态来消除疲劳

(1) 睡眠。这是消除疲劳、恢复体力的好方式。睡眠时大脑皮层的兴奋过程降低,体内分解代谢处于最低水平,而合成代谢过程则相对较高,有利于体内能量的蓄积。

成年运动员在平时训练期间,每天应有 8~9 小时的睡眠。在大运动量和比赛期间,睡眠时间应适当延长。青少年运动员的睡眠时间应比成年运动员长,必须保证每天有 10 小时的睡眠。入睡前,应注意以下几点:就寝前尽量使精神状态趋于平静;避免外界刺激;室内空气保持新鲜;就寝前应泡脚,使大脑得以休息,有助于尽快入睡,使疲劳能快速消除。

(2) 温水浴。健身后进行温水淋浴是最简单易行的消除疲劳的方法。温水浴可促进全身的血液循环,调节血流,加强新陈代谢,有利于机体内营养物质的运输和疲劳物质的排除。水温以 42 ℃ 左右为宜,时间为 10~15 分钟,勿超过 20 分钟。训练结束半小时后,还可进行冷热水浴。冷水温度为 15 ℃,热水温度为 40 ℃。冷水淋浴 1 分钟,热水淋浴 2 分钟,交替 3 次。

(3) 意念活动。心理恢复主要是意念活动,通过一定的套语暗示进行导引,使肌肉放松、心理平静,从而调节自主神经系统的机能,然后运用带有一定愿望的套语进行自我动员,如暗示性的睡眠休息、肌肉松弛、心理调节训练。实践证明,采用上述方法能促进身体疲劳的尽快消除,加快身体的恢复过程。另外,舒适幽雅的环境、听音乐等也有助于人们消除疲劳。

3. 通过补充机体在运动中大量失去的物质,促进疲劳的消除

(1) 服用药物。中药如黄芪、刺五加、参三七等,都具有调节中枢神经系统的功能、扩张冠状动脉和补气壮筋的作用,对促进疲劳的消除有较好的效果。

(2) 补充营养物质。运动中产生疲劳的重要因素之一,就是能量供应不足,运动中各种营养物质消耗增加,运动后及时补充,有助于消除疲劳,恢复体力。疲劳时,注意补充能量和维生素,尤其是糖、维生素 C 及 B_1,夏季或出汗较多时,应补充盐分与水。食品应富有营养和易于消化,并尽量多吃些新鲜蔬菜、水果等碱性食物,但不同性质的运动项目需要不同营养。速度性的项目应供给含较多易吸收的糖、维生素 B_1、维生素 C、蛋白质和磷;耐力性的项目要多供给糖以增加糖原储备,同时还要增加维生素 B_1、维生素和磷;力量性的项目需要增加蛋白质和维生素 B_2,因此在运动中适时地补充有关营养物质,既能提高身体的抗疲劳能力,又能有助于运动性疲劳的消除。

人们食用适量的酸性食品和碱性食品,将会维持体液的酸碱平衡,但食品若搭配不当,则会引起生理上的酸碱失调。从营养学的角度上看,酸性食物和碱性食物实际上是针对它们对人体酸碱平衡的影响而言的。当食品搭配不当,酸性食品在膳食中超过所需的数量时,导致血液偏酸性、黏度增加,这会使机体感到疲劳,影响身体健康。同时体液酸化还会动员骨骼里的钙质游离出来,导致骨质流失,引起缺钙。因此,运动后应注意食物的酸碱搭配,这样才有利于运动性疲劳的消除。

第五节 健身锻炼对身体发展的促进作用

一、健身锻炼促进身体发展的原理

(一) 健身锻炼影响人体发展的生物过程

为了说明身体锻炼达到增强体质、增进健康的机理,探索身体锻炼定性和定量的标准,科学地进行身体锻炼,需要研究有关人体的科学,了解人体发展的过程和特点,探讨人体的生物属性,即作用于人体发展的各种生物运动形式,这包括进化、遗传变异、生长发育、生理生化以及对人体发展产生不良影响的因素——疾病。

人体的生理生化过程是生命这个耗散结构与外界进行物质、能量、休息三方面交换的基本运动形式。它是保证生命体存在的生物过程。人体生理生化所进行的新陈代谢的个体特点,取决于先天遗传素质,也受后天环境的影响,同时人体生理生化过程也通过各种酶的变化对遗传物质产生影响。这一生物过程变化十分迅速,常以小时、分钟、秒、毫秒作为计算单位,而且大多生理生化的变化呈可逆的形式。

介于遗传过程与生理生化过程之间的是个体的生长发育过程。这个过程以每个个体为周期,发展变化快于进化、遗传过程,但慢于生理生化过程。它不同于遗传过程之处在于它不发生在代与代的关系上,但是个体的生长发育过程又受到遗传程序的制约和控制。它也不同于生理生化过程,也不可逆,但生长发育与生理生化之间存在着明显的依赖关系,生理生化水平较高者,可以得到较好的生长发育;同样,生长发育水平较高者,也可得到较好的生

理生化机能。身体锻炼的机理同时受到上述四种生物过程的影响,也不同程度影响、改变、转化着这四个过程。从本质上讲,正是这四种过程都具有可塑性,身体锻炼才有存在的价值。正因为身体锻炼对这四种过程都具有改造功能,人们才十分重视身体锻炼在现实生活和长期进化(增强民族体质)中的作用。除了上述四种过程外,还有一种不容忽视的人体生物过程,即一种非正常的生物过程——疾病。疾病的发生对个体来说可能具有偶然性,但对人类来说则是难免的,它限制了人类的生命自由,改变和恶化了人体的各种生物过程。疾病过程与身体锻炼过程是两种十分对立的过程。身体锻炼的一个重要目的就在于减少、抵御疾病,提高免疫能力、适应能力以及加速病后的康复。各种疾病可能发生在遗传、生长发育或生理生化等生物过程,造成不同生物结构层次的疾病。身体锻炼对各生物过程的加强可以有效地防治疾病。

(二) 身体锻炼的生物进化论机制

不言而喻,身体锻炼对人类的进化过程起着积极有效的作用。身体锻炼不仅可以使人们有目的地医治直立姿势带来的种种身体缺欠,弥补生产劳动给身体造成的片面发展,补充现代生产方式和生活方式造成的运动不足,使那些处于"饥饿"状态的肌肉得到营养和活力,使人的机体能力得到扩展,而且可以用于人类进一步实现自己的进化,控制自己的进化和发展自己的进化。关于进化论的理论,有达尔文和拉马克两个学派,即"自然选择"和"用进废退"两种进化理论。身体锻炼与人类进化的关系在这两种理论中都可以得到合理的解释。

对人类总体而言,身体锻炼提供了一种"自然选择"的方式。它为人类身体的汰劣留良、发展进化、遗传变异提供了外部条件,使人类能逐代健康地繁衍下去。

对每个发育着的个体而言,由于"用进废退"的原理,身体锻炼能使个体的运动器官及辅助运动器官、工作器官和其他器官得到相应的发展,如肌肉体积、重量的增长,骨骼的增长,皮肤的加厚,等等。器官的用进废退是生物进化过程中的一种保护性反应,它能使生物和人有效地适应外界环境。

(三) 身体锻炼的人体遗传学机制

人类的进化过程是靠世代之间的遗传过程来实现的。生命的一个显著的基本特征就是自我生殖和自我复制。因为只有具备这种能力,生命才能延续。人体自我生殖和自我复制的主要方式是细胞分裂。在细胞分裂过程中,细胞核中出现了一种遗传物质,叫染色体,人共有23对染色体,由脱氧核糖核酸(DNA)、核糖核酸(RNA)和蛋白质构成,DNA、RNA是联系亲代和子代之间的连接物质。而各种核酸必须和蛋白质紧紧配合在一起才能真正起到遗传物质基础的作用。身体锻炼可以适当地调节人体遗传的过程,身体锻炼对于人体来说,就是要合理地运用环境变异和遗传变异的规律,因此既要在后天加强锻炼,使人在后天环境的影响下实现一些新的良好的环境变异,以增强体质、增进健康,同时也要注重父母一代的身体锻炼,提高父母的健康水平,以求将最好的遗传品质传给下一代。

(四) 身体锻炼的生理、生化基础

人体是由物质组成的,包括现今世界上最发达、最精密,能产生思维活动的器官——人的大脑都是由物质组成的。组成人体的化学元素共有62种,其中十几种是宏量元素,如碳、氢、氧、氮、硫、磷等。人体中目前已经发现了近50种微量元素,其总和还不到人体重量的0.2%。无论是宏量元素还是微量元素,在人体内必须保持最适量的营养浓度,缺少时人就会丧失健康,乃至不能成活;过量时就会中毒,可能造成死亡。

人作为一个机体,要对周围环境做出各种应答,同时要做出各种反应动作,作为一个社会人,人还要有许多有目的、有意识的主动行为,这些都需要不断地消耗大量的肌肉能量和神经能量,人在完成各种机械运动时,还要消耗热能、声能等,这些能量的摄取也是人体在进行物质代谢过程中同时实现的。

机体在新陈代谢过程中可以出现能量和有效物质的超量恢复。人的机体对负荷刺激的适应过程分为三个阶段,即负荷、恢复和超量恢复。在负荷时,细胞结构、酶的含量会发生变化,能量化合物被消耗,物质代谢的中间产物和最终产物被堆积起来,这些都会阻碍人的机体能力的提高,形成疲劳,这就是异化过程。而进入恢复和超量恢复阶段,人体的内环境逐渐正常化,沉积物被排除出去,能量储备得到补充,并超过原来水平,细胞和纤维增生,中枢神经的疲势得到消除,精神上得到恢复,这就是同化过程。同化过程的超量恢复是身体锻炼产生价值的基本原理。

(五)身体锻炼的生长发育机制

个体的生长发育、发展过程同时受到遗传过程的制约,人在发育过程中,在形态结构、生理机能、运动能力、个性心理特点,甚至寿命等各方面都受到遗传的影响,这种影响是靠遗传程序来制约的。这种程序常为个体的生长发育发展确定了一个大致的方向和水平。但这种程序不是一成不变的,后天环境可以使这种程序发生一定程度的改变。身体锻炼就是调节、控制这一改变的基本手段,通过这一调节和控制可以影响人体发育的快慢、体质的强弱和寿命的长短。个体的生长发育、发展过程不同于遗传过程,它是发生在个体身上,而不是发生在世代的衔接上的。每一个生长发育过程都是人类生命史上的一个周期,而每一个周期都为遗传变异做了累积性的变化,因而促进了人类的进化过程。人的生长发育、发展过程具有以下特点。

1. 波浪性和阶段性

不同种族、地区、性别、时代的人,在身高、体重及各个部分的长度、围径、宽度的年增率、年增长值等方面,都随年龄增加而变化,变化曲线呈波浪形,并有明显的阶段性。

2. 生长发育的非等比性

人体是统一完整的机体,因而人体各部分的生长发育有相应的比例,但各部分在同一时期及整个发育过程中,并不按等比例生长发育。

3. 生长发育的统一性

同一种族、同一地区的人在形态机能、运动能力、生长发育速度、寿命长短等方面具有比较相近的共同规律。人体的生长发育、发展的规律对指导身体锻炼具有重要意义。它为身体锻炼的经常性、全面性和个体差异性提供了科学根据。它不仅说明了青少年儿童锻炼身体的必要性和可能性,也说明了中老年人坚持不懈地进行身体锻炼的意义和作用。

(六)身体锻炼的防治疾病机制

人体的生命活动过程,机体与外界环境、体内各系统器官间的活动既对立又统一,不断地维持动态平衡,即中医所说的"阴平阳和""阴阳调和"。然而,在一定的致病因素作用下,人体与外环境的平衡被破坏,机体的抗损害(如防御屏障、应激反应及代偿适应能力等)与损害之间对立统一的破坏,均可导致"阴阳失调""阴阳偏盛或偏衰",促使机体出现各系统、器官、组织、细胞乃至分子发生结构、功能和代谢的病理变化,表现出相应的症状和体征,进而影响健康和劳动能力,这就称为患病。

疾病的发展过程是损伤和抗损伤这一对矛盾的斗争过程。致病因子作用于机体后,一方面引起机能、代谢和形态结构上的各种病理性改变,同时也引起机体对抗各种损伤的反应。疾病过程中损伤与抗损伤的对比关系决定着疾病的发展方向。如果损伤占优势,则病情恶化,甚至导致死亡;反之,如果抗损伤反应占优势,则疾病就向有利于机体恢复正常功能的方向发展,直至痊愈。

二、健身锻炼促进身体发展

(一)健身锻炼能增强人体运动系统的功能

运动系统主要由骨、软骨、关节和骨骼肌等组成。其主要功能是起支架作用、保护作用和运动作用。人体的运动系统是否强壮、坚实、完善,对人的体质强弱有重大影响。例如,骨骼和肌肉对人体起着支撑和保护作用。它不仅为内脏器官,如心、肺、肝、肾以及脑、脊髓等的健全、生长发育提供了可能,而且能保护这些器官,使之不易受到外界的损伤。骨、软骨、关节、骨骼肌是人体运动器官,骨的质量,关节连接的牢固性、灵活性,肌肉收缩力量的大小和持续时间的长短等,在很大程度上决定着人体的运动能力。青少年经常从事体育锻炼,能促进骨的生长,使骨骼长长,横径变粗,骨密度增大,骨重量增加;也能使肌纤维变粗,肌肉横断面积加大,肌肉收缩能力和张力增强,从而不断提高肌肉的力量和耐久力。据测定,一般人的肌肉重量占体重的40%左右,而经常锻炼的运动员的肌肉重量可达体重的45%~50%。体育锻炼也是调节体重的重要因素,可使其身体成分明显改变,改变程度视训练强度和时间而异。研究人员观察34名每天坚持锻炼的青春期女孩,发现5个月后其瘦体重显著增加,脂肪量相应减少,体重却变化不大。帕瑞科克对11~18岁男孩进行长达7年的追踪观察,他们的运动强度不同(每周分别为6、4、2.5小时),瘦体重增加也不同,且两者之间有显著的相关性。身高、体重、胸围是衡量青少年身体发育水平的主要指标。国内外的学者曾通过横剖面调查和追踪调查,取得了许多数据资料,发现经常坚持体育锻炼的青少年的身高、体重、胸围的增长幅度,一般高于不经常锻炼的青少年。这说明,体育锻炼对于人体的肌肉、骨骼系统的发育起着良好的促进作用。

(二)健身锻炼能促进人体心血管系统的功能

体育运动可以有效地提高血液循环系统的机能。从事体育运动,可以使心肌发达、心壁增厚、心脏体积和容积增大、血管弹性增强、每搏及每分钟输出量(即心脏每分钟所排出的血量)增加。正常人心率为70次/分左右,而经常参加运动者为50次/分左右,且心脏跳动有力。这说明体育锻炼可使心肌发达,心收缩力加强,每搏输出量增多,心脏能用较少的跳动次数完成所需的工作量,这有助于增加心脏休息的时间,减少心脏本身的疲劳。

1. 窦性心动徐缓

健身,特别是长时间小强度体育活动可使人体安静时心率减慢,这种现象称为窦性心动徐缓。窦性心动徐缓现象表现的机体对健身活动的适应性心率的下降,可使心脏有更长的休息期,以减少心肌疲劳。

2. 每搏输出量增加

经常参加健身的人无论是处于安静状态还是处于运动状态,每搏输出量均比一般正常人高。特别是在运动状态下,每搏输出量的增加就更为明显,这种变化使人体在健身时有较大的心排血量,以满足机体代谢的需要,因为心脏收缩力量增加,心室容积增加,血管弹性增加。

（三）健身锻炼能改善人体血液成分

从心血管系统与呼吸系统功能的角度来评价，两者是紧密相连的；因为人体活动时，氧与二氧化碳的运输是靠心血管系统功能来完成的，而气体的交换却是在肺部。任何一方的功能障碍，都会严重影响生命活动。体育锻炼时，肌肉对血液循环的要求大大提高，心肌加强收缩，增加血管内压力，血流加速，冠状动脉扩张，大大提高心肌对能量的吸取和利用。所有这些都有赖于心肌兴奋性的提高，促进血管系统一系列的连锁反应，才能更好地保证肌肉的活动。有研究证明，安静时，肌肉大部分毛细血管不开放，肌肉每平方毫米横断面有毛细血管 31～270 根，而运动时可增加到 2 500～3 000 根。研究还证明，健康成人冠状动脉血流量占心输出量的 8%～9%。运动时，吸氧量增加 2～2.5 倍的情况下，冠状动脉血流量增加 40%，可达安静时的 5～7 倍，极大地改善了心肌的血液供应。此时，肌肉（骨骼肌）的血液供应也明显增加，肌肉对能源物质的利用也提高了，工作效率也就提高了。所以体育活动对心血管系统的锻炼，首先是对供应心肌本身血液的冠状动脉的锻炼。由此可见，改善冠状动脉的血液供应是体育锻炼对心血管系统影响的主要方面。

1. 健身运动对红细胞数量的影响

通过体育运动，可以增多骨中的制血细胞（特别是红细胞）——红骨髓，并促进红骨髓的造血功能。经常锻炼者红细胞比不锻炼的人要多 10%～25%，这样可提高输氧能力，对人体的新陈代谢活动大有好处，健身对红细胞数量可产生良好的作用。

2. 健身运动对白细胞数量和免疫机能的影响

健身是否能提高机体的抗疾病能力主要与白细胞数量及免疫蛋白含量有关。有研究证实，合理的健身可以提高白细胞的数量和功能，特别是可以提高白细胞分类中具有重要作用的淋巴细胞的数量，这对于提高机体抗疾病能力是至关重要的。另外，健身还可以提高体内的自然杀伤细胞数量和免疫球蛋白水平，有效地提高机体抗病、防病的能力。

3. 健身运动对血脂的影响

近年来，随着人们生活水平的提高，血脂增高、动脉粥样硬化（Atherosclerosis，AS）、冠心病（Coronary Heart Disease，CHD）的发病率明显上升，运动可以改善血管功能的作用，但是对改善的机制说法不一，有报道认为：运动可以导致血流加快，有刺激血管内皮的作用，促进血管内皮舒张因子释放，从而改善血管功能。而更多的文献认为，增加 HDL-C 浓度含量，降低总胆固醇水平，减轻体重，能有效地改善血管功能。

4. 健身运动对人体抗衰老的影响

衰老是指生物体发育成熟后，随着年龄的增长，机体在形态、结构、功能方面出现的种种不利变化，如皮肤变薄起皱、色素形成、器官老化、智力下降等。在进行适宜的有氧运动后发现，长期运动健身后人体血清中 SOD、GSH-PX 和 CAT 的活性增高，与锻炼前比有显著性差异和非常显著性差异；MDA 浓度下降，并且有非常显著性变化。表明健身锻炼能从整体上调节生理机能，能延缓人体在衰老和发生病变时自由基的生成的增加而引发的体内抗氧化酶 SOD 和 GSH-PX 含量的改变，增强自由基和抗氧化酶的动态平衡能力，能使自由基代谢酶系维持在较高的功能水平上，促进机体对自由基的清除能力，减少自由基对细胞组织的损害，从而使自由基引起的过氧化反应代谢物 MDA 减少，增进机体内环境的稳定和对外环境的适应能力，实现增进健康、延缓衰老的功能。

(四)健身锻炼能提高人体呼吸系统的功能

呼吸的主要功能是吸入空气中的氧和排出由组织细胞经过新陈代谢产生的二氧化碳。体育活动时,需要消耗大量的氧和营养,以不断供应肌肉活动时的需要,同时产生大量的二氧化碳。这种由空气中吸收氧和从血液中排出二氧化碳的气体交换过程,都是在肺部进行的。呼吸时,胸部扩张的幅度越大,呼吸的程度越深,通过呼吸道的通气量越多,肺部气体交换得越充分,也就是身体利用氧的机会越大,肌肉工作的时间越长,效率也就越高。日常生活中,一般没有经过体育锻炼的人在进行上楼梯、跑步赶公共汽车、爬山等活动时,常会感到气喘、心跳;而经过锻炼的人,则不会出现这种现象,或用加深呼吸的方式,使换气效率大大提高,从而减轻这种气喘的程度。体育锻炼可以提高呼吸肌的收缩功能,增加肺活量,加强气体交换。

(五)健身锻炼能改善人体神经系统的功能

人体是一个整体,主要由神经系统统一控制、协调全身各器官的活动,包括思维、生理功能和行动。神经系统包括中枢神经和周围神经。中枢神经是全身的指挥中心,处于统帅地位。它由大脑、小脑、脑干和脊髓等组成。从脑和脊髓发出的周围神经分管着全身不同的功能。人体各器官系统在神经和神经体液的协调下相互制约,维持生命的正常活动。在体育锻炼时,好像只是肌肉在活动,如跑步时,从表面上看,只是腿部肌肉在收缩,双手在摆动。但此时心跳已经加快,血液流动已经加速,呼吸变得急促,等等。这些都是身体内环境的变化。从外环境来说,气温、场地、观众以及比赛的对手等因素,都对机体产生影响。神经系统对内外各种复杂因素引起的变化,都需要做出迅速而正确的应答。体育运动需要有一个完善的、反应敏捷的神经系统的指挥;反之,体育锻炼也增强了神经系统的指挥协调能力,使之能更好地适应各种环境,改善某些器官功能上的缺陷(如残疾),促进并提高各组织器官向更高、更强、更完善的生理功能发展。保护和提高神经系统的指挥协调功能,最好的方法是加强锻炼。了解了神经系统的功能和活动规律,我们对体育锻炼更富于理性认识,从而增强对身体锻炼的积极性、自觉性和目的性,做到持之以恒。

体育运动对我们人体的各个系统都有良好的作用,是日常生活中不可缺少的部分,在儿童、少年、青年时期,它可以促进人体的生长发育;在壮年时期,它可以使人保持充沛的精力与体力,不至于发生机体早衰现象;到了老年,它可以防止细胞过早退化,使我们的生活充满活力,有利于人们培养乐观的情绪,在运动时排除一切忧虑,这对于各个内脏器官和整个机体的新陈代谢有特殊的作用。

(六)健身锻炼能促进人体消化系统的功能

消化系统包括消化道和消化腺两大部分。消化道包括口腔、咽、食管、胃、小肠直至大肠。消化道是食物经消化、吸收及排泄的通道。消化腺包括唾液腺、肝脏、胰腺以及整个消化管壁内的许多小腺体。消化腺分泌各种消化液,将食物分解、消化,然后由消化道吸收其有用的成分,排出糟粕。

体育锻炼时,肌肉活动明显加强,需要充足的能量供应,要求消化系统加强活动,分泌更多的消化液;促进胃肠血液流动,吸收更多的营养物质供机体利用。所以,在体育活动的影响下,胃肠功能得到了进一步加强和改善。锻炼后,身体消耗了许多能量,迫切需要得到补充,这时人们常常会有饥饿感,食欲明显增加,消化和吸收功能会明显加强。长期坚持锻炼,偏瘦的人体重会逐渐增加,肌肉会逐渐增粗。对有消化不良、胃肠功能紊乱者,也会起到药物所不能起的作用。

(七) 健身锻炼能改善人体泌尿系统的功能

人体活动是全身各系统综合活动的结果。身体中非气体性新陈代谢产物,主要通过泌尿系统排出体外。泌尿系统包括肾、输尿管、膀胱和尿道。体育活动时,全身器官的活动都加强了,由于新陈代谢旺盛,产生大量的废物,如乳酸(疲劳产物)、尿素、尿肌酐以及脂肪的代谢产物酮体等。通过血液循环,经肾脏过滤,随尿排出体外。全身各系统在中枢神经的支配下,相互协调、相互制约,保持一个恒定的动态平衡。运动时,从皮肤、呼吸道丢失大量的水分,汗液中亦排出大量的盐分,此时,排尿量就减少。肾脏具有调节功能,当体内某些物质(如水)过多时,尿量就增加。但不足时又会重新吸收,减少排出。肾脏的这种自动调节功能,是根据体内的需要和酸碱平衡而增多或减少排泄,以保持体液浓度正常的比例关系。正是这种过滤、重吸收、排泄活动,增强了肾脏功能。所以体育锻炼增强了肾脏对维持体内的酸碱平衡、体液平衡的功能,对排出新陈代谢时产生的大量废物,都具有极其重要的意义。

(八) 健身锻炼能改善人体的睡眠质量

睡眠是一种复杂的生理和行为过程。经过睡眠后,神经系统的机能可得到最大限度的恢复。高质量的睡眠可以起到调节心情、延年益寿的作用。

人人都需要睡眠,人的一生大约有1/3的时间是在睡眠中度过的。睡眠就像水和空气一样,是我们人类生命活动所必需的基本生理、心理过程,是人体必不可少的。睡眠不是简单觉醒状态的终结,而是不同生理、心理现象循环往复的主动过程。人体睡眠和觉醒的交替与昼夜节律相一致,这种昼夜节律的变化是人体生物钟体系的重要功能之一。在睡眠中人的大脑仍然在活动,其身心活动仍保持一定的水平,正常的睡眠时间和节律与人体生理及心理健康关系密切,是反映身心健康的重要标志。

通过长期有氧运动研究发现,Buysee博士等编制的匹兹堡睡眠质量指数(Pittsburgh Sleep Quality Index,PSQI)问卷评价睡眠质量量表可作为评价睡眠质量的工具。匹兹堡量表7个成分中的睡眠质量、睡眠时间、睡眠效率、安眠药物4个成分与运动前比较有非常显著性差异;运动后PSQI总分与运动前比较有较显著性的下降,PSQI < 7。在Zung焦虑自评量表(Self-rating Anxiety Scale,SAS)及抑郁自评量表(Self-rating Depression Scale,SDS)的统计中,焦虑、抑郁(SAS、SDS)分值均显著小于运动前,并且有非常显著性差异,表明运动锻炼后对睡眠的满意度显著好于运动前。由此表明,运动锻炼有效地改善了人体的睡眠质量;增加了人们的社会交往;增强了对生活的适应感、信心感、快乐感和道德修养;消除和减轻了抑郁、紧张、焦虑、易激怒、敌对等情绪障碍,使运动者对生活充满自信心和乐趣,进而提高了人体的身心健康水平和生活质量。

第二章 社会发展与体育健身运动

第一节 体育健身运动的兴起与发展

一、健身运动的概念

(一) 健身的概念

健身是指为促进人体健康,达到理想的生活质量的一种行为方式,健身包括智力、肌体及社会的行为,这种行为结果使身体健康状况得到明显改善,而不仅仅是一种摆脱疾病的状态。健康的人有很高的心肺功能和智力的敏感性;有良好的社会交往,理想的体质、体力及肌体的灵活性。经常性的健身锻炼,保持健康的饮食,避免滥用药物及不断发展摆脱压力的能力,便可以达到这种理想的状态。

"健身"一词,与我国传统的"养生"一词有着共同的含义。"健身"既代表了古汉语中养生这个词,也概括了当今世界各国所用的"增强体质""发展身体""完善人体"之意。人类的身体建设,既要由弱到强(强健),又要在种族的遗传变异中从不完善到完善(健全)。所以我们选用健身一词来标记"养生""增强体质""发展身体""完善人体"这些词语。可以明确地说,"健身"这个词概括了增强体质、发展身体和完善人体的几层内涵,具有强健身体和健全身心的综合含义。

(二) 健身锻炼的概念

以强身健体、健全心智为目的而进行的一切身体活动,都可以称为健身锻炼。随着人类社会的发展、人类文明的进步,健身锻炼已成为一种有目的、有组织、有计划地促进身心全面发展、增强体质、健美体形、延缓衰老、提高和丰富生活质量的手段。它不以夺取比赛优胜、摘取金牌及实现个人功利为主要目的,而是以增强体质、提高健康水平和生活质量、谋求身心愉快、延年益寿为主要目的,有时还包含有提高劳动效率等含义。

(三) 健身运动的概念

健身运动是根据人体生命科学的原理,运用不同的运动方式,通过各种形式练习,以增强人们的体质、提高生活质量、延长人类生命为目的的体育运动。它不是某一个单一的项目,而是一个广义的概念,是有益于身心的运动项目的概括,包括健美、康复健身、体形修塑及娱乐与休闲健身等。

二、国际体育健身发展历程

1919 年,国际现代奥林匹克运动之父顾拜旦提出了"一切体育为大众"的理念,他在致力推动国际奥林匹克运动发展的过程中,一直强调大众体育活动是奥林匹克运动的基础。

顾拜旦提出的口号奠定了国际大众体育的理论基础。但人们公认,具有现代化意义的国际大众体育运动开始于20世纪60年代中叶的欧洲。

1946年,包括中国在内的45个国家一起倡导成立了世界卫生组织。同年,世界卫生组织在其章程中提出,健康是某一个人最基本的人权,而无论其种族、性别、宗教与政治信仰、经济或社会地位如何。世界卫生组织庄严承诺,在全世界范围内推动人类身体的、社会的和文化的全面的健康。国际"健康为大众"运动由此开始。

20世纪60年代以来,随着"现代文明病"的产生,国民体质健康问题日益突出。正是在这样的社会背景下,以强身健体为宗旨的大众体育便在西方工业发达国家应运而生,并逐步形成了世界体育发展新潮流。

(一)社会生产力的提高及余暇时间的增多

随着社会生产力的不断提高,社会生产向机械化、自动化、电气化、智能化的发展以及家务劳动自动化、社会化程度的提高,社会生产的工作时间逐渐缩短,体力劳动强度已明显下降,人们的余暇时间也大大增加了。在过去的20年中,美国人周平均工作时间减少了10%。余暇时间的增多又直接为大众体育的发展提供了重要的时空条件。

(二)现代生产、生活方式的改变及"现代文明病"的产生

20世纪60年代以来,随着科学技术革命的不断深化,特别是计算机逐步运用于生产,社会的生产方式已大为改观,体力劳动人数和劳动强度大为减小,脑力劳动比重逐渐加大。新的生产方式要求人们掌握现代科学知识和精密复杂的生产技术,灵活、准确、协调地控制生产过程,快速准确地判断和处理仪表数据。这就使得劳动者在生产过程中注意力高度集中,大脑皮质长时间处于兴奋状态,中枢神经系统负担加重,加上脑力劳动大多需要伏案工作,身体缺乏运动,所以,以脑力劳动为主的新的生产方式,比过去那种以单纯的体力劳动为主的生产方式更容易使人疲劳。

现代社会的生产方式和生活方式的急剧变化,加上普遍的运动不足,造成了人们身心和生活环境之间的不平衡。于是出现了由于缺乏运动而引起的营养过剩、肥胖症、冠心病、心脏病、高血压、高楼综合征、肌力衰退、神经衰弱、反应迟钝、记忆力下降等现代文明病。为了预防现代文明病的进一步蔓延和有效治疗此类疾病,全球都在探索攻克现代文明病的"灵丹妙药"。经大量实践和科学研究,人们发现,经常地参加体育锻炼,通过大众体育,促使每个社会成员在整个生命过程中都积极自觉地投入体育锻炼,是防止现代文明病的最佳"良药"。因此,从某种意义上讲,现代文明病的出现,直接促成了大众体育的产生。

(三)国际大众体育组织的大力倡导

1964年,国际运动与体育理事会发布的"体育运动宣言"指出:"每个人都有从事体育运动的权利。"1966年,欧洲国际运动与体育理事会第一次提出了不分性别、年龄、人种、阶层、居住环境、身心状况,所有人都终生投入"大众体育"的观念。1976年,联合国教科文组织成立了以"促进大众体育"为主要目的的"政府间体育运动委员会"。1981年,负责国际大众体育的"世界体育总会国际会议"正式成立。1985年,国际奥委会成立了"大众体育委员会",从1986年起,每两年举办一届"大众体育国际代表大会"。1994年,第五届代表大会的主题是"大众体育与健康"。到1998年,全世界已经有116个国家颁布了各自的大众健身计划。

2008年召开的第十二届世界群众体育大会号召:"全球各国紧急行动起来,解决日益减

少的体育活动以及日益增高的肥胖率等全球性问题。"

(四) 世界各国高度重视和积极参与

为响应国际大众体育组织的号召,不断提高国民的健康水平,世界各国均非常重视大众体育的普及和推广,采取了许多行之有效的措施和方法。

建立组织领导机构。各国政府纷纷成立专门的组织机构,为大众体育的全面展开奠定基础。例如,美国成立"健康与体育总统委员会",并在全国50个州建立"健康与体育委员会";加拿大建立"业余体育与身体锻炼部",各省设立"体育、身体锻炼和休息活动处",在其他部委设立"业余体育和身体锻炼处";法国将体育机构"青年与体育国务秘书处"改为"青年体育俱乐部",在各大区和省市设立青年体育组织;澳大利亚成立了"体育余暇观光部"。

提出科学可行的发展规划。进入20世纪80年代,发达国家为使本国在下世纪成为健康国家而制定了推动大众体育发展的战略规划。例如,美国保健福利部发表了美国政府促进国民健康的施政纲领《增进健康、预防疾病的国家目标》,又制定了长达700页的全民健身规划《健康公民2000年》;澳大利亚政府提出了《国家的体育、余暇计划指标》;英国体育理事会提出了《90年代体育战略规划》。据统计,全世界80多个国家公布了"大众体育发展大纲"。

1978年11月21日,联合国教科文组织在巴黎发表的《国际体育宪法》指出:根据关于人权的世界宣言,人们无论种族、肤色、语言、宗教、政治信仰、社会出身、财产、门地如何,都享有人权宣言赋予的所有权利与自由。各国政府为保障有效地开展大众体育活动,都建立了比较完备的大众体育法规。例如,美国除了《业余体育法》外,还颁布了有关妇女体育、体育新闻、电视广播、残疾人体育、制止体育暴力、体育教育等方面的法规;法国制定了专门的《体育法》;日本为保障大众体育活动场地,除了在《体育振兴法》中的规定外,还制定了《学校体育设施对外开放》法。政府体育主管部门和各级各类体育协会以及社会其他单位经常组织群众性体育活动,如日本的"体育节",印度的"乡村奥运会"。在制度方面,美国制定了"体育总统奖"制度,德国制定了"家庭体育奖章"制度,法国制定了"大众体育奖状"制度。

(五) 丰富的大众体育活动形式和内容

各国推出了许多生动活泼、简易实用的锻炼内容和方式。如澳大利亚推出了"找30分钟"运动,号召每人每天抽30分钟进行锻炼;法国推出了"3个8"运动,每天进行自由泳80米、跑步800米、步行8 000米;比利时推行"每家一千米"(即每个家庭成员都参加跑步,总长不少于1千米)。一些国家还通过设立体育节目和健身日、健身周、健身月的形式,激励人们参加锻炼。联合国教科文组织建议所有会员国举办"体育月"活动。美国、德国、日本、新加坡等国家的体育节,或一天,或一个月。法国有"跑步日""自行车日""徒步旅行日""长距离滑雪日";美国规定10月9日为"跑步与健康日",5月为健康月;新加坡规定10月3日为"全民健康生活日";日本分冬、夏、秋三季进行的"体育节";朝鲜6~8月举行的"海洋健身月";缅甸12月举行的"人们体育月";我国自2008年北京奥运会后,将每年的8月8日定为"全民健身日"。

(六) 加强舆论宣传,扩大大众体育影响

许多国家为推动大众体育,通过电视、广播、电影、书刊等大众传播媒介,展开持久的宣传,以造成强大的舆论声势,吸引大众参与锻炼活动。例如,美国每年出版1 200多种有关体育健身和竞技运动方面的书籍,出版300多种体育杂志。美国3家主要电视台(ABC、NBC

和CBS)每年播出体育节目1 500小时左右。此外,各国还通过政界要人亲自参加体育锻炼,组织大型活动,印宣传片,拍电视片,刊登系列公益广告,发纪念章等来扩大社会影响。为了加强宣传效果,许多国家还推出了富有号召力的口号,鼓励人们投身健身活动。例如,美国提出"与其依靠药物,不如依靠体育锻炼";德国提出"锻炼吧,运动是最好的医疗";法国提出"为心脏健康而炼";澳大利亚提出"锻炼能改变你家庭生活";民主德国提出"到球网旁边去";俄罗斯提出"为生命而跑""全家奔向运动场";等等。原国际奥委会主席萨马兰奇先生,无论走到哪里,随身必带的三样健身器材是跳绳、橡皮条和哑铃。

(七)充分利用现有场地,大力兴修场馆设施

体育场地器材是开展体育活动必不可少的物质条件。为满足大众参加体育锻炼对体育场地、器材的要求,各国政府充分挖掘现有场地器材的潜力,物尽其用。例如,日本的《体育振兴法》规定:在不妨碍学校体育活动的情况下,努力使学校的体育设施供一般体育活动用。还有的国家把体育设施的建设纳入城市建设规划统筹解决,并把场地设施建设同人民文化、休息、商业、娱乐和生活设施紧密结合起来,为国民从事大众体育提供了物质保障。

在上述因素的影响下,大众体育才得以在短短的30多年中发展壮大,席卷全球,成了世界体育发展的新潮流。

第二节　现代社会的体育健身运动

一、我国健身运动的发展历程

中华人民共和国成立以后,推行了多姿多彩、内容丰富的大众健身活动。20世纪50年代,我国出台了劳卫制锻炼标准,其中就有推铅球和手榴弹掷远等田径项目,对增强人民体质起了良好的作用。

在20世纪70年代和80年代初,全国各地盛行象征性的长跑活动。例如,1976年,广州市体委开展了25 000米的象征性长征接力跑。1979年7月1日在上海中国共产党的"一大"会址前举行第4届全运会"新长征火炬接力",上海市火炬队从万人体育馆出发,途经16个省市、自治区,行程25 000里,历时77天,最后到达北京。1986年12月至1987年3月,中华全国总工会开展了"百万职工冬季长跑活动",各地都组织了职工冬季越野跑比赛和开展职工长跑锻炼等活动,推动了全国职工的健身跑活动。国际业余田径联合会为了推动我国长跑运动的开展,多次拨款在我国举行万人马拉松比赛。北京、天津、大连、开封、成都、广州等地均举办过这种比赛。1990年11月18日,在广州举行的万人马拉松跑,参加比赛人数达22 626人,其中健身跑爱好者达1 866人,运动员达3 966人。1992年12月,大连市体委创立了全国首家步行健身俱乐部。天津市在全民健身"一二一"启动工程开幕式上,用"天天百步走,活到九十九"这句较通俗易懂的群众话语,提倡居民全家参加健身走活动。1995年,我国推行《全民健身计划纲要》,每年举行"全民健身周、月"活动。1999年5月,北京市举办了"万人步行""万人登山"比赛,更进一步把全民健身推向一个新的高潮,对人们的身心健康起了良好的促进作用。

2008年,我国圆满举办了奥运会。为了满足广大人民群众日益增长的体育需求,纪念北京奥运会成功举办,2009年国务院批准每年8月8日为"全民健身日"。主题口号依次为

"天天健身,天天快乐""好体魄,好生活""全民健身,你我同行"。设立全民健身日,是适应人民群众体育锻炼的需求、促进全民健身运动开展的需要,是进一步发挥体育的综合功能和社会效应、丰富社会体育文化生活、促进人的全面发展的需要,是促进中国从体育大国向体育强国目标迈进的需要,也是对北京奥运会的最好纪念。

中华人民共和国成立70年来,我国群众体育组织已基本覆盖全国城乡,全国性单项体育协会、省级体育总会、行业体协等层出不穷,各级政府都建立了社会体育指导中心。

二、现代体育健身的特点

(一) 国家重视程度越来越高

大众体育活动的开展,均由国家发布通知,号召全国人民在某一阶段或时间内统一进行。在我国,不但要求城市居民参加体育锻炼,而且对我国主要人口——农村居民的体育锻炼也越来越重视。1985年,国家体委就提出了"农村体育要突破,首先把较为富裕的乡镇抓起来";要求把"农村体育提到重要位置上来,省(自治区、直辖市)体委应逐步做到城乡并重,地、县体委以主要力量抓农村"。从1985年起,全国范围开展的争创体育先进县活动,将农村体育工作落到了实处,全国共分四批先后命名了388个体育先进县,极大地促进了农村体育的发展。1986年,中国农村体育协会的成立,使9亿农民有了自己的体育组织,加强了农村体育的领导,同时"亿万农民健身活动"也在全国轰轰烈烈地开展起来。1988年,在北京举行的第一届全国农民运动会,使农民走上全国赛场。

(二) 内容由单一转向丰富多彩

20世纪80年代以前,大众体育活动的内容除了广播体操,就是生产操,大多为田径项目,项目很少,内容单调,没有考虑不同年龄、不同层次、不同职业、不同个性群体的体育需求。当时的田径健身项目分为4类,即健身走、健身跑、健身跳和健身投。

20世纪80年代以后,随着国家经济的发展和人民文化生活的日益丰富,我国居民进行健身的项目越来越多,不但继承了一些传统项目,而且引进了国际流行的项目,如大众健身操、有氧舞蹈、搏击健美操、健身球、速度单骑、水中韵律操、街舞、瑜伽、莱美国际健身体系、芭蕾、太极拳、跆拳道、空手道、有氧自行车、划船器、全功能椭圆运转机、台阶器、器械训练、跳伞、攀岩、探险、蹦极等多种时尚健身项目。

(三) 参加人数越来越多

随着经济的发展和社会的进步,我国群众体育普及程度越来越高,有的是为了增强体质和提高身体健康水平,有的是为了休闲娱乐和丰富业余文化生活,有的是为了医疗与康复,有的是为了追求"新、奇、险"的身体和心理感受,还有人是为了健美和减肥,等等。我国各级各类组织积极举办青少年、社区、职工、农民、老年人、残疾人、少数民族、妇女和军人九大人群的体育竞赛等。这些体育活动广泛地吸引着不同年龄阶段和不同社会阶层的人们参与其中,他们自觉地进行各种体育活动,达到锻炼身体、陶冶性情、交流情感的目的。各单位、社区以及村民组织在不同节假日举办的各种各样的定期或不定期的体育活动,如家庭运动会、趣味运动会和农村在农闲和节日中组织的舞龙、舞狮等多种多样的体育活动等,使我国的大众健身呈现丰富多彩的局面,体育活动已经成为现代人们日常生活的重要内容和生活方式之一。

（四）投入经费不断增加

计划经济条件下，资源全归国家所有，社会组织不具有资源的拥有权。国家是体育事业的唯一投资者，而当时国家的财力有限，国家在有限的体育投资中，首先又要保证竞技体育的开展，故对大众体育的投资甚微。改革开放后的40多年来，由于生产力水平的提高，经济的快速发展，人们的余暇时间增多，体育经费的来源趋于多元，加之体育场馆逐步开放，因此，大众体育的开展也表现出了与计划经济时代不同的特点。主要体现在：随意参加体育锻炼的人数增多，体育活动的地点较为分散，老年体育人口占大众体育人口的主流，城市居民居室内自备健身器械锻炼的形式更为普及。由此，群众体育健身设施是发展全民健身事业的基础物质保障。近些年，我国坚持体育彩票"取之于民，用之于民"的原则，把体育彩票公益金用于实施全民健身工程。我国在发展群众体育工作实践中一直致力于建设全民健身设施，不但加大全民健身工程建设力度，兴建广大人民群众最急需、最实用的保障性的体育设施，而且大力推动公共体育场馆的开放服务。

（五）政府购买公共体育服务

2008年北京奥运会后，我国的《全民健身计划》实施步伐加快，经常参与体育健身的人数快速增长，群众对公共体育服务的需求也随之增长。由于体育活动参与人群的收入水平、消费能力和偏好各不相同，所以群众的公共体育需求形式多样，层次分明。为了满足庞大体育消费群体的需求，诸多体育服务场所如雨后春笋般在全国出现。然而，这些场所多以盈利为目的，不同项目的收费差异很大。大众参与度较高的体育项目（如羽毛球、篮球等）的场地等设施更是供不应求，部分供需矛盾比较突出，仅仅依靠单一的市场供给难以充分满足群众的体育健身需求。《国家基本公共服务体系"十三五"规划》中明确提出，要为城乡居民参加全民健身活动提供免费健身指导服务。因此，各级政府亟须整合资源，通过政府购买增加公共体育服务供给。

政府购买公共体育服务是改革中国体育公共服务供给制度的重要措施，也是解决群众体育工作主要矛盾的需要；是贯彻落实科学发展观、构建社会主义和谐社会的要求，也是满足人民群众日益增长的精神文化需要的重要途径。同时，政府购买公共体育服务，整合、优化社会体育资源，体现体育公共服务的特性。政府购买公共体育服务的主要要素包括购买主体和服务提供方。政府作为公共体育服务的购买主体，主要负责编制购买计划和购买预算以及选择、管理、监督服务提供方。各级体育行政部门通过调研，了解群众迫切需要的公共体育服务内容，根据场地设施、人员、财政状况等因素编制政府购买计划。服务提供方负责向政府提供公共体育服务，其服务意识和服务质量将影响群众对政府购买工作绩效的评价。

（六）科学化程度越来越高

在当代群众体育活动中越来越多的人自觉地运用科学知识和科学方法来指导自己进行体育活动。人们根据自己的年龄大小和身体健康状况安排适当的体育活动，其运动强度和运动量大小越来越符合个人的健康状况，他们在体育锻炼中运用循序渐进、适宜负荷、从实际出发等锻炼原则，使锻炼更加科学，从而减少运动伤病，逐渐提高自身的健康水平。

我国著名健康专家洪昭光教授所提出的在运动过程中用心率的次数来控制整个身体锻炼过程的方法，被很多人接受并用于自己体育锻炼的实践中。在发达国家盛行了30多年的"运动处方"的身体锻炼方法在我国也开始流行，即根据不同的身体条件和体育运动基础，在医生和体育专家指导下进行的一种科学体育锻炼和康复体育的锻炼方式,使人们安全地进行体育运动。

（七）大众健身定向产业化

在社会主义市场经济条件下,我国大众健身出现了一种全新的运作模式,即在当代群众体育中出现用产业化的方式发展群众体育活动的趋势,用产业化的方法和手段来发展群众体育,有利于群众体育走上良性循环的轨道,在我国有其特殊的作用和意义。大众健身走向产业化是体育健身和体育娱乐需求的反映。近年来,我国许多城市中出现的各种类型的经营性体育场馆,健身、健美和各种体育项目的娱乐性俱乐部,不同体育运动项目的各类培训班,保龄球、台球、网球、羽毛球、滑冰、滑雪、高尔夫等经营性的群众体育项目在体育市场中层出不穷。群众体育的产业化发展趋势不仅繁荣了我国的体育事业,特别是群众性体育活动,还为社会增加了就业机会,对社会经济发展也起了积极的促进作用。为群众体育活动提供服务的体育市场,将是我国体育市场中最具有发展潜力的市场,对我国群众体育活动的开展将起到越来越大的作用。因此,群众体育产业化也是当代群众体育的发展趋势之一。

三、现代体育健身的组织形式

全民健身与娱乐活动管理的特点决定了群众健身活动的组织形式必然是灵活多样的,这样更便于体育健身与娱乐活动广泛、深入地在群众中开展起来。

群众性健身娱乐体育的组织形式是根据社会发展需要和体育自身的规律,按照不同人群,不同的兴趣、爱好、需求自愿组织起来的,以开展体育健身和娱乐为宗旨的民间体育团体,具有灵活多样、广泛联系群众、生动活泼、充满生机活力等特点,有较大的吸引力和凝聚力。这些组织中有综合性的,有跨地区、跨行业、跨部门的,也有单项的;有固定的,也有临时的。在我国社会体育组织中,普遍存在的形式包括各种类型的体育协会、运动协会、体育俱乐部、锻炼小组、运动队、健身活动点、老年之家、青年之家、文化站等,其类型划分大致包括下列几个方面。

（1）按性别、年龄、民族、体质健康状况分别建立的体育组织,如老年体协、妇女体协、少数民族体协、伤残人体协等。这些组织的特点是,有利于照顾不同人群的生理、心理特点,便于满足不同的兴趣、需求,使组织成员的共性要求与个性特点得以统筹兼顾,合理安排。

（2）按不同人群的兴趣、爱好成立的单项运动协会或体育俱乐部,如信鸽、钓鱼、棋牌、长跑、步行、自行车、冬泳、武术、气功、健身、健美、门球等各种各样的单项协会或单项俱乐部。这些组织的特点是突出单项,满足各自不同兴趣与爱好,便于专项运动的普及与提高。

（3）按不同行业、工作部门成立的职工体育协会,如火车头体协、林业体协、石油体协等。其特点是突出行业特色,便于加强领导,挂靠所在单位,有较好的保障措施,为经济建设服务。

（4）按不同区域成立的地区性体育协会,如地区联合体协、社区体协、乡村青年之家、体育活动指导站等。地区联合体协是以大型企业牵头,联合就近地区所在单位,共同组成联合体协,加强彼此之间的有机联系,在开展体育方面相互协作,取长补短,体现整体结合优势;社区体协由街道办事处和居民委员会牵头,吸收社区单位及街道居民参加,作为社区综合服务的一项内容,共同开展社区、家庭、体育活动。乡村青年之家和指导站是我国农村普遍采用的、有效进行社会体育活动的组织形式。其特点主要是体育设施互通有无,就近锻炼,方便群众,特别有利于老年人与少年儿童日常锻炼和休闲体育、家庭体育的开展。

(5) 按不同功能、作用建立具有经营型或福利型的体育俱乐部,突出体育娱乐、旅游、健身康复、文化教育等功能,可组织不同档次的健身、健美俱乐部和保龄球、高尔夫球、游泳俱乐部,这些组织的特点是设施条件比较优越,有利于体育产业的发展与体育市场的开发,可满足不同人群的业余健身需求。

第三节 现代生活方式与体育健身运动

一、生活方式内涵

生活方式即人类生存活动的方式,是指一定时期人们选择自身生存和发展的一种基本活动形式,它所探讨的是关于人的生存、发展以及活动方式的总体模式,受时代、地域、环境、经济、文化、家庭等多种因素的影响。生活方式具有历史性、客观性,同时也具有个体性、思想性和渐变性,具有较强的个性色彩。可以说,生活方式是最能体现每个人的思想观念、行为方式、爱好风格和价值选择的一种真实的、自然的存在方式。生活方式的好坏对人的思想观念和行为都会产生积极或消极的作用。因此,生活方式本身具有丰富的思想道德内涵,即良好的生活方式对自身和社会发展都有积极的促进作用。正如马克思所说:"个人怎样表现自己的生活,他们自己也就怎样。"

概括起来讲,生活方式就是,人们在工作、学习和生活中的思想政治、工作、学习、消费、休闲、人际交往、家庭等方面的生活状态和形式。具体包括以下几个方面:

(1) 政治生活方式。即人们抱着关心、支持、了解国家和社会方针政策及公共事务的态度,积极参与公共事务活动的行为和方式。主要包括:对国家方针政策的学习,对国家重大事务的关注程度,对国家、社会、政党的认识和评价,参与政务活动的范围和形式,等等。

(2) 工作生活方式。即人们在工作中所表现出的工作态度、行为方式。主要包括:对待工作的态度、工作事务的计划与安排、处理工作事务的能力和方式方法、工作中存在的问题等。

(3) 学习生活方式。即人们学习、掌握知识和技能的主体活动。主要包括:学习目的、学习时间、学习条件、学习内容、学习类型以及学习中存在的主要问题等。

(4) 消费生活方式。即人们在工作、学习、生活、娱乐等方面的消费方式。主要包括:消费内容、消费类型、消费特点、消费中存在的问题等。

(5) 人际交往生活方式。即人与人之间交流、沟通的活动方式。主要包括:交际目的、交际类型、交际途径、交际成效以及交际中存在的问题等。

(6) 休闲生活方式。即人们在工作之余以提高自己精神享受而采取的自我调整、放松的活动形式。主要包括休闲类型、休闲内容、休闲方式、休闲中存在的问题等。

(7) 家庭生活方式。即人们的家庭生活状况。主要包括:婚姻状况、子女抚养与教育方式、赡养老人方式、家庭生活中存在的问题等。

二、生活方式与疾病的关系

在不同水平的社会发展阶段,人们的健康水平和疾病的发生有密切联系。1957年,我国对全国死亡人口疾病情况进行调查,排在前三位的是呼吸系统疾病、急性传染病和肺结核。到2000年,我国的疾病死亡排名有了根本性的变化,分别是心脏病、恶性肿瘤和脑血管疾病。在世界卫生组织近几年的调查材料中,全世界死亡人数最多的疾病也是这三种,几乎占所有死亡人数的2/3,被称为人类"三大杀手"。引起这三大疾病的重要原因之一就是不合理的生活方式。吸烟、酗酒、肥胖、生活没有规律等不合理的生活方式均是造成这些疾病的重要原因。随着社会的进步,人们的生活条件得到了很大的改善,生活水平显著提高,人们的生活方式也发生了很大的变化,这些变化给人们的居住、社会活动、饮食、卫生带来了很大的方便,同时也带来了不良的后果,"文明病""富贵病"等一些由于不良生活方式而引起的疾病随之而来,人们称为"生活方式病"。世界卫生组织在20世纪90年代的研究表明,一个人的健康15%取决于遗传,10%取决于社会的稳定程度,8%取决于医疗条件,7%取决于居住的环境和气候,而最主要的影响60%取决于人们自己的生活方式。选择健康的行为,避免不良的生活方式,将有利于我们的身体健康。

三、生活方式与健康的关系

(一)不良的生活方式对健康的危害

1. 不良的饮食习惯

饮食是人类最重要、最经常的一种生活必需,但一些人往往并不注意健康的饮食习惯,如一部分人对饮食不甚注意,抱着无所谓的态度;另一部分人则过分讲究,片面理解一些谚语、听信广告,结果事与愿违;还有一部分人盲目节食或暴饮暴食、挑食偏食等,造成消化系统功能紊乱,影响了身体健康。

2. 吸烟

吸烟是目前危害人类健康最严重的不良行为之一,每年全球死于与吸烟相关疾病的人数达300万。我国是世界烟草消费第一国,现在的吸烟人数已经超过3亿,为全球吸烟者的1/4。有专家预测,如果中国人的吸烟习惯不改,40年后因吸烟造成的死亡人数每年由目前的10万将增加到200万。另有预测,到2050年,中国将有500万人死于吸烟引起的相关疾病,其中低龄和女性的比例将增加。吸烟对健康的危害主要有五方面:

(1)吸烟是多种疾病的致病原因。吸烟者可患肺癌和唇、舌、口腔、喉、食道、膀胱等多种癌症,以及慢性阻塞性肺病、冠心病、溃疡病等一系列相关疾病。

(2)吸烟造成环境污染。从烟草中分离出的有害物质达1 200种以上,它们对人体可造成多方面的危害,如血氧含量降低、血压升高、免疫机能下降、性功能障碍等。同时香烟烟雾作为载体,与大气中其他有害污染物产生协同催化作用,严重污染环境。

(3)由于吸烟者污染环境,使周围不吸烟者被动吸烟。遭受被动吸烟的危害并不亚于主动吸烟。孕妇吸烟殃及胎儿,造成围生期婴儿死亡、自发性流产、早产、低体重新生儿等;父母吸烟殃及儿童,造成儿童气管炎、肺炎、哮喘;丈夫吸烟殃及妻子,造成妻子多种与吸烟相关的疾病发生。

(4)增加意外恶性发生事故。由于吸烟造成大脑供氧不足,降低了人们的注意力和反应能力,在工作中经常出现操作失误、注意力不能集中、反应不及时等现象,造成工作效率低下,甚至发生事故。同时,社会上因吸烟引起的火灾事故,屡禁不止。

(5)吸烟造成的医疗负担和缺勤误工带来巨大经济损失。

目前,人们越来越多地认识到吸烟的危害,不吸烟、拒绝吸"二手烟"的呼声越来越高。我们首先应当从自身做起,不吸烟,并且还要积极劝导他人不吸烟。吸烟者要尽快戒掉这个不良习惯。

3. 酗酒

现代社会中大多数人,特别是男性,在社交活动中喜欢饮用酒精制品,如白酒、啤酒和其他含酒精的饮料。除了个别时期外,全世界各地都不禁止成年人饮酒。问题是在正常饮酒和非正常饮酒之间并没有明显的界限。大多数人的饮酒行为都控制在健康、经济、社交和法律许可的范围内,这属于正常饮酒行为,或者被称为"社交性饮酒(Social Drinking)"。在经常饮酒者中,一部分人被称为所谓的"问题饮酒者(Problem Drinker)"。主要包括两种情况:第一种情况是由于对自己的饮酒行为失去控制,一次性地摄入大量的酒精,可导致急性酒精中毒,而成为"酗酒";第二种情况是由于经常饮酒,逐渐发展为对酒精的依赖,成为慢性酒精成瘾。酗酒和慢性酒精成瘾导致很多严重健康问题。有研究表明,在西方国家至少有10%左右的酒精成瘾者最终死于自杀,肝硬化死亡与饮酒有密切关系。酗酒和慢性酒精成瘾是一个严重的社会问题,是导致家庭不和与社会不稳定以及很多社会问题发生的重要原因。

4. 吸毒

毒品通常是指能使人成瘾的药物,其种类很多。我国在1990年12月28日颁布的全国人大常委会《关于禁毒的决定》中,将毒品定义为"鸦片、海洛因、吗啡、大麻、可卡因以及国务院规定管制的其他能够使人上瘾成癖的麻醉药品和精神药品"。

毒品对人体健康有下列危害:

(1) 对消化系统的危害。绝大多数毒品均有抑制食欲的作用。部分吸毒成瘾者就是误认为毒品可以用来减肥而开始吸毒的。毒品抑制食欲的作用不仅可引起身体消瘦,还可引起某些人体必需的维生素和矿物质缺乏,从而引起一系列营养不良综合征。

(2) 对神经系统的危害。吸食海洛因后,会引起一系列的神经系统病变,如惊厥、震颤、麻痹、周围神经炎、弱视、远离注射部位的肌肉功能障碍。长期吸毒可引起智力减退和个性改变。海洛因过量引起的呼吸抑制还可造成脑缺氧;可卡因滥用还会引起颅内出血、抽搐、持续性或机械性重复动作和步态异常。

(3) 对心血管系统的危害。很多毒品可以对心血管系统产生直接的毒害。静脉注射可引起感染,也可对循环系统产生不良影响;吸毒经常引起各种心律失常和血管痉挛,冠状动脉痉挛可引起心肌梗死,还可引起冠状动脉粥样硬化,使血小板聚集,引起小血管内形成血栓,进而引起栓塞。

(4) 对呼吸系统的危害。吸毒可通过三种主要途径对呼吸系统造成严重破坏:一是经呼吸道滥用毒品,对呼吸道有直接刺激,二是通过不同途径进入人体内的毒品对呼吸道有特异性的毒性作用,三是由于吸毒引起的营养不良和感染也可能波及呼吸系统。有些毒品可造成特异性呼吸系统损害。海洛因吸食过量或中毒时可发生海洛因性肺水肿,如抢救不及时往往导致死亡。可卡因可引起剧烈胸病和呼吸困难,胸痛往往是可卡因滥用者求治的原因之一。此外,可卡因吸入还可以引起肺炎、肺水肿、咳嗽、咳痰、发热、咯血、哮喘、肺间隔积气、气胸、气心包和肺泡出血,可卡因还可通过抑制脑干延髓引起吸毒者突然呼吸抑制而死亡。

5. 不洁性行为

性传播疾病是指由性行为接触作为主要传播方式所引起的一类疾病的总称。例如,不洁性行为可以引发性病。从世界范围来看,性传染疾病的流行情况是:病原体与性病种类明显增多,感染率和发病率逐年上升,流行范围不断扩大,危害程度日益严重。淋病、梅毒等经典性病仍未得到有效控制,以病毒(如艾滋病等)为主的现代性病流行日益明显。在一些西方国家的疾病构成中,性传播疾病占有重要地位,尤其是淋病,在传染病报告中常居首位。

因此,我们一方面要看到性传播疾病对于个人、家庭和社会产生的危害,另一方面也要认识到性传播疾病是可以预防的。要加强自身修养,洁身自好,信守一夫一妻制,注意性生活卫生,使用避孕套等屏障措施,并且学习性生理和性卫生知识,培养健康的性心理。

6. 网络成瘾

随着互联网时代的到来,网络给人们生活带来方便的同时,也产生了很多的负面效应。无节制地花费大量时间和精力在网上冲浪、聊天或玩网络游戏,会降低学习和工作效率,影响生活质量,损害身体健康,导致各种行为异常等后果。这些消极影响引起了心理学家的关注,并将其命名为"网络成瘾"。所谓网络成瘾,就是由重复地使用网络所导致的一种慢性或周期性的着迷状态,并产生难以抗拒的欲望。

7. 生活没有规律

生活没有规律是指生活节奏的混乱。有关研究表明,人体内有专门的机制调节机体活动和机能,它被形象地称为生物钟。研究表明,有规律的生活是长寿的一个重要原因。在现代社会中,随着闲暇时间的增多,交通、通信条件的日益改善,生活没有规律成为许多人特别是年轻人的一种常见的生活方式。一方面,由于工作、学习紧张,生活节奏明显加快,许多人对工作、学习和生活常常产生一种紧迫感,这种紧迫感是心理应激的主要表现。另一方面,生活没有规律表现为作息时间和休息时间没有规则,不少人为了学习或工作,睡眠不足或没有规律。有些人平时工作紧张,到了周末就常常通宵达旦地喝酒、娱乐。

(二)倡导健康文明的生活方式

1. 合理安排工作、学习和生活节奏

工作和学习是人们生活中的重要内容,但不能以牺牲身体健康为代价去获得金钱、知识和荣誉,必须要合理安排好工作、学习和生活节奏,注意锻炼身体。国家倡导把"健康第一"作为人们工作、学习和生活的指导思想,提出"每天锻炼一小时,健康工作50年,幸福生活一辈子"的口号。革命导师列宁说过,"不会休息的人,就不会工作"。所以,任何把身体健康作为代价换取任何暂时的成功、快乐、幸福都是不可取和不明智的,只有遵循"文武之道,有张有弛"的规律,才能使身体立于不败之地。

2. 积极的休息和睡眠

积极的活动性休息是指通过变换工作和活动的方式,以协调机体各个部位的活动和大脑皮层的兴奋抑制的转换过程,从而使机体保持动态平衡的大脑得到休息。与之相反,安静的休息则是以静态为主,或坐或卧。休息的方式因人因时因地而异,不可强求一致。例如,从事了体力劳动之后,休息方式最好采用文娱活动的形式,如听音乐,看电影;而在从事脑力劳动之后,休息时可参加一些体育活动,如打篮球、游泳等。睡眠被视为最彻底的休息。研究表明,充分的睡眠能恢复机体的疲劳,增加机体对各种紧张刺激的耐受程度,增进食欲,加速排泄,提高抵御疾病的能力,从而使机体能有充分的精力去迎接挑战。

3. 注意营养和平衡膳食

平衡膳食或称合理膳食,是指膳食由多种食物构成,能提供足够的热能和营养素,并且保持各种营养素之间的平衡,以利于吸收和利用,达到满足人体需要的动态过程中的最佳状态。平衡膳食包括食物的构成和数量的动态平衡,人体对食物的反应和适应,食物被机体利用的结果等平衡。人体需要多种营养物质,任何一种单一的食物都不能完全满足人体的需要,因而必须有多种食物来源,才能达到膳食平衡。所以,吃得好,不是满足口感的需要,也不需要昂贵的食物,而是做到膳食平衡,保证营养素的有效供给。

4. 科学调控情绪

人的情绪是反应,又是体验;是冲动,又是行为。心理学家把情绪分为积极的情绪和消极的情绪两大类。积极的情绪有高兴、愉快、自信、希望、热情、宽厚等,消极的情绪有悲痛、忧郁、厌烦、焦虑、抱怨、恼怒、沮丧等。一个人的情绪体验对其身心健康有着十分重要的意义。

根据心理健康学的基本理论,以及青年所特有的心理特征、情绪特征和特定社会角色的要求,我们把青年情绪健康的标准概括为以下几个方面。

(1) 能保持正确的自我意识,接纳自我。所谓自我意识,是指个体对自己以及自己周围世界关系的认识和体验。这是人格的核心。一个情绪健康的人,首先要有健康的人格,能体验到自身的存在,能够了解自己,有自知之明,对于自己的性格、能力、优缺点都能做出客观的评价,既不妄自尊大,也不妄自菲薄。总之,保持一种积极的生活态度。

(2) 能保持和谐的人际关系,乐于与人交往。人际关系状况最能体现和反映一个人的心理健康状况,而情绪健康状况又直接体现和反映一个人的心理健康状况。情绪健康的人,能够用尊重、信任、友爱、宽容(当然是有原则的)、理解的态度与他人相处;对于友谊和爱(广义的),既能接受和分享,也愿意付出;有合作精神,乐于助人,能为他人和集体所接受。

(3) 能及时、准确、适当地表达自己的内心感受。

(4) 敢于面对现实、承认现实和接受现实。实际上,就是能保持良好的环境适应能力,只有主动地适应现实环境,才有可能去驾驭它、改造它,才有可能去真正地解决问题。

(5) 能协调和控制情绪,保持良好的心境。虽然在很大程度上,情绪和心境都要受制于时间和情境,但最终对其起决定性作用的还是在实践中形成的理想、信念以及人生价值观。

(6) 情绪反应正常、稳定,能承受喜怒哀乐的生活考验。这意味着拥有健康情绪的人,有清晰而深刻的认知方式,思维方式适中、合理,待人接物有分寸,不会有偏激的情绪反应及行为反应。

四、现代生活与体育健身运动

运动是生命活动的一种表现形式,反过来又能促进生命活动。公元前300年,古希腊思想家亚里士多德就说过一句名言"生命需要运动"。我国三国时期的名医华佗也说过,"动摇则谷气得销,血脉流通,病不得生"。人们经过长期实践,总结了正反两个方面的经验教训,终于肯定了这条颠扑不破的真理:生命在于运动。培养自己的运动行为和养成锻炼身体的习惯,可预防非传染性疾病,增强身体素质,提高一生的健康水平和生活质量。

(一) 进行科学的体育健身运动

1. 要选择适合自己的运动项目

目前,运动项目多种多样,有篮球、足球、排球、羽毛球、乒乓球、跑步、爬山、游泳、体操、武术等。这些运动项目对于增强体质大有好处,我们可以根据自己的身体条件和兴趣爱好,选择其中若干项,坚持经常锻炼。还可根据人生不同阶段进行选择,青壮年时期可选择篮球、足球、羽毛球等运动强度大、对抗性强的项目,老年时期应选择慢跑、太极拳、广场舞等运动强度较小的项目。同时,应根据自己的特长和兴趣爱好固定一两个专项坚持锻炼,充分调动自觉锻炼的积极性。

2. 要安排好锻炼时间和运动项目

目前,人们选择体育锻炼的时间主要集中在清晨、下午下班之后和晚上,应根据不同时间选择不同的运动项目。清晨运动,是一天从事脑力劳动的准备活动,运动时间不宜太长,运动量不能太大,以免引起过早抑制,造成上午工作时打瞌睡,影响工作和学习,运动时间一般为10~20分钟,运动项目以做徒手操为主,也可进行短距离的慢跑。下午下班后是人们一天中最主要的运动时间,一般有1~2小时,可进行较剧烈的体育运动和比赛,运动量适宜,锻炼所消耗的体力易于恢复,以不影响第二天工作为原则。睡前健身活动,指睡前20分钟可进行较短时间的缓和运动,如打拳、练气功、做操、散步等,可以缓解脑神经的兴奋和消除肌肉的紧张,有利于睡眠。

3. 要安排体育锻炼的强度和频度

体育锻炼要安排好体育锻炼强度、一次体育锻炼的持续时间、体育锻炼的频度三个方面的因素。

(1)体育锻炼强度。适当的体育锻炼强度可以增加最大吸氧量。强度过大的体育锻炼会使无氧代谢成分增加,而对增加最大吸氧量的效果不是很明显;强度过小的体育锻炼对机体的影响又太过于轻微,不利增进最大吸氧量。

(2)一次体育锻炼的持续时间。体育锻炼时一次至少持续5分钟以上(如慢跑、步行等),根据自身的健康状况及锻炼基础可以延长到15~20分钟或30分钟以上。科学研究证明,每天进行体育锻炼持续30分钟,几个星期后就可以看到有氧能力明显增强的效果。

(3)体育锻炼的频度。体育锻炼每个星期至少3次。如果每星期锻炼少于3次,效果不显著。有条件的话每星期锻炼4~5次甚至天天锻炼,效果会更好。

4. 要遵循体育锻炼规律

锻炼身体要取得良好的效果,必须遵循增强体质的生理规律和心理活动的规律,其基本原则可归纳为如下几个方面。

(1)提高认识,自觉锻炼。要求锻炼者正确认识体育的价值,这样才能培养锻炼者对某项体育活动的兴趣,养成经常锻炼身体的习惯,达到理想的锻炼效果。

(2)适量负荷,因人而异。每个人应根据自己的实际状况,如性别、年龄、体质、健康状况,去选择不同的运动项目和方法,量力而行;不勉强,不超负荷,运动量的掌握也要因人因时而异,不能一刀切。

(3)循序渐进,持之以恒。体育运动必须遵循人体机能活动的规律,科学地锻炼身体。人体各器官系统的活动功能不能突然提高,必须有个逐步适应、逐步提高的过程。锻炼身体的运动量要由小到大,技术动作要由易到难、从简到繁,逐步发展、逐步提高。同时,还必须持之以恒,养成每天锻炼身体的良好习惯,每周至少锻炼3~4次。运动时间间隔太长,就不能收到增强体质和健美的效果。

(4)全面锻炼、讲求实效。要做到这点,每个人必须根据实际需要,选择一项锻炼效果大、自己感兴趣的运动项目为主,辅以其他运动项目,使身体得到全面协调的发展。

(5)因地制宜、讲究卫生。目前,各地体育锻炼的场地、设备器材有限,我们必须充分利用各种场地及自然条件,开展形式多样的各种体育活动。增强体质与讲究卫生有密切的关系,体育锻炼要与运动卫生、环境卫生和饮食卫生结合起来,才能达到促进健康、增强体质的效果。

（二）体育健身运动的价值

1. 健身锻炼让我们回归自然

人来自自然，回归自然。"以自然之道，养自然之生。""人体欲得劳动，但不当使极耳，动摇则谷气得销，血脉流通，病不得生。譬如户枢，终不朽也。"

健身锻炼之所以能让我们回归自然，是因为它能把一切身体活动归纳为一种有利于人身心健康的健康娱乐活动。现代社会由于科学技术的发展，社会生产力的不断提升，脑力劳动者已成为生产力主力军，人的体力活动大大减少，这意味着我们与大自然的距离越来越远，以致人类的健康受到不良的影响。因此，人类必须通过自身的锻炼来增强体魄，以提高适应自然的能力。因为在运动过程中，我们的身体要承受大自然的阻力和压力（重力）；在每组、每次克服阻力和压力（重力）的动作完成过程中，我们身体的发展变化与大自然的运动规律更加贴近；在一次又一次征服自然的过程中，锻炼了体魄，健美了身躯，坚强了意志，从而增强了人们生活的信心、工作的能力和战胜困难的斗志。

2. 强身健体

健身锻炼可促进人体的血液循环和提高新陈代谢水平，使人体各器官系统及生理机能得到改善和增强，同时能把藏在体内的废物、脏物、毒素、杂质等代谢产物在水的媒介作用下，经汗液、尿液排出体外，体内受污染的环境得到清理，从而改善内脏器官的生态环境，提高健康水平。

3. 消除忧郁症，愉悦身心

中枢神经系统由脑和脊髓构成，它的主要功能是控制和调节人体内部各器官系统的活动，保证人体内部环境的平衡，同时维持人体与外部环境的平衡。健身运动能提高中枢神经系统的功能和人体对内外环境的适应能力。

经常参加健身锻炼可以舒缓压力，驱散抑郁，释放激素、葡萄糖和油脂，提高肾上腺髓质分泌儿茶酚胺的能力，儿茶酚胺增多能缓解抑郁症状。当运动达到一定量时，大脑会释放出一种叫内啡肽的化学物质。这种啡肽效应能改善人体中枢神经的调节能力，并提高机体对有害刺激的耐受力，故内啡肽又叫作快乐激素。啡肽效应让人感到兴奋和满足，可以减轻人体的压力和忘记不愉快，令人感到安静和快乐，有助改善心境，从而消除忧郁症，愉悦身心。因为运动可以有效地转移你的注意力，这就是为什么有烦恼忧愁时，运动会使你找回自信和力量，从而有效地克服和消除人们对快节奏生活的抵触、恐惧、厌烦和忧郁、焦虑等心理障碍的原因。

4. 磨炼意志，激发潜能

强健的体魄和优美形体，需要持之以恒、刻苦锻炼的塑造。在健身健美锻炼过程中，需要有坚强的意志和坚定的信念，有敢于挑战困难、战胜自我和超越自我的勇气，在经历千百次的挑战过程中，磨炼了人的意志，从而激活沉睡的激情与斗志，激发人体内在的潜能。

5. 具有娱乐性，丰富人的内涵

健身运动具有娱乐性，这是人类与生俱来的一种本能。在现代社会，这种本能已经升华到一种历久弥新的层次。当下，健身运动项目种类越来越多，娱乐元素越来越丰富，如健身街舞、肚皮舞、拉丁健身舞、动感单车等。健身锻炼者本着"我运动、我快乐"的积极心态，尽情去感受和享受健身运动所带来的乐趣。长期参加健身健美运动，不但达到强身健体、消除疾病、健康快乐的目的，具有娱乐性，而且兼有丰富的内涵，它给人以信心、智慧、勇气、毅力与力量。随着对健身运动的努力追求，会更深刻地懂得美的含义和寻找到美的真谛，提高人的审美观和审美取向以及表达美的方式和展示美的能力，由此丰富人们的内涵。

6. 增强免疫力，延缓衰老

经常从事健身锻炼的人，肌肉特别发达，这是蛋白质含量高的标志。一般而言，肌肉发达的人，身体的免疫功能也比较强。因为肌肉是人体内合成谷氨酰胺（免疫系统的重要来源）的主要场所，含有多种与代谢相关的酶类，对保持人体免疫系统的功能有重要作用。一般来说，年轻人都比年老者免疫功能要强，其主要原因之一，就是年轻人身体的肌肉含量、蛋白质含量较老年人高。有研究表明，经常运动的人，能推迟机体免疫系统的衰老，就是一定程度上能够逆转免疫系统的机能衰退，可见，健身锻炼对增强免疫力、延缓衰老具有显著的作用。

7. 运动抗癌，消除亚健康

在健身锻炼时，由于体力消耗增加，新陈代谢加快，使身体对氧的需要增加，反射性地刺激呼吸器官加强工作，吸入大量的氧气。氧的充分供给，使身体的各个器官、组织以及细胞均能处于良好的生命状态，新陈代谢过程也能进行得充分和彻底。在锻炼时，随着运动量的提高，代谢水平也随之提高，使机体各器官系统、各组织乃至各细胞群都处于功能活跃状态，有利于及时消除体内的代谢产物，如自由基、细菌、毒素等通过水的媒介作用排出体外，有利于防止癌的形成。长期坚持系统的健身健美运动，提高身体的代谢率，加速脂肪燃烧，消耗身体内多余的脂肪，不仅能达到减肥的效果，同时能消除和预防因肥胖诱发的动脉硬化、心脏病、糖尿病等疾病。除此，运动还能改善亚健康状况，如身体虚弱、气血不足、食欲不振、失眠多梦、口干口苦等。

8. 增强信心，提高个人素质

"健康的精神寓于健全的体魄之中。"健身运动是人们调整、顺应生活节奏的重要辅助手段，也是现代都市人生活中重要的组成部分。经常健身运动的人，对生活节奏的改变有较强的适应性。健身锻炼的人健康健美、精神饱满、精力充沛、矫健亮丽，充满骄傲、自豪和自信，由内至外地散发青春与活力。此外，长期参加健身锻炼，不但磨炼人的意志，培养人吃苦耐劳的精神，而且能激发人奋发向上、积极进取的人生观，从而提高个人整体素质。

第四节　现代体育健身运动

一、体育健身的种类

根据体育健身的目的可分为下列六大类。

（一）健身运动

健身运动主要是指一般健康者（包括体弱无病）为强健身体而进行的身体锻炼。通过练习，锻炼者增强身体各器官系统的机能，提高身体素质，提高基本活动能力。健身运动可根据个人特点和爱好，选用各种锻炼手段，既可以采用各种竞技体育项目，也可以采用日常生活中一些有锻炼价值的动作，如走、跑、骑自行车等。

（二）健美运动

健美运动是在健身的基础上，为增加身体美感而进行的身体锻炼。通过练习，锻炼者形成良好的体形和姿态。健美锻炼的针对性较强，如为了发展肌肉，可采用举重和器械体操练习；为养成端庄优美的体姿，增加协调性和韵律感，可采用健美操、艺术体操和舞蹈等练习。

（三）医疗体育

医疗体育又称康复体育，是指病患者为了治愈某些疾病而进行的身体锻炼。医疗体育的内容应根据疾病性质采取相应的手段。一般采用动作轻缓、运动负荷小的散步、慢跑、太极拳、气功、按摩、保健操等。为提高康复效果，缩短疗程，与药物治疗相结合，在医生指导下，按运动处方进行定量锻炼。

（四）矫正体育

矫正体育是指某些人为了弥补身体缺陷或克服功能障碍而进行的身体锻炼。练习内容应针对身体的特殊性进行专门的安排，如轻度驼背可做脊柱弯曲矫正操，近视眼可做眼保健操。

（五）娱乐体育

娱乐体育是指为了丰富生活、调节精神、欢度余暇而进行的体育活动。娱乐体育以消遣、欢快为目的，内容选择以个人爱好为前提，如游戏、球类活动、郊游、渔猎、登高等。

（六）防卫体育

防卫体育是指为了提高防身和应变能力而进行的身体锻炼。这种锻炼既可强身，又有较强的实用价值，如摔跤、拳术、擒拿以及攀登、爬越和各种反应性、灵敏性、自我保护性的专门练习。

二、体育健身的科学性

准确地选择体育健身的内容，可以激发和巩固锻炼者的积极性，是提高锻炼效果、顺利实现锻炼目的的前提。

选择身体锻炼的内容，既要遵循身体锻炼的原则，又要参照锻炼内容的分类，使锻炼者的选择更科学、更合理、更简便，要遵循以下几个原则。

（一）目的性

身体锻炼的目的是选择锻炼内容的主要依据。选择锻炼内容前，必须首先确定锻炼目的。锻炼目的有直接目的和间接目的之分，首先应考虑直接目的，然后再努力使直接目的和间接目的相统一。如为了治疗慢性疾病，首先就应从医疗价值较高的体育项目中，寻求对症之法，然后再从长计议，考虑如何使身体进一步发达健壮。

锻炼目的应重点突出，尽量具体。多种锻炼目的或抽象的目的，将导致项目选择无所适从。如泛泛地讲健身，锻炼内容的选择就有很大的随意性，倘若在健身的前提下，明确着重发展某方面的素质（如力量），那么，选择锻炼内容就会有的放矢了。

（二）实效性

为提高锻炼实效，确定锻炼内容时，要注意项目的特点、作用和实际价值，力求少而精，而不必追求表面的欣赏价值。

（三）可行性

确定锻炼内容，必须从实际出发，充分考虑锻炼的客观条件。练习场地应以就近为宜。据对锻炼者调查，锻炼地点对15分钟可到达者有较大的吸引力，其中跑步5～10分钟可达到的人数最多。对居住偏远者,可选择对场地要求不高的项目就近锻炼,如跑步、打拳等。锻炼器材应小型、轻便,便于携带。目前,我国锻炼者多采用徒手项目,对场地器材要求不高。随着物质水平和文化生活水平的不断提高,应逐步增加轻器械练习,这不仅可以增加练习兴趣,而且能够提高锻炼质量。此外,确定锻炼内容时,还应考虑到锻炼者的技术基础是否能够适应该项目的难易程度,该项目是否需要、能否找到技术辅导员,该项目锻炼所需时间与本人余暇时间是否矛盾,等等。

（四）季节性

选择身体锻炼内容时,要注意该项目练习是否有季节、气候要求。采用季节性较强的项目,应随季节的变化做出相应的安排。如夏季游泳、踢足球,冬季锻炼无室内条件,就可以进行长跑、滑冰等项目的锻炼。

三、体育健身的基本练习方法

体育健身的方法是根据人体发展规律,运用各种身体练习和自然因素以发展身体的途径和方式。体育健身方法是贯彻体育锻炼原则,达到体育锻炼目的的途径。身体锻炼的基本练习方法有以下几种。

（一）单项重复法

这是指锻炼者在相对固定的条件下,按照计划和要求(一定负荷)反复练习同一内容的方法。这种方法适用于:

(1) 运动负荷较小或用时较短的项目,重复练习可增加练习强度和时间,有助于提高练习效果。

(2) 动作技术比较复杂,难以掌握的项目,通过反复练习,有助于学习和巩固技术。

(3) 运动负荷安排较大,难以一次完成的练习。如健美锻炼中举哑铃 300 次,分解 6 次反复进行,这样,每次间隔中安排适当的休息,可以保证计划的落实。单项重复法中重复的次数和时间是决定健身效果的关键。确定和调节重复的次数和时间应考虑项目特点。运用重复锻炼法时要注意克服厌倦情绪,防止机械呆板。

（二）群项组合法

群项组合法是指根据锻炼需要,将两个以上具有不同身体发展功能的项目搭配起来,在一次锻炼中依次练习的方法。

这种练习方法可以弥补某些项目对身体发展作用比较单一的不足,使各项目之间功能互为补充,以达到全面发展身体的目的。此外,由于锻炼内容多样,经常变化,故锻炼生动活泼,易激发和调动锻炼者的积极性。

（三）变换锻炼法

变换锻炼法是指在改变锻炼内容、强度和环境的条件下进行锻炼的方法。例如,变换锻炼项目、提高或降低运动负荷、调整练习要素、变更练习地点等。采用变换锻炼法,能够提高中枢神经系统的灵活性,发展身体的调节能力和适应能力,同时,可以有效地调节生理负荷,提高锻炼情绪,强化锻炼意志,克服疲劳和厌倦情绪。另外,对于修订锻炼计划,活跃锻炼气氛也具有一定的意义。

（四）竞赛与表演法

竞赛与表演法是指锻炼者面对观众,在互相比较、彼此竞争的情况下进行锻炼的方法。与其他锻炼方法相比,竞赛与表演对锻炼者提出了更高的要求。锻炼者不仅要熟练掌握技术、技巧,而且要兼顾左右,与同伴配合,或整齐协调地完成动作,或随机应变地运用技巧、战术,争取战胜对方。因此,应用这种锻炼方法,对于表现锻炼成果,检查、评价锻炼水平,激发锻炼热情,培养团结、合作、顽强、果断和自信心等方面都具有特殊价值。

四、体育健身的锻炼方法

(一)有氧锻炼法

有氧锻炼法是指锻炼者通过呼吸能够满足运动时氧气的需要,在不过量氧耗的情况下进行身体锻炼的方法。这种锻炼的运动负荷强度适中,而运动时间较长,可以有效地提高心血管机能和呼吸机能,促进机体的新陈代谢,并减少脂肪积累,是国内外都比较流行的锻炼方法。

采用有氧锻炼法的关键是掌握练习强度,使锻炼强度既在有效健身阈值以上,又不超过无氧阈值。国外比较流行的用心率控制强度的方法有以下两种:

(1) 锻炼时,脉频保持在130次/分左右,不高于150次/分。

(2) 用180减去锻炼者的年龄数,所得的差作为锻炼时每分钟的平均脉搏数。

采用有氧锻炼法的典型项目有长跑、竞走、游泳、骑自行车、滑雪、耐力体操及韵律操、徒步旅行等。运用其他项目锻炼,只要坚持速度轻慢、距离较长或持续时间保持在30分钟左右,均可称为有氧锻炼,都可以收到满意的锻炼效果。

(二)发展肌肉法

发展肌肉法是指根据锻炼者在发展力量素质的同时,以增长肌肉、健美身体为目的的一种锻炼方法。这种锻炼方法,在青少年,特别是男青年中采用者较多。肌肉的发达健壮,依赖于负荷状态下的收缩与放松,反复的刺激使肌肉有充分的血液供应,可获得更多的氧气和营养物质,使肌纤维增粗,富于弹性,这样,肌肉体积才会增大,力量才能增强。因此,负担重量、反复练习、适当间歇是增长肌肉的基本要求。

发展肌肉的锻炼内容有:体操项目中的单杠、双杠、吊环等器械发展躯体和上肢肌肉。如双杠的支撑屈伸、双臂支撑摆动屈伸,单杠的引体向上、摆动屈伸向上等。运用哑铃、拉力器等器材,促进身体各部位肌肉协调发展。根据发展部位的需要,自编各种练习动作,并注意负荷重量及次数和配合。

应用发展肌肉法,应特别注意的是:第一,要使身体各部位肌肉协调发展,如上肢与下肢的协调、左侧肢与右侧肢的协调、四肢与躯干的协调等;第二,要把发展力量素质与发展柔韧素质结合起来,避免肌肉过于僵硬;第三,要把发达大肌肉群与发展小肌肉群结合起来,使肌肉有力而灵活;第四,发展肌肉的锻炼要坚持长久,要知道,肌肉增长快,但消退也快,只有经常反复练习,才会使发达的肌肉巩固、持久,并逐渐形成形态学特征。

(三)消遣运动法

消遣运动法是指为了寻求生理和心理上的放松,欢度余暇而进行身体锻炼的一种方法。这种锻炼方法,运动强度不大,令人轻松,具有安抚身心、消除疲劳的功效。在余暇时间,人们的消遣活动很多,如做手工工艺、收藏、观看戏剧电影、欣赏音乐美术等。作为身体锻炼内容之一的消遣活动,主要有两种:一是观赏性活动,主要是指观看各种体育比赛,由于观看比赛时产生情绪冲动,获得心理满足,所以给人的身体带来一定的好处;二是实践性活动,主要是指轻松愉快的消遣娱乐活动,如散步、旅行、郊游、踏青、登高、日光浴、空气浴、垂钓、泛舟等。采用消遣运动法应注意以下几个方面:

（1）情绪放松、专注，暂时忘却和摆脱工作、生活中的困扰。
（2）活动内容选择以兴趣爱好为前提，符合个人意愿。
（3）运动负荷以小、中强度为主，运动后能稍产生疲劳感为好。
（4）为增进情感交流，增添消遣情趣，最好能与亲友结伴而行，共同活动。

（四）导引养生法

导引养生法是我国传统健身方法之一，是通过呼吸调节、身心松弛、意念集中和圆滑徐缓等有节律的动作来达到健身祛病、延年益寿的锻炼方法。这种锻炼方法将身体的外部动作与内在气血运行相统一、身体运动与卫生保健相结合，符合中华民族的健身习惯，是深受我国人民，特别是中老年人喜爱的锻炼方式。采用导引养生法锻炼身体的具体练习内容很多，有明显表露外部动作的，像导引、五禽戏、易筋经、八段锦、太极拳和各种保健功等，也有相对静止、外部动作不大明显的，如行气、静养功、按摩等。

采用导引养生法应注意以下几点：

（1）要动静结合、神形兼备、内外俱练、刚柔相济，力求达到意、气、体协调一致。

（2）在采用主要练习前后，应辅以基本功练习等作为准备活动和整理活动的内容，这不仅有利于提高主要项目的锻炼效果，而且可以增加练习时间，提高运动负荷。身体条件较好者亦可反复练习同一内容或与长跑等练习结合运用。

（3）生活上要节制自爱，养成饮食、起居的良好习惯，克制狂喜、愤怒忧伤、惊乱等不良情绪，避免过度劳累，使锻炼与日常养生相结合，以取得持续显著的效果。

五、体育健身的安全

（一）运动前准备活动要充分

准备活动因地、因时、因人而异，不可千篇一律。

时间：一般需要 20 分钟左右，冬季约 25 分钟，夏季约 15 分钟。

强度：以身体发暖、微微出汗为准，不宜过大，以防机能过早消耗。

性质：一般性与专门性准备活动相结合。

间隔：准备活动与开始运动或比赛的间隔不宜太长。

自我感觉：身体轻松、协调有力、兴奋性适度、情绪饱满。

（二）运动结束时要做好整理活动

在剧烈的运动结束后，机体必须经过整理活动逐步松弛下来。如果突然终止运动，大量静脉血会集中停留在下肢肌肉内，使返回心脏的血量减少，从而导致脑部贫血和严重缺氧，血压下降，呼吸短促，造成恶心、呕吐、面色苍白、心慌等症状，严重者甚至会出现重力休克和死亡的危险。因此，运动结束后要进行整理活动，使机体逐渐松弛下来，不能立即终止运动，如下蹲或睡在地上等。整理活动一般需要 5 分钟左右，其要求如下：

（1）逐步缓和：在几分钟内做一些慢跑和放松动作，松弛肌肉。

（2）调整呼吸：配合放松动作做些深呼吸。

（3）稳定环境：运动刚结束，不要立即进入较冷或者温暖房间，不要立即洗温水或冷水浴，最好等身上的汗已干及身体恢复安静后再进行。

（三）睡前不宜做剧烈的身体运动

睡前进行剧烈的身体运动，首先，会使中枢神经高度紧张，运动结束后神经冲动会持续很长一段时间才能逐渐恢复，所以容易引起失眠、心情烦躁。再者，剧烈运动后，肌肉的紧张难以松弛,没有更多的时间进行整理放松,从而影响睡眠。为了调节学习和工作的紧张情绪,在睡前宜进行负荷较小的身体活动,如散步、慢跑、做操等。

(四)起床后不能立即进行剧烈的身体运动

睡醒后,中枢神经系统还没有真正从抑制过程转入兴奋状态。内脏器官的机能没有充分调动,全身的肌肉还处于松弛状态,全身无力、精神不振,整个机体几乎没有适应剧烈运动的能力。因此,不能立即进行剧烈运动,正确的方法是:醒来后在床上坐一会,然后在家内走一走,洗脸清醒大脑后,再到室外去,从准备活动开始进行运动。

(五)人在运动过程中要有良好的心理状态

运动前心情不好,注意力不集中,或者过于高兴,大脑过度兴奋,都容易影响运动成绩,甚至造成伤害事故。运动中如果心情不舒畅,情绪不稳定,经常与同伴或对手赌气斗狠,或者自己生闷气,都容易造成自己、同伴和对手的伤害事故。运动后如果因为胜负、成绩、个人得失引起情绪不好,大脑皮层得不到放松和调整,将影响食欲,影响肌肉的放松,不利于疲劳的消除,这样不仅达不到锻炼的效果,反而会影响健康。运动后应该正确面对胜负、成绩、个人得失,注意积极主动地休息和调节自己的情绪,如听一听轻音乐、与朋友交谈等,保持心情愉快。

第三章 体育健身与健康促进

第一节 健身运动与健康

每个人都期望有健康的体魄,健身运动对人的健康具有促进作用,青少年正值青春期,是一生中的生长发育和定型阶段,如果要想有强健的体格、功能完善的内脏和反应灵敏的头脑,就应从个人实际出发,选择适宜于自己身体情况的运动项目。了解运动对身体的影响,注意锻炼期间的自我监护和运动卫生,掌握科学的运动方法,进行持之以恒的体育锻炼,必将促进体质健康,提高生活质量。

一、生命在于运动

生命在于运动,没有运动也就没有生命。缺少运动的生命是短暂的。从小就关在笼子里的兔子、夜莺和家禽,尽管供给它们丰富的食物,从外表上看,生长发育很正常,可是,当人们把它们放出笼子,让其奔驰跳跃、展翅高飞时,它们突然死亡了。解剖表明:兔子和夜莺死于心脏破裂,家禽死于动脉血管破裂。很明显,这是由于它们长期缺乏运动,内脏器官发育不好,心壁和主动脉缺乏必要的坚固性,承受不了突然升高的血压而死亡。

人要是不运动又会怎么样呢?实验表明,一个身体健壮的青年,让他在床上静卧20天,不起坐、不站立和不活动,然后再让他下床站起来,就会感到两腿发软,头晕目眩,心跳缓慢,动脉压下降,甚至处于昏厥状态,心脏功能降低70%,体内组织缺氧,肌力极度衰弱。一个原来健壮的人,会衰弱得使人不敢想象。与此相反,运动使生命增强了活力。在运动中,身体各器官系统、各部位都得到了锻炼,从而提高了人体对内外环境的适应能力和对各种疾病的抵抗力,甚至还提高了身体对肿瘤的抵抗力。

青少年处在生长发育和紧张的学习阶段,就更加需要运动。运动是一种神奇的"药剂",如果你想更好地生长发育,健康地学习工作,并获得延年益寿的秘诀,那就得运动。

二、运动对人体健康的影响

青年正处于骨骼的生长后期。经常锻炼可增加骨的血液供给,使骨组织能得到更多的营养物质;运动能给生长骨骼的骨骺以适当刺激,促进骨的生长,使骨细胞增加,骨直径增长,骨髓腔增大,骨密质变厚,骨重量增加,这就可能使人的身材增高,对青年人的生长发育后期具有十分重要的意义。同时运动还能使肌肉附着点增大,肌纤维增粗,肌肉重量增加。正常人肌肉重量:女性占体重的35%,男性占40%。经过锻炼,肌肉的重量可占体重的50%,同时肌力和肌耐力、灵敏度、协调性均增强。

在正常情况下,运动时人体消耗的能量物质,过后不但能恢复到原来的水平,而且可超过原来的水平,这叫超量恢复过程。在一定范围内,运动负荷越大,能量物质消耗越多,超量恢复越明显。

体育运动能使大脑和整个神经系统得到锻炼,提高神经工作过程的强度、均衡性、灵活性和神经细胞的工作耐久力,使神经细胞获得足够的能量物质和氧的供应,转移神经系统的过度紧张,从而消除疲劳、清醒头脑、敏捷思维。比如,打乒乓球,小球忽来忽去,运动员必须在一瞬间做出判断与反应,步伐跟着调整,手臂随之挥动,成功地将球击回。经常锻炼就能提高大脑的反应能力,这样就使大脑从体育锻炼中受益。

经常锻炼能提高血液循环系统的功能,使心肌纤维变粗,心室、心房壁增厚,心肌收缩力增强,容积增大(可容纳更多的血液),每搏心脏血液输出量增加。一般在安静时,心脏每搏血液输出量为50~70毫升,如经常参加体育锻炼可达80~100毫升或以上,使心率和脉率缓慢,在运动中肌肉活动时,可反射性地使冠状动脉舒张,血流量增加,改善心肌营养。经常运动还可提高循环系统对心血管机能的调节能力,使心血管系统的工作能精确、协调、节省,并可使心脏的工作储备能力得到提高,适应剧烈运动的需要。

长期进行体育运动的人,胸膛宽阔,这意味着肺脏能吞吐大量的空气,可增大肺通气量,故吸氧量和二氧化碳排出量亦相应增大,使气体在肺内的交换更充分,提高了供氧能力,使之不易疲劳,从而改善呼吸系统的功能。运动对消化系统的机能有良好的促进作用。由于代谢的增加,运动后机体所消耗的这部分能量需要及时得到补充,促使人的食欲增加。运动时肠胃不断受到刺激,可反射性地加强胃肠蠕动,使消化液分泌增多,从而促使消化和吸收能力的提高。运动还能改善体内物质代谢的过程,加快营养物质的氧化还原,提高人体供能的潜力。凡是有锻炼习惯的人,因运动有助于调节精神情绪,使精神状态比较稳定,从而改善神经系统对肠胃运动的调节,故极少产生便秘。

三、运动要适宜

参加体育运动,除个人兴趣和爱好外,还要根据个人的健康状况、机体功能和原有的运动基础,以及自己生活环境中锻炼的条件等综合考虑参加运动的项目。也就是说,运动的选择必须从实际出发,因人而异,不能千篇一律。有决心从事体育运动的人,首先必须客观了解和评价自己的能力和健康水平,再结合自己的年龄、性别、职业、生活特点等情况,有目的、有计划、有针对性地选择和确定可行的运动项目,并在锻炼中合理安排时间和运动量,持之以恒,才有可能收到良好的效果。

在一般情况下,青少年的内脏器官发育逐渐完善,神经兴奋过程和抑制过程逐渐平衡,可以做些力量和耐力练习,如单杠、双杠、举重、哑铃、实心球等,但器械的重量要轻些,运动量要小些;也可练跳跃、投掷、跑步和球类活动,时间不宜太长。20岁以上的成年人身体发育基本完成,可以参加各种项目的锻炼,但运动量要适宜。

随着生活质量的提高,人们的体力活动正在减少。进食过多、活动过少,是引起超重和肥胖的主要原因。超重和肥胖不仅使人体态臃肿,容易气短、多汗和四肢无力,而且还是与一系列疾病有关的危险因素。糖尿病、胆石症和胆囊炎的患病率,超重和肥胖者远高于正常体重者,因此,控制体重是保持健康的一条重要原则。超重和肥胖者适宜于坚持跑步,因为跑步能强有力地促进新陈代谢,消耗大量能量,引起体内糖原大量分解,减少脂肪沉积。此外,还可参加打球、游泳、体操等运动,但每天必须有半小时至一小时左右的时间进行锻炼才能有效地消耗体内的脂肪,因为短时间内强度大的运动几乎全由糖来供应能量,只有在强度低和持续时间长的运动中,脂肪才能成为运动的主要能源。同时要辅以适当地控制饮食,才能达到减肥的目的。

对于体弱多病患者的运动锻炼,应以全面增强体质、增强抗病能力、提高身体各器官功能的体育医疗为目标。锻炼的内容应多样化,可选择走步、慢跑步、游戏及游戏化的球类活动。对于瘦弱者,可适当安排一些增强肌肉力量的练习,促进肌肉发达。患慢性疾病应有针对性地选择具有辅助医疗作用的项目,内容也要因人而异,因病而异,如太极拳、慢走等。对于消化吸收功能较差、体重不足的虚弱者来说,适量的跑步(主要是慢跑)则能活跃新陈代谢,增进食欲,改善消化吸收,有助于增加体重;并应适当注意调节饮食,使之富有营养,易于消化吸收。体弱多病者最好在医生的监督指导下科学地进行锻炼。

女孩子发育比男孩子早 1~2 年。女子的脊柱弹性好,较灵活、柔韧,可多做些韵律活动;女子骨盆大,下肢较短,重心较低,还适合做体操动作。女子比男子肌肉力量小,骨骼、内脏器官如心肺功能不如男子强,和男子共同练习的项目要降低标准和强度,或采取减轻器械重量的办法,区别对待。女子一般参加艺术体操、健美操、舞蹈、游泳、跑步、球类等运动项目。从生理特点看,体育运动对减轻妇女经期反应,促使顺利分娩也有好处。如果平时能着重腰腹肌的力量锻炼,经常做仰卧起坐、仰卧举腿、腹背运动、踢腿等,效果就更好。

女子在月经期间,如果身体健康,反应轻微的,应坚持适当的体育运动,如慢跑、广播操、太极拳、乒乓球、排球及韵律操活动等。这样有利于改善盆腔血液循环,减轻由于盆腔充血引起的腰腹酸胀、坠痛等不舒适的感觉,还能调节大脑皮层功能,使精神愉快,减少烦躁情绪。但须注意,要避免做剧烈的跳跃,也不宜参加竞赛,尤其不要去游泳。

第二节 健身运动与运动保健

一、锻炼者的自我监护

在运动中,有时会发生各种运动创伤,如挫伤、擦伤、骨折等。发生运动创伤的主要原因是在运动中技术不够熟练,掌握动作要领不够准确,运动场地、器材和服装不适合,等等。防止运动创伤,除在体育活动前加强对运动场地、器材的检查外,还应严格遵守训练的基本原则。在进行体育运动前有条件的应做体格检查,每次锻炼前,必须先做一些准备活动,使人体各器官从安静状态过渡到运动状态,以便进行活动。只有等到各器官机能逐渐加强,能够适应四肢活动以后,在运动时身体各部分才能协调一致,运用自如。一般准备活动是慢跑、做体操,准备活动的时间每次大约 10 分钟,使身体发热,微微出汗为好。在每次运动结束之后,也做一些整理活动,如轻松自然的走步、慢跑,徒手的放松练习,自我按摩和相互按摩,等等,其活动量、速度、幅度应逐渐减少,尽量使身体放松,更好地恢复平静状态。整理活动后,应达到呼吸和心跳稳定,运动后产生的一些明显不适感消失。这样,就可以精力充沛地去参加学习和工作了。

每天早上测脉搏,并做好记录,有助于调整锻炼计划。运动适量,则晨脉每分钟变化不超过个人平时正常范围的 3~4 次。还应该注意脉搏节律,脉律不齐在运动后不消失,或晨脉明显增快,都可能是运动量偏大的结果。每周测体重,在锻炼的最初几周内,由于代谢作用增强,身体的脂肪和水分减少,体重下降,经过一段时间后,体重才能稳定,长期锻炼后体重可能增加。体重明显下降,是过度疲劳的征兆。还应注意食欲、睡眠、精神、血压变化等情况,若发现不良反应,要减少运动量,并到医院做进一步的检查。对女子更应注意经期卫生监护工作。

二、运动的保健功能

1. 运动能益智健脑、促进思维

美国一位科学家曾对400名21~84岁的成年人进行语言、能力、感觉速度、空间定向及计算思维等方面的测试进行研究。结果表明,25%常参加运动锻炼的人,在智力和反应方面明显高于未参加锻炼(或极少参加运动)的同龄人。

运动锻炼何以能益智健脑?这是因为,大脑活动所需的能量主要来源于糖,而大脑本身储存糖极少,当人体血液每100毫升中血糖达120毫克时,脑功能活动才能正常,记忆力也佳;如果血糖降至50毫克左右时,人就会疲乏、思维迟钝、工作效率下降。食物是血糖的供给源,运动能使人食欲大增,消化功能增强,促进食物中淀粉转化为葡萄糖,再吸收到血液中变成血糖,源源不断地供应给脑神经细胞。

大脑需要氧气和其他营养物质,血管硬化导致血液循环障碍,是造成中风和冠心病的直接原因,也是造成大脑功能失调、思维及记忆力减退的重要因素。科学实验表明,经常从事运动的人,心脑血管会更具有弹性,血液循环也更加通畅。研究数据显示,喜欢运动的人每立方毫米血液中的细胞比一般人多100万~150万个,血液循环量也比一般人高出2倍。新增的红细胞和血循环量能够向大脑组织提供更充足的氧气和营养,这样大脑更能活动自如,思维更加敏捷。

2. 运动是一种积极的休息方式

当运动中枢兴奋时,就可有效、快速地抑制思维中枢,使其得到充分的休息。有人做过试验,让脑子连续思考2小时,然后停下来休息,至少需要20分钟才能消除疲劳,而用运动方式只需要5分钟疲劳就消除了。实验说明,运动的确能使大脑的紧张状态得到缓和,防止大脑过度疲劳,有助于大脑思维功能的合理应用,促使工作、学习效率的提高。

运动还会促使大脑本身释放内啡肽等有益的化学物质。实验也表明,运动后,脑组织中的核糖核酸会增加10%~12%。核糖核酸能促进脑垂体分泌神经激素分子,有人称之为"记忆分子",这种物质对促进人的思维和智力大有益处。

3. 运动能改善不良情绪

运动能有效地预防和治疗神经紧张、失眠、烦躁及忧郁等神经性不良症,而这些疾病(或不良情绪)最易引起思维迟钝、注意力减退和反应缓慢。所以,有人称运动是很好的"神经安定剂",它使人心理更健康,头脑更聪明。

4. 运动促进生长发育

一个人的体格是否高大,很大程度上取决于他的骨骼系统的生长发育。骨骼的生长发育,需要不断地吸收蛋白质和无机盐(特别是钙和磷)。儿童时期,每一块骨中,都有个"骨化中心"即骨骺,也就是骨的生长点。在骨骺里有许许多多的造骨细胞,不断地把吸收进来的养料综合起来,制造出骨组织。在所有的骨骼中,长骨和躯体骨髓的成长,可以决定一个人的身高和宽度。以长骨来说,如大腿上的股骨、小腿上的胫骨,骨化中心都在骨的两端。人体除了需要有足够的维生素D和丰富的钙摄入外,更重要的是体育锻炼。在运动锻炼过程中,跑、跳等动作对骨髓的骨化中心能起到一种机械刺激性的作用,能改善血液循环,促骨的生长发育。所以,从小坚持锻炼的孩子,容易长得高大、魁梧。

同样的道理,肌肉组织由于经常锻炼,肌肉纤维变大,整块肌肉中的血液供应良好,毛细血管增多,肌肉就会显得特别粗壮。另外,从小锻炼对孩子的神经系统、呼吸系统、循环系统、消化系统也有好处。据调查,经常锻炼的孩子心肌健壮有力,心跳频率比缺乏锻炼的孩子慢。这就能使心脏有更多的时间休息,使心脏健康。另外,经常参加体育锻炼,能促进少年儿童的新陈代谢,提高食欲,增强胃肠的消化能力,促进营养吸收完全,使全身发育得更好。运动对体重增加也很明显,胸围、肺活量、心脏也比不锻炼的孩子大得多。据调查,同一学校的学生,参加业余体校或经常锻炼的学生比运动少的学生,身高提高4厘米,体重增加2千克,胸围大2~3厘米,肺活量多200毫升。

总之,体育锻炼对于少年儿童来讲,是成长发育中一个不可缺少的重要因素。当然,在体育活动中应根据少年儿童解剖的生理特点,避免做举重等容易屏气的动作和对儿童心脏负担过大的、持续时间太长的剧烈运动。不运动或少运动对他们的健康不利,同样超越孩子承受能力的剧烈运动对他们的健康也不利。

5. **脑力劳动者更需要运动**

脑力劳动者一般都长时间地低头弯腰伏案工作,活动少。由于颈部长时间向前弯,使流向脑部的血液受到抑制。脑部所消耗的氧相当多,尤其是在用脑时,大脑消耗的氧约占身体的1/4,甚至更多。血液流过少,氧就少。一旦氧气供应不上,容易头晕、脑涨,久而久之,容易产生脑疲劳,诱发神经衰弱等疾病。同时,由于长时间地低头弯腰工作,胸部得不到充分的扩展,使胸腔变得狭窄,肺活量减少,容易患肺部疾病。加上缺少锻炼,稍一动或走几步楼梯就气喘吁吁,工作效率自然明显下降。所以脑力劳动者更需要坚持体育锻炼。

6. **运动能预防富裕型疾病**

由于缺少运动,肌肉缺乏锻炼,静脉中血液容易淤积在身体下部,导致静脉曲张、痔疮等一类疾病发生。同时,胃肠的肌肉也显得软弱,加上全身新陈代谢不旺盛,营养消耗明显减少,以致高血脂、高血糖、高血压、冠心病等富裕型疾病发生,生命质量下降,亚健康接踵而来,疾病就会发生。

经常参加体育锻炼,能使心脏的肌肉比较发达,收缩力量加强,心跳搏动有力。一般人的心脏每次收缩输出血液50~70毫升,而经常参加锻炼的人能输出80~100毫升,甚至更多;一般人每分钟心跳为70~80次,而经常锻炼的人只有50~60次。由于心脏收缩时输出的血量较多,心跳次数减少,使得心脏在每次收缩后有足够时间休息,有利于心脏更好地工作。同时,由于运动时肌肉有节奏、有规律地收缩与放松,使静脉血液回流加快,供应心脏本身营养的冠状动脉扩张,不仅有利于心脏工作,而且能使心脏得到更多营养。有氧代谢运动之父肯尼思·库菊博士指出:如果步行,每星期应走3次,每次走3 200米,时间为30分钟内。如果达不到这个速度,3 200米用40分钟走完也可以,但需每星期走5次。坚持10年,就可使心肌梗死减少50%。这是因为长期坚持锻炼,可改变心脏功能,促进血液循环,增加血液的搏出量,使心脏冠状动脉管腔舒展,增加心肌供血,又能使高密度脂蛋白升高,低密度脂蛋白相对减少,三酰甘油明显降低,体脂减少,腰围缩小。经常锻炼者,血液总容量可增加10%或更多,遇到紧张时血压不至于因此升高,可降低冠心病、脑卒中的发病率。

经常锻炼可以使血液中的白细胞、红细胞和血红蛋白增加。红细胞和血红蛋白增加可以提高体内营养水平与代谢能力,白细胞具有吞噬细菌和异物的作用。所以,经常锻炼可以增强人体对疾病的抵抗能力。

经常参加锻炼的人,神经系统的兴奋性与灵活性改善,对外界刺激反应更快、更准确,体内各器官系统的活动更协调,对外界刺激的适应性和对外界致病因素的抵御能力也会提高。常参加锻炼的人,由于锻炼过程中肌肉活动消耗大量的能量,需要有充足的氧气,排出大量的二氧化碳,这就需要呼吸器官加倍工作,从而使呼吸肌得到锻炼,肺活量明显增加;安静时呼吸频率减低,呼吸器官功能得到明显提高,有利人体新陈代谢顺利进行。经常参加体育锻炼的人由于新陈代谢加快,能量消耗增加,这就要求消化器官加强其功能,促使食欲增加。所以,不少人采用体育锻炼的方法,作为治疗消化不良、食欲不振、胃肠神经官能症的一种辅助治疗手段。积极参加体育锻炼是理想的减肥方法。有人观察,只要在1星期内增加运动,设法多消耗14.6千焦(3.5千卡)能量,就能使体重减轻0.45千克(1磅),而且这种减肥方法有利于增强体质。

三、运动保健方法

1. 击头保健

每天早上起床后,用十指指尖轻敲头部各部位40下左右。如果天天坚持,有利健脑健身,增加记忆力。

2. 梳头保健

提倡用黄杨木梳或牛角木梳梳头,无副作用。梳头最佳时间是在吃早饭前。上午9时或下午3时也行。刚吃过饭正在消化,不要进行保健活动。梳头方法:从前额发际处向后梳到枕部,从左、右梳到耳上和耳后,力度不能太重,每次梳5分钟左右。梳头会通过神经末梢把刺激传递给大脑皮质,能够调节头部神经功能,松弛头部神经的紧张状态,促进血液循环,从而有利于大脑的正常功能发挥,并对全身健康起积极作用。梳头可改善头发黑色素细胞的活性;缓解头痛、头昏、神经衰弱、失眠,有醒脑、聪耳、明目的作用;有利于预防头皮瘙痒;对防治高血压、失声聋哑等症有一定辅助作用;可增强记忆力,使人变得聪明;可防脱发,减少额头皱纹。

3. 搓耳保健

搓耳最佳时间是早上洗脸刷牙后进行。用两手掌把耳轮向前压下,然后两手心前后搓耳,每次搓50下,力度适当。上海嘉定区有一名医生,搓耳两年,他体会有两大好处:一是天天搓耳,冬天不生冻疮;二是改善听觉。

4. 面部保健

面部是"五脏之华"。每天上午9时或下午3时,先把双手心搓热,再用双手心按摩侧面部30下。手法不宜太重,这种干洗脸保健法,可防治面部皱纹,促进血液循环,加快细胞新陈代谢,保护皮肤的弹性,使之柔嫩与光滑,效果极佳。

5. 搓颈保健

先用两手食指、中指、无名指反复按摩颈后部的风池、风府穴位,力量由轻到重,直到颈部发热,然后左右、前后活动颈部。

6. 缩唇呼吸

直立,两手叉腰,先腹式吸气,停顿片刻,然后缩唇,不要用力,慢慢呼气,直到吐完为止,再深深吸一口气,反复数次至十余次,使氧气与二氧化碳交换,减少残余气体在肺泡内存在。这对慢性支气管炎和肺气肿病人有非常重要的保健作用。

7. 肩背保健

用双手按压肩部 20 下左右,再用双手手心拍肩部各 20 下左右,然后用双手握空拳敲击颈椎部 20 下左右,力度视对象的身体素质而定。这种肩背部振动疗法,不仅对颈椎、肩周病有疗效,而且拍打对内脏保健也有一定效果。俗语说,"天天拍背,可活百岁",这种说法虽然夸张,但疗效还是值得肯定的。

8. 按胸保健

用右手按顺时针方向在胸前按揉 20 周,再按逆时针方向在胸前按揉 20 周,力度适当,人站立时可按,坐着也好按,最好在早上醒后睡在床上或在晚上睡在床上按胸,效果更佳。按胸有利于心血管系统与呼吸系统器官的保健,对预防感冒有效。

9. 按腹保健

用右手按顺时针方向绕脐揉腹部可健脾开胃,有助消化吸收,这对防止便秘、消化不良等症有较好效果。临睡前按腹,既能宁神安眠,又可补肾益精、调经活血。

10. 手部保健

手是灵魂的触角,十指连心,所以手的保健十分重要。每天上午 9 时或下午 3 时用力拍手 20 下,搓手 20 下,两手握手 20 下,两手背各按摩 20 下。手巧心灵,有利全身保健。

11. 腿部保健

每天抽空隙时间,双手握空心拳,分别在大腿、小腿和膝盖处反复拍打数遍,然后左右脚分别向前下方踢五六次,可防治双腿麻木、下肢静脉曲张和双眼昏花等常见病。

12. 跷脚保健

人仰卧于沙发,将双脚高搁,每天坚持两三次,每次 5 分钟左右,可使全身足部、心脏、头部大受裨益,有助于脚部的血液循环,消除疲劳,全身舒适。

13. 按摩足三里

足三里在外膝下三寸,小腿胫骨前缘外侧。拍打与按揉足三里,可调节消化系统的功能,提高肌体的免疫功能,从而增强抗病能力,又能使手指和脚趾的血管扩张,促进血液循环,改善手足不温的症状和防止人体衰老。

14. 足部保健

"人老先老脚,树老先老根",脚是第二心脏,要提高脚的地位,要认识保护脚如同保护心脏一样重要。"足部反射区保健法"可以看脚识病,摸脚保健,按摩脚治病。用足底按摩器防治疾病,保健养生,效果很好。每天早饭前和晚饭前各 2 次,每次 10 分钟,对脚进行按摩,可取得令人满意的效果。按摩可使足部表层静脉扩张,血液循环加快,能把局部积累的代谢物通过肾、输尿管、膀胱等排泄器官迅速排泄掉,减少酸性产物(如疲劳后乳酸的聚集),输送更多的氧和养料,使疲劳得到更快的解除,并能防止肢体关节酸痛麻木,有通肾经、降虚火、安神明目、增强记忆之功效,对耳鸣、失眠、高血压、高血脂、动脉硬化都有一定疗效。常年坚持,神清气爽,精力旺盛,少患疾病。

15. 散步

散步指不拘形式,闲散、从容地踱步。

(1)散步的要领。

① 散步前应该让全身放松,适当地活动一下肢体,调匀呼吸,使呼吸平静而和缓,然后再从容展步,否则达不到锻炼的目的。

② 步履宜轻松，犹如闲庭信步之态。这样，周身的气血方可调达平和，百脉流通，内外协调，这是其他剧烈运动所不及的。

③ 散步宜从容和缓，不宜匆忙，更不宜琐事充满头脑，这样可使大脑解除疲劳，益智养神。

④ 散步宜循序渐进，量力而行，做到形劳而不倦，勿令气喘吁吁。年老体弱有病的人，尤应注意这点，否则有害身体。

（2）散步的速度。

① 缓步，指步履缓慢，行走稳健，每分钟60～70步。这种散步适于饭后茶余的运动。

② 快步，指步履速度稍快的行走，每分钟约120步，由于这种散步比较轻快，久行之，可振奋精神，兴奋大脑，使下肢矫健有力。

③ 逍遥步，指散步时且走且停，且快且慢，行走一段距离，停下来稍做休息，继而再走，或快走一程，再缓步一段，这种走走停停、快慢相间的散步，适用于病后康复和体弱多病的人。散步养生健身要取得效果，最关键的一点是持之以恒，日久天长，方可显现出来。

16. 慢跑

不需要特殊条件，一般选择空气新鲜、人口密度低的地方进行。慢跑锻炼可以从每分钟跑50米的速度开始，跑与走交替，以走作为休息，每次锻炼时间不少于10分钟，1～2星期后逐渐增加到每分钟跑100米，适应了再适当加快速度，时间也可从10分钟增加到20～30分钟。慢跑中注意身体反应，每分钟脉搏数维持在170减去年龄后的值，如40岁的人脉搏数维持在每分钟130次左右为好。

17. 登高运动

最常见的登高运动是爬楼梯。爬楼梯是一项非常有益的健身运动，这是因为上下楼梯时肌肉有节律地收缩与放松，能增强腿部和腰部肌肉的力量，使关节灵活，两腿有力。另外，登楼时，由于肌肉运动增加，氧气消耗增加，加速血液循环和呼吸运动，从而改善了心血管系统和呼吸系统的功能。爬楼梯锻炼，需有一定运动量，除平时上楼外，还应在早上或晚上专门安排一次锻炼，但不宜在公共场所或上下楼高峰时间进行，以免发生意外。

此外，还有广播操、太极拳、练功十八法、瑜伽、武术、球类等，可根据各自的体质情况加以选择，进行锻炼。

这里特别要强调的是，肥胖的人或高脂血症者，每次运动持续时间必须在半小时以上，最好在1小时左右，否则减肥、降脂无效。

第三节　体育健身与健康促进

体育健身贵在坚持，重在适度。成年人对体育锻炼项目的选择不必强求，可以因人而异。出生七八个月的婴儿还不能直立行走，爬行是他们最好的锻炼方法。幼儿能够行走后，活动可以多样化，如拍球、做操、跑步，但不宜进行单一活动。儿童锻炼要全面，应注意生理功能、身体素质和基本活动能力的锻炼，也要注意身体形态的锻炼，如跳高、打球、练单杠、练双杠、短跑、长跑等。成人可根据职业特点，针对预防职业病进行体育锻炼。从事体力劳动要服从工种需要，身体处于某种固定姿势，容易产生疲劳或畸形，所以，也应该注意体育健身运动。如缺乏上肢活动者,提倡打球和单杠、双杠锻炼;缺乏下肢活动者,提倡骑自行车、跑步、踢足球、跳绳等。整天坐着学习或工作者,提倡打乒乓球、打羽毛球等;长期坐着低头弯腰学习、工作的科技人员,应该在从事工作2小时后适当进行活动,如做操、散步、打球、到室外活动等,这对脑力劳动者来讲,是积极的休息,有利于心肺和胃肠功能得到锻炼,有利健康。老年人的体育锻炼宜选择较缓慢的运动,如打太极拳、做广播操、散步、慢跑等。总之,适当进行体育健身和运动,能使生命之树常青,生活之水常流。

一、体育健身促进人的身心健康发展

"生命在于运动"是法国思想家伏尔泰的一句名言,道出了体育健身的重要性。18世纪法国著名医生蒂索说:"世界上一切药物对身体来说,都无法代替运动的良好作用。"中国唐代医学家孙思邈有"人欲劳于形,百病不能成""养生之道,常欲小劳"的名言。后汉时一代名医华佗编创的"五禽戏"具有"年且百岁而犹有壮容"的强身保健效果。此外,集练身、练意、练气于一体的太极拳,形(动功)神(静功)合一的气功疗法和八段锦等体育运动,都能起到祛病延年、健身长寿的作用。

保持脑力和体力协调的适宜活动,是预防、消除疲劳,防止亚健康,建立健康生活方式的一个重要因素。体育锻炼对大学生来说尤为重要,大学生在校期间学习任务繁重,体育锻炼是调节生活、促进健康的一种生活方式。所以,适度运动与适度的营养一样,具有同等重要的意义。

体育健身能提高人体的吸氧能力,从而促进人体的新陈代谢和解毒过程。体育运动可促进全身血液循环,使肌肉得到充足的营养,提高肌肉的代谢能力,使肌纤维变粗、发达、结实、匀称而有力。锻炼可使肌肉耐力、灵敏度、协调性都得到增强,使关节的活动度和人体的柔韧性都得到提高,从而健美人体的形态,提高机能和身体素质。

体育健身能够增加大脑的供血,改善大脑血糖和氧气的供应,促进脑细胞新陈代谢,提高大脑皮质的活动能力,提高神经活动的兴奋性、灵敏性和反应性,提高对某些自主神经和脏器活动的自控能力。因此,经常参加运动的人反应速度都较一般人为快,从而有利于提高学习和工作效率。而且,经常参加运动,对有轻度神经功能障碍者的功能恢复的效果,是药物治疗难以替代的。

体育健身可以改善心肌营养状况和血管的弹性,提高心脏每分钟排血量,增加心脏的输氧能力。体育运动还可增强迷走神经的兴奋性,扩张周围小动脉,因此可预防冠心病的发生和降低血压。在国外,人们将体育运动比喻为"通向心脏健康之路"。有一些专家认为坚持运动起码可使心脏衰老推迟10~15年。

参加体育运动能提高肺组织的良好功能。锻炼可使呼吸肌发达,肺活量和通气量增加(普通成人肺活量为3 500~4 000毫升,而经常锻炼的人可达到6 000~7 000毫升),从而提高了供氧能力,即使在劳动强度大的情况下,也不致产生疲劳。此外,体育活动还可增加鼻黏膜和皮肤对温差的适应能力,增强抗病能力。

体育健身能提高人体细胞的免疫功能,提高机体抵御疾病的能力。一些研究表明,不经常运动的人,癌症发病率要比经常运动的人高出七倍。此外,健身运动时,呼吸肌和膈肌有节奏地活动,胸腔、腹腔内压力发生有规则变化,可对内脏起到一种"内按摩"作用,从而促进胃肠蠕动,消化液分泌,有助于消化和吸收功能的改善。这就是为什么经常参加体育健身的人不易得习惯性便秘、胃下垂和消化不良等疾病的道理所在。所以运动是预防和治疗某些

疾病、推迟衰老和延年益寿的重要手段。

体育健身还可以磨炼意志,陶冶情操。人们常常利用气候和运动场地、比赛环境的变化来锻炼自己的适应能力和意志品质,从运动中学会调节自己心理状态的各种方法,使自己保持良好的心理状态,不断完善个性。体育健身还可丰富人们的文化生活,养成在任何条件下能进行自我锻炼的习惯和良好的生活卫生习惯,从而提高生活质量。体育运动还能促进人们之间的交往,增加交流,增进团结和友谊,培养集体主义和爱国主义精神。

随着科学技术的迅猛发展,人们的体育健身意识将越来越强烈,人们把体育健身看作是生活需要和社会需要的重要组成部分。这种新型观念已逐渐形成,并日益深入人心。每个人都应根据自己的实际条件,科学地进行体育锻炼,力求达到增强体质、促进健康的目的,以适应学习、工作和生活的需要。

二、怎样选择适合自己的健身项目

目前,在社会上普遍开展的运动项目有:田径、篮球、足球、乒乓球、羽毛球、排球、游泳、体操(包括健美操、艺术体操)、舞蹈、武术、散打、拳击,在北方还有冰上、雪上运动等,青少年中比较盛行的是篮球、足球、乒乓球、羽毛球、网球等。

各类运动项目都具有一定的特点。比如田径运动,可以有效地提高人的走、跑、跳、投、掷等基本活动能力,能够全面发展力量、速度、耐力、灵敏和柔韧性等身体素质,而这些又是其他各项运动所需要的,所以田径运动是各项运动的基础。青年人中球类运动比较盛行,有篮球、排球、足球、乒乓球、羽毛球、网球等,它们的共同特点是对抗性、集体性、趣味性和娱乐性都较强。游泳运动是利用天然的日光、空气和水来进行身体锻炼,可促进身体全面发展。体操和舞蹈具有易于普及性和艺术性以及注重形态美、讲究创新等特点,具有较强的娱乐性。武术运动是以套路为主的运动形式,动作具有攻防意识,用以锻炼身心,也具有普遍的适应性、娱乐观赏性。

怎样选择合适的健身项目,除了要根据各项运动项目的特点、个人所处的学习、生活环境条件外,还要结合每个人的年龄、性别、身体条件、性格和兴趣爱好以及原有的锻炼基础,来选择合适的运动项目进行锻炼。譬如,一个身材高大的人不太适合去选择乒乓球运动,而更适合去参加篮球、排球运动;反之,身材较为矮小的人多数不会选择篮球,而会选择足球、乒乓球、羽毛球等运动项目。男性喜欢参加足球运动,女性比较适合选择健美操、乒乓球、羽毛球等运动量较小的项目,而不宜选择举重、摔跤之类的运动项目。身体素质较好,又有锻炼基础的人可选择对抗性强、运动要求比较高的运动项目,也可全面发展。身体素质差或者患有高血压、神经衰弱、肥胖、贫血等病症的人可选择一些放松性的健身项目,如广播操、慢跑、太极拳、瑜伽之类的运动。放松性的运动也要注意循序渐进,逐步加大运动量,以达到健身的目的。性格开朗、外向的人喜欢选择对抗性强的运动项目,性格内向、文静的人则可能选择乒乓球、艺术体操等运动项目。还有些人为了让全身肌肉美观而选择健美项目;为了减肥而选择低强度、长时间的慢跑锻炼项目;等等。每个人的兴趣爱好不同,选择运动项目也不完全一样。与此同时,在选择锻炼内容时还要注意针对性、实效性和季节性,如夏天选择游泳,冬天选择跑步、足球等。选择健身项目要注意全面锻炼,当然不是要求什么运动项目都要,而是指身体素质的各个方面都要得到全面、均衡的发展。

三、怎样掌握合适的运动量

运动量也称"运动负荷",是指人体在运动中能够完成的生理负荷量。运动量大小与运动强度、运动时间、运动频度(一日内运动次数)、运动种类以及运动时的用力程度、运动节奏快慢、运动姿势等多种因素有关,其中任何一种因素的改变都会直接影响到运动量的大小。运动越剧烈,运动强度就越大。运动强度是运动量中最主要的因素。

机体对运动量大小的反应,最客观的指标是心率的变化,通常用每分钟心跳次数来表示。因为心率与运动引起摄氧量的大小以及代谢率有着密切关系,且易于监测。在实践过程中,掌握合适运动量的最简易方法是测量脉搏次数,正常人平静时脉搏为 60~75 次/分,运动后可增加到 120~140 次/分。运动时心率数的计算不同于安静时,只测 10 秒钟然后乘上 6,表示每分钟心率。最大强度运动时达到的心率,也就是人体最大负荷时的心率,称为最大心率(又称为"极限心率"),用 HR_{max} 表示。计算方法是(210 - 年龄)次/分。体育运动时是不允许达到最大心率的,一般只允许达到亚最大心率,计算方法是(195 - 年龄)次/分,相当于人体最大摄氧量的 80%。现在使用心率遥测技术对运动时的心率进行监测已不再是新鲜事了。掌握运动量的简单方法有三种。一种是估计运动量。健康成人根据自己的健康水平,按最大的心率估计值的 70%~80% 运动量进行锻炼,医学上称为"适宜心率"(THR),大致上把心率控制在 120~160 次/分。通常最简单的办法是用 170 或 180 减年龄(岁数)后的得数,作为体育运动中的适宜心率。另一种是根据脉搏变化和恢复到安静时脉搏次数所需时间,将运动量分为大、中、小三种。大运动量:运动结束时的即刻脉搏为 150~180 次/分,经 50~60 分钟或更长些时间,才能恢复到安静时脉搏次数。中运动量:运动结束时即刻脉搏为 120~150 次/分,经 20~30 分钟即可恢复。小运动量:运动后即刻脉搏为 90~120 次/分钟,经 5~10 分钟即可恢复。如果在运动后 1 小时,脉搏次数仍然不能恢复到安静时的脉搏次数,说明运动量已过大。也可测量清晨脉搏次数,若比过去明显加快或明显减慢,都提示运动量过大。再一种是按 katvomen 公式掌握运动量:运动时最大心率 =(按年龄预计最大心率 - 安静时心率)×60% + 安静时心率。本公式的特点是将心率的个体差异因素考虑进去,适用于体质中等的青年人。但是一般说来,体育运动时间每次要持续 15 分钟至 1 小时,其中适宜心率持续的时间要在 5~15 分钟以上,否则运动效果不大。

由于年龄、性别、体质、健康状态及锻炼水平的个体差异,各人的生理负荷量是不同的,即使同一个人在不同条件下,承受同样运动量所引起的生理功能的反应也可能不一样。运动量是否合适,除了根据运动时的心率变化和运动后恢复到正常心率的时间外,还要注意运动后的全身状况是否良好,体力是否逐渐增加。如果运动后出现明显疲乏、食欲减退、睡眠不良,且这些症状长时间不能消除,说明运动量过大,要适当调整。偶尔自觉症状不正常,则不必惊慌,只有当持续时间较长(一般连续 3~5 天)或症状较严重时,才考虑适当调整运动量。上述情况,在医学上称为自我医务监督。过量运动不仅达不到锻炼的目的,反而对身体有害,还易引起运动性伤病。

四、怎样进行医务监督

(一)暂不能参加体育运动的疾病

(1)体温升高(发热)的各种疾病。发热期间及体温恢复正常后数日至数周,病毒性感冒愈后 1~2 周内,不宜参加运动,以防并发心肌炎等病症。

(2)各种内脏疾病的急性期。如急性阑尾炎、急性胃炎、急性肠炎、活动性肺结核等疾病期间不能参加运动。急性传染性肝炎,愈后 2~4 个月内不能参加运动。风湿性心脏瓣膜病或先天性心脏病要经医生检查,确定是否可参加运动。生理性期前收缩往往在过度疲劳、失眠、精神紧张、情绪激动或烟酒过量时出现,有生理性期前收缩的人,可参加适当运动。心脏有病理性期前收缩或有瓣膜病变者未经医生许可,不能参加运动。

(3) 高血压。严重高血压,自觉症状明显者,暂不能参加运动。运动性高血压和青年性高血压(又称青春期高血压),血压均低于 160/100 毫米汞柱(21.3/13.3 千帕),无明显自觉症状者可适当参加体育运动,但不宜从事举重、拔河、潜水等屏气运动项目。

(4) 具有出血倾向的疾病。如支气管扩张咳血、肺结核咳血和消化道出血的人,不能参加运动。妇女月经期间也应避免游泳和做其他剧烈运动。

(二) 自我医务监督

它是指运动者通过简易的医学检查方法和运动后产生的各种身体反应,来了解自己的生理指标和合适的运动量、运动强度,学会观察在体育运动过程中的自我感觉和反应情况,并能根据这些反应情况,对运动量和运动方式及时做出必要调整。自我医务监督是预防和早期发现运动性伤病的有效方法。

1. 主观感觉

运动心情:正常时,应精神饱满,精力充沛,渴望运动。如果对运动不感兴趣,甚至害怕运动和比赛,则表示健康不佳或运动量过度。

自我感觉:正常时应自我感觉良好,运动后有肌肉酸痛或疲劳感,经适当休息后可以消除。如果在运动中或运动后,感到特别疲劳,有恶心甚至呕吐、头晕以及身体某部位疼痛等现象,说明体力不好或有病。

睡眠:经常参加锻炼的人,睡眠是好的,表现为入眠快、睡眠深、不做梦或少梦,醒后精神好,如果出现失眠、多梦、屡醒及白天精神不好者,要检查运动项目的选择和运动量是否合适。

食欲:如原来食欲是比较好的,但在参加比赛或锻炼后,食欲明显变差且持续一段时期不能恢复者,可能与运动量安排不当有关。

出汗量:运动时的出汗量与运动量、气温、饮水量、体质等因素有关。但如果出汗量比以往明显增加,特别是睡眠中出冷汗(称盗汗),可能是过度疲劳或身体机能下降的表现,应注意调节运动量。

2. 客观检查

脉搏:是指动脉的搏动,在正常心律情况下,脉搏数与心脏跳动次数是一致的。最易摸到脉搏的地方是桡动脉和颈动脉。测脉搏时要注意频率和节律是否规则。平时先测几次早晨醒后安静时脉搏(简称晨脉)作为基础脉搏。每个人的基础脉搏是有差别的,通过锻炼,脉搏可以减慢,这是机能提高的表现。优秀运动员为每分钟 50~52 次,但某些疾病也会引起脉搏过慢,应加以注意。如果在运动后的第二天早晨的脉搏次数比原来的晨脉每分钟增加 12~15 次以上者,或在白天脉搏次数比平常明显快者,都表示运动量过大。

体重:锻炼初期,由于运动使机体失去体内过多的水分和脂肪,体重会有不同程度的下降(2~3 千克),坚持锻炼一段时间后,由于肌肉质量和体积的变化,体重就会保持在一个比较稳定的水平。当然,如果在参加锻炼后体重出现持续性下降,并伴有其他不适现象,则应检查原因。

运动成绩:青年人通过科学的锻炼,运动成绩会有所提高。若运动成绩长期不能提高甚至下降,可能与运动不当、机能状况不良或患病有关。

五、体育运动必须遵循的基本原则

1. 循序渐进原则

参加体育运动时的运动量要由小到大,动作由简单到复杂,保证身体有一个逐步适应的过程。从人体运动对整个生理过程所产生的影响来看,在一定范围内,运动量越大,对机体的刺激强度就越大,引起机体的反应也越大。在开始练习运动的每一种新动作时,往往难以掌握要领,姿势僵硬,动作不协调,容易出错,经过反复多次和经常的练习才能熟练掌握,达到运用自如的程度,这是通过反复强化后,机体建立条件反射的过程。所谓有人一学就会,指的是要比他人学得快而已。从身体机能提高的过程来看,在机体能承受的范围内,接受外界刺激(运动量)的适应过程也是渐进的,如果运动量增加过快或过大,人体机能难以适应,甚至不适应,就会出现一系列的不良反应,同时也容易在运动中造成肌肉、韧带的损伤和关节扭伤以及意外事故。有资料表明,突然参加剧烈运动后,有60%的人会出现心电图上心肌缺血性改变。因此,掌握运动量或者运动技能都要遵循人体生理机能活动能力变化的规律,做到循序渐进。

2. 持之以恒原则

体育运动必须经常、系统地进行,要持之以恒,贵在坚持。每参加一次锻炼,人体的大脑皮层及各器官系统就受到一次良好的刺激,发生相应的变化。要想巩固已经建立起来的各种条件反射,必须经常给予重复强化,否则技能会消退,动作熟练程度也会逐渐下降,有些动作长久不练还要从头学起就是这个道理。假如运动间隔时间过长,中断次数太多,那么已经获得的效果就会消退,以致消失。如果经常锻炼,这种变化会不断积累,身体就能逐渐强壮起来。如果"三天打鱼,两天晒网",时练时停,前次刺激给身体的各种影响,因没有得到巩固而会消退。有人研究过,锻炼一次对身体的作用可保持2~3天。每天锻炼固然是好,若条件不允许,每周坚持3~4次也是可以的。所以经常、系统地坚持锻炼,不仅使每一次锻炼对机体产生的良好影响为后一次锻炼提供基础,而后一次锻炼又在前一次的基础上再给机体良好的影响,这样逐渐积累,才能达到理想的锻炼效果。

3. 全面发展原则

要全面发展身体的运动素质,包括速度、力量、耐力、灵敏度和柔韧性等。各种素质之间是彼此相互联系、相互制约的。任何一种素质的提高可对其他素质产生良好影响,但不能代替其他素质的锻炼,如力量素质的发展可以促进速度素质的提高,反之,速度素质的提高也可提高力量素质。同样,任何一种素质的降低都将对其他素质的提高产生制约作用,从而限制身体素质的进一步提高。当然,也不能理解为一种素质的锻炼可以代替其他素质的锻炼。一种运动项目,一般说来对所有素质都有影响,但运动项目不同,对某一素质的突出作用是不相同的。如果只注重某些部分或单纯从事某一运动项目进行锻炼,将造成局部发展和畸形。单一运动项目锻炼的健身效果是不明显的。因此,要使各种身体素质都得到发展,体育锻炼必须坚持全面发展的原则。

4. 个别对待原则

参加体育运动要注意性别、年龄、健康状态、体质水平、兴趣爱好以及学习、生活条件上的差异等因素,从每个人的实际出发,合理选择体育运动的项目、内容和运动量,还要根据自己的学习生活条件,合理安排锻炼时间。总之,要因人、因地、因时制宜,做到体育锻炼的科学性,才能增进身体健康。

5. 密切观察原则

在运动中要随时进行自我观察,了解自己的身体反应情况,一旦发现不良反应,要及时调整、修改运动项目和运动量,必要时要终止体育运动。

六、制订科学的健身计划

体育运动能增强体质,但是必须科学地进行锻炼,才能取得预期的效果。

1. 制定符合自己的健身目标

在制订健身锻炼计划前,首先要对自己的体质健康状况有所了解,缺什么练什么。因为,每个人的个体需求和身体条件不同,即使有相同的个体需要,身体条件相差不大,选择的健身内容也不尽相同。另外,还要考虑到性别、年龄、身体形态、机能、素质等因素,否则锻炼效果各不相同,有的达到了健身的目的,有的则锻炼效果不明显。因此,锻炼要考虑每个人的具体情况和需求,从而达到健身的效果。

(1) 制订阶段计划。人们一般按周数确定锻炼阶段,也可把按季度和月份分为几个阶段,再确定每一阶段锻炼的重点、锻炼的内容、锻炼的指标要求。每周的锻炼次数、时间和项目安排,应根据客观条件(如气候、器材、场地)、运动项目的难度和自己锻炼的基础进行安排,同时要注意素质的全面锻炼,运动项目不要太单一。每次运动量安排要大、中、小有节奏地交替进行。

(2) 制订每次的锻炼计划。根据阶段计划中安排的各次锻炼项目来安排每次锻炼的内容,包括锻炼方法、重复次数、时间安排(包括锻炼前预备活动、基本锻炼和整理活动)。

2. 运动方式的选择

每个人在从事运动之前,总有自己选择的意向和运动方式。运动方式是随着社会中人们的意识发展而变化的。

日本与西方发达国家的体育学者普遍认为国民体育观和国民对运动项目的选择有重大关系。例如,有的体育学者根据国民体育观的变化,提出了今后健身运动的发展方向,并指出,新的健身运动应当包括如下特征:

(1) 普遍能从事的运动。
(2) 连续性强的运动。
(3) 规则简单的运动。
(4) 能根据自己力量调节运动量的运动。
(5) 探索未知而取得乐趣的运动。
(6) 面对年轻人,即使面对高年龄人也不失魅力的运动。
(7) 技术中包括提高体力的运动。
(8) 运动负荷小的运动。
(9) 能男女一起共乐的运动。

体育锻炼与任何其他学科一样都有其客观的科学规律性。制订科学的健身计划,对于参加体育运动者达到预期的目标是十分必要的。科学地安排锻炼是达到健身目标的保证。科学的健身计划应该包括选择合适的运动项目、运动量的掌握和评定、体育运动必须遵循的基本原则,以及参加体育运动应遵循的卫生要求(包括良好的生活制度、饮食卫生、睡眠,消除不良的吸烟、饮酒习惯)等。

3. 实施健身计划时应注意的事项

（1）应该根据自己的实际情况，特别是体质和健康状况，以及所处的环境条件，还要考虑到自己参加运动所要达到的目标。

（2）健身计划的目标要简明，内容要简易可行，指标要定量化。

（3）制订计划时，应注意运动项目不要太单调。可以按照季节不同，安排不同的运动项目和不同的运动量。注意运动负荷要适宜。

（4）在执行计划的过程中，要做到健身计划相对稳定。当然，根据自我检查的情况，或者遇到伤病等客观原因时，也可及时调整和修订计划，防止盲目地执行计划。

（5）执行计划应坚持不懈，注意质量，讲究锻炼的实际效果。

第四章 体育健身与营养卫生

第一节 体育健身与营养健康

一、饮食与健康

营养素是人体生命活动的基础。人体进行新陈代谢、维持生命和身体各器官的正常生理活动,人的生长发育、健康长寿,都与营养息息相关。人体所需要的各种营养主要来自食物。各种食物的营养物质组成不同,但通过不同食物的搭配,机体可得到所需要的营养物质。营养摄入不足时可引起营养缺乏症;而摄入过多也可导致不良影响。有的疾病还可通过营养调整和控制而起辅助治疗作用。不注意饮食卫生,可引起食物中毒,感染病毒性肝炎、寄生虫等疾病。随着我国人民的物质生活水平的提高,人们对如何科学地安排一日三餐有了迫切的要求。根据大学生的营养特点,合理地安排营养平衡的膳食,注意饮食卫生,防止病从口入,是保持健康的重要因素。

1. 七大营养素

蛋白质、脂类、糖、无机盐和微量元素、维生素、水和膳食纤维素是维持人体正常生理活动必需的基本物质,合称为七大营养素。

(1) 蛋白质。

从原始的单细胞到人体的组织器官,一切有生命的地方都有蛋白质。蛋白质是生命和机体的重要物质基础。蛋白质构成酶、抗体和某些激素,参与人体内的新陈代谢,维持人体正常的生理功能,防止人体受外界细菌、病毒的侵害。蛋白质又是构成各类细胞原生质的主要物质,蛋白质分子如核蛋白及其相应的核酸是遗传的物质基础。蛋白质几乎参加了人体内的每一项正常的生理活动。

人体需要的蛋白质是由20多种氨基酸构成的。人体所需要的氨基酸中有8种必须由食物中的蛋白质供给,体内不能合成,称为必需氨基酸。这8种氨基酸是甲硫氨酸、缬氨酸、亮氨酸、异亮氨酸、赖氨酸、苏氨酸、色氨酸和苯丙氨酸。其他氨基酸是身体内能够合成的,如甘氨酸、丙氨酸、丝氨酸、门冬氨酸、谷氨酸、脯氨酸、羟脯氨酸和半胱氨酸等。

蛋白质是食物营养素的重要部分。含有全部必需氨基酸且比例适宜的蛋白质营养价值较高,称为完全蛋白质或优质蛋白质,如酪蛋白、卵白蛋白、大豆球蛋白等。在其组成中缺少一种或几种必需氨基酸的蛋白质,称为不完全蛋白质。用不完全蛋白质作为唯一的蛋白质来源会引起营养缺乏病。评价一种蛋白质的营养价值高低,主要看其所含8种氨基酸是否齐全,含量是否丰富。含完全蛋白质较丰富的食物有鸡蛋、肉、鱼、乳、大豆。虽然米、面等食物所含为不完全蛋白质,但一餐中如有多种食物互相补充,就能满足身体的需要,这叫蛋白质的互补作用。

蛋白质长期供应不足,会导致生长发育不完善,体重不足,智力发育障碍,记忆力减退,对传染病的抵抗力降低;女性可出现月经减少或闭经,严重时发生水肿。

(2) 脂类。

脂类包括脂肪和类脂。日常食用的动、植物油,主要成分是脂肪,也含有少量类脂和脂溶性维生素。类脂是人体生理活动中不可缺少的物质,包括磷脂和胆固醇等物质。脂肪在人体内储存量很大,占成年人体重的10%～20%,储存脂肪最多的地方是皮下、大网膜和内脏周围。人体内的脂肪除保持体温、保护内脏和起缓冲作用之外,还可以转变为糖供给能量,每克脂肪所释放的能量比等量的糖和蛋白质多一倍多。

磷脂是细胞结构中不可缺少的组成部分。

体内的胆固醇除食物中供应的一部分外,肝脏还制造一部分。胆固醇是皮肤合成维生素D的原料,是肾上腺皮质激素和性激素的主要成分。这些都是生命活动不可缺少的物质,而且胆固醇还是其他营养素新陈代谢不可缺少的物质。但是胆固醇在血液中含量过高,就会在动脉壁上沉积,形成动脉硬化,这是胆固醇有害的一面。

亚油酸、亚麻油酸、花生四烯酸等为不饱和脂肪酸,是人体所必需的,必须从食物中供给,称为必需脂肪酸,在植物油中含量较多,故植物油营养价值比动物油脂高。成年人每天脂肪需要量是60克。

(3) 糖——人体的主要能源。

糖类又称为碳水化合物,包括淀粉、麦芽糖、蔗糖(砂糖)、乳糖和葡萄糖、果胶,其中果胶不能被人体消化和吸收。在我们每天的食物中,糖占80%以上,其中主要是淀粉。糖在人体内和氧发生作用,变成二氧化碳和水,同时释放出能量,供给人体活动的需要。在正常情况下,人体所需要的能量70%是由糖提供的。此外,糖类也是组成细胞不可缺少的成分,糖参与脂肪和蛋白质在体内的代谢过程。糖类摄入不足可造成能量不足、生长发育迟滞、体重减轻;摄入过多,则转化为脂肪,可致肥胖,并可造成血中甘油三酯增高,从而引起动脉粥样硬化。

糖类的主要来源为谷类、薯类、根茎类等。50克米或面粉,抵得上70毫升50%的葡萄糖注射液的含糖量。一般人们从食物中可以得到足够的糖分,不必再另行补充。但有昏迷、高烧和腹泻的病人,或进食有困难的病人,就需要另外补充一定量的葡萄糖。

(4) 无机盐和微量元素。

无机盐和微量元素是人体的重要组成部分,而且也是维持正常生理机能不可缺少的物质。人体中含量较多的无机盐有钠、钾、钙、磷、硫、氯、镁7种。这些无机盐在人体中多以离子状态存在,所以又叫电解质。铁、碘、氟、锌、钒、硒、锰、镍、钼、钴、铬、锡及硅等在体内数量极少,称微量元素,现已确定上述为人体所必需的微量元素。

成年人体内含钠60克、钾150克,分别储存在细胞外和细胞内,起着维持细胞内、外渗透压和酸碱平衡的作用,并且维持神经和肌肉的正常运动。氯在人体内除维持渗透压之外,还是胃酸的主要成分。日常膳食中的食盐,能提供人体需要的足够的钠、钾、氯,一般不需特殊补充。

人体内99%的钙和80%的磷存在于骨骼中,骨骼坚硬就是磷酸钙沉积的缘故。血液中含有很少量的钙,它在血液凝固时起重要的作用。钙还可以与钠、钾一起协调神经和肌肉的活动。维生素 D 和甲状旁腺激素能促进钙的吸收。缺乏维生素 D 会引起体内缺钙。在补充钙的同时,还必须补充维生素 D。一般食物中含有足够的钙,但在儿童发育期、孕期及妇女哺乳期应多吃含钙的食物,如奶类、豆腐、芹菜等。

铁是红细胞中血红蛋白的成分,人体中铁的含量为 4～5 克。缺少铁,血红蛋白不能合成,就会发生贫血。目前我国部分青少年由于偏食,造成缺铁性贫血,影响了体力、智力和免疫力。碘是甲状腺的主要成分,缺少碘,会发生甲状腺肿大,还会影响智力的发育。体内有少量的氟,是骨骼和牙齿的组成成分,缺少氟,会影响牙的健康,容易发生龋齿。但水中氟含量过高,亦可造成危害,如氟骨症等。人体正常的含锌量为 2～3 克,是体内数十种酶的主要成分。锌的缺乏造成生长迟缓、性器官发育幼稚化、伤口愈合慢、味觉减退、消瘦、厌食等现象,甚至有异食癖(尤以吃土为常见)。锌还与大脑发育和智力有关。美国一大学发现,聪明、学习好的青少年,体内含锌量均比愚钝者高。锌又是胰岛素的成分,参与胰岛素的合成,胰腺里的锌降为正常含量的一半时,就有患糖尿病的可能。锌是维生素 B_{12} 的主要成分之一,与造血功能有关。

人体中极易缺乏的是钙、磷、铁、锌和碘,虽然它们广泛存在于各种食物中,但由于我国人民吃植物性食物较多,其中的植酸、磷酸、草酸均影响这些营养素的吸收。为了保证人体有足够的钙、磷、铁、锌,可多吃些奶类、瘦肉、海产品、动物肝、血、绿叶蔬菜和水果。不宜吃太精的粮食,因谷类经碾磨后锌和维生素 B_1 丢失过多。其他的缺乏则多为地方性的,是由于当地水土中缺少某些元素所致,需给予特殊的补充。

(5) 维生素。

维生素是人体代谢过程中必不可少的有机化合物。维生素分为脂溶性维生素和水溶性维生素两大类。水溶性维生素容易在烹调加工过程中损失,而脂溶性维生素与机体对脂肪的消化吸收有关。

(6) 水。

水是一切细胞、组织的组成部分。成年人体内水分占体重的 60%,年龄越小,所含水分占的百分比越高。在饥饿或不能进食的情况下,只要供给足够的水,就能勉强维持生命;如果水分损失超过 20%,生命就无法维持了。

水是营养素和代谢废物的溶剂。营养素和代谢废物借助于水的流动,被带到目的地。人体内分泌的激素,也通过这条途径到达全身并发挥作用。血液中 90% 是水分,由于水的潜热量很大,故可以通过血液循环来调节体温。水还是关节、肌肉的润滑剂,利于运动。水分还参加体内营养素的新陈代谢。可见,水是保证人体健康的重要因素。

人体水分主要来自饮食,少部分由蛋白质、糖、脂肪在体内氧化生成。水分排泄主要是通过尿、汗和大便排出,通过皮肤和呼吸道排出的水分约占人体一天排水量的 1/3。正常人水分的摄入和排出量是平衡的,成人一般每天各约 2 500 毫升。水分排出体外,带走身体代谢的废物,绝大部分药物也是通过肾脏经尿液排出。代谢废物在体内积存,会使人病情加重,所以在一些重病人或病情需要时,医生常常嘱咐要记录病人每天水分的出入量。

(7) 膳食纤维素。

膳食纤维素虽不能吸收,但也不能缺少,因为它有促进肠蠕动,降低胆固醇,预防结肠癌、直肠癌的作用。

我国传统膳食以粮食为主,副食品多样化,且主要是食用新鲜的天然食品,不做精细加工,奶制品及糖很少食用,以茶为饮料,喜用素油烹调食品。国外专家认为,中国传统膳食习惯是防止动脉硬化等富裕型疾病的最佳膳食。随着人们生活水平的提高及西方膳食的影响,居民膳食日趋精致,高糖、高脂肪的点心逐渐增多,喝含糖饮料等成为市民的生活时尚,而肥胖症、高血糖、高血压、高血脂、冠心病等富裕型疾病日趋增多。为了避免重蹈西方国家之覆辙,营养学家呼吁社会各界应引起足够重视,尽快调整居民膳食结构,防止营养不足或过多的发生:适当增加动物性食物,以提高膳食蛋白质的数量和质量,但要防止过剩;改变以猪肉为主的动物性膳食结构,增加禽类、水产品类、乳类的摄入量,限制过多甜食,采用健康糖替代蔗糖,防止脂肪,特别是饱和脂肪酸过剩;提高大豆制品的摄入量,以改善膳食蛋白质的数量和质量;稳定粮食的摄入量,保持我国"五谷为养"的良好传统;保证蔬菜摄入量,每人每天 500 克左右,以确保足够纤维素和矿物质来源;食用菌应纳入膳食结构,以提高膳食质量。

2. 营养均衡

怎样做到营养的全面、均衡、适量呢?结合中国人的实际生活情况,中国营养学会理事会常务委员会 1989 年 10 月 24 日公布了"中国居民膳食指南"。

(1) 牛奶。

一生不要断"奶",养成每天喝牛奶的习惯。

美国历史上曾搞过"一杯奶运动"。日本战后经济刚刚复苏时,有识之士提出了"一杯奶强盛一个民族"的口号。我国的邻邦印度,政府帮助农民大力发展乳业,成为国际上有名的"白色革命"。我国营养学家曾提出过"儿童不要断奶"。1999 年,"国际牛奶日"的主题是"天天喝奶,日日健康"。据统计,全世界牛奶年产量在 5.3 亿吨左右,人均占有量每年达 100 千克以上。1998 年,世界奶类生产大国中,美国牛奶年产量 7 117 万吨、俄罗斯 3 410 万吨、印度 6 810 万吨、德国 2 717 万吨、法国 2 348 万吨、乌克兰 1 595 万吨。1997 年,人均年消费液体奶较多的国家有:芬兰(162 千克)、爱尔兰(150 千克)、挪威(144 千克)、丹麦(122 千克)、克罗地亚(121 千克)、瑞典(119 千克)、英国(119 千克)、澳大利亚(107 千克)、西班牙(103 千克)、美国(102 千克)、荷兰(103 千克)。而我国 1998 年牛奶产量只有 740 万吨,平均每人年消费量只有 6.4 千克,每人每天不足 18 克,只有 2 瓶眼药水左右的牛奶。在全世界 180 个国家中,我国人均牛奶占有量列第 148 位。

牛奶是一种营养丰富的理想食品,富含人体生长发育所必需的各种氨基酸。据营养学家分析,牛奶中赖氨酸、色氨酸、苯丙氨酸、亮氨酸、异亮氨酸、苏氨酸、甲硫氨酸、缬氨酸 8 种氨基酸的含量齐全,比例适当,属于完全蛋白质。如果一个体重 60 千克的成年人,每天喝一瓶牛奶,就能满足人体对 8 种必需氨基酸需要量的 50% 左右。牛奶中其他氨基酸的含量也很丰富,人对牛奶的消化吸收率高,故牛奶是人最佳蛋白质来源。牛奶中除含蛋白质外,还有脂肪,牛奶中脂肪含量一般为 3%。牛奶中脂肪呈乳化状态,以脂肪球的形式存在,平均直径只有 2.5 微米,人体摄入后不需要消化液乳化,就可以直接吸收,这对婴幼儿生长特别有利。值得一提的是,牛奶脂肪中除了含有 14 个碳以上的长链不饱和脂肪酸,如 DHA、EPAE 外,还有少量磷脂,包括卵磷脂、脑磷脂、神经磷脂,具有保健功能。乳糖是牛奶中特有的糖类。乳糖除了提供能量以外,还能促进金属离子(钙、铁等)的吸收。乳糖被认为是除维生素 D 以外,又一个促进钙吸收的因子。牛奶中含几乎全部已知的维生素,其中脂溶性维生素

A、D、E、K 和水溶性维生素 B_1、B_2、B_{12}、C 以及烟酸、泛酸、胆碱、叶酸等,对维持人体正常生长有多种调节功能。人体不能自己合成维生素,一旦缺乏其中任何一种都可能引起疾病,甚至导致死亡。牛奶中矿物质含量占 0.7%,特别是钙含量丰富,1 毫升牛奶中含有 1 毫克人体能吸收的钙。牛奶是含钙量最高的食物,且吸收率高,是其他食物所不可及的,是人体天然钙质的极好来源。

（2）海鱼。

经过多年的研究探索,研究人员发现生活在北极圈的因纽特人,几乎不生糖尿病,冠心病发病率也很低。因纽特人以海洋鱼类为主食,日本人食鱼量也较一般国家多。为什么多吃鱼能降低冠心病发病呢？随着医学科学的发展,发现鱼油,特别是海水鱼中含有丰富的 N-3 系列不饱和脂肪酸,不饱和脂肪酸有明显的降血脂作用,其中二十二碳六烯酸（DHA）等多烯酯酸与血液中胆固醇结合,能把胆固醇从血管中带走,从而降低血小板聚集度、血液黏度、总胆固醇含量,有效地促进血液流动,从而防止冠心病等心脑血管疾病的发生。日本是世界上冠心病发病率和死亡率最低的国家。

研究证明,每星期餐桌上有一餐食用海鱼,对防治高脂血症和冠心病大有益处。同时,海鱼也有预防心肌梗死和中风的功效。有实验证明,鱼脂中含有的脂肪酸对肿瘤细胞有抑制作用。据调查,日本沿海妇女乳腺癌发病率较城市低。

自古以来,英国人称鱼是可使人聪明的食物,中国民间也流传着吃鱼可以健脑的说法。近年来,人们用科学实验的方法证明了吃鱼可以健脑。

此外,鱼类蛋白质含量占 15%～20%,人体对其利用率高,比鸡、鸭、牛、羊、猪肉更容易消化。鱼类蛋白质的氨基酸组成非常符合人体的需要,营养学家认为,鱼类蛋白质为利用率很好的优质蛋白。鱼类除了蛋白质含量丰富外,矿物质的含量在 0.8%～1.2%,是为数不多的富钙食品和人体磷的良好来源,并且还含有一定量的铜及其他微量元素。海鱼又是富碘食品,鱼肝中含有多种维生素,尤其是维生素 A、D 及 B_2 更为丰富。海鱼的保健功能远远超过鱼油,所以,多吃海鱼有益健康。

（3）豆制品。

"珍珠翡翠白玉汤"的故事广为传说,但恐怕很少有人知道"堆银积玉曲春餐"的故事。据说乾隆皇帝在私访时发现,许多古刹的高僧十分长寿,这位好奇的皇帝决心探索其长寿之谜。经过与多位寿高体健、鹤发童颜的老方丈同吃同住后,发现了寺庙当家菜——豆腐是使僧侣长寿的秘诀,堆银积玉的豆腐餐最让他大饱口福。

现代营养学证明,大豆营养丰富,堪称营养食品中的一朵鲜花。据分析,大豆是现有农作物中蛋白质含量最高、质量最好的作物。东北产的大豆,蛋白质含量一般为 37%～42%；有些优良品种的大豆,蛋白质含量可达 45%,甚至 48% 以上。从氨基酸组成看,大豆蛋白质较为理想。人体自身不能合成而必须从食物中摄取的 8 种必需氨基酸中,大豆除甲硫氨酸较少外,其余均较丰富,特别是赖氨酸含量较高,每克蛋白质中含 63.4 毫克,比小麦粉高 1.4 倍,略低于蛋清（69.8 毫克）、牛肉（79.4 毫克）。这种氨基酸含量较充足、组成又较全面的蛋白质,叫作优质蛋白质。蛋白质是组成人体细胞、组织的重要物质,是生命的存在方式。与生命有关的许多活性物质,如酶、抗体、激素等,主要是由蛋白质构成的。人体的代谢活动、生理功能、抗病能力、酸碱度调节、体液平衡以及遗传信息传递等,都与蛋白质密切相关。从这个意义上讲,大豆是人们日常饮食中不可缺少的食品。大豆不仅蛋白质含量丰富,且所含油脂质量优良,其中不饱和脂肪酸占80%以上,人体所必需的亚油酸平均含量达到8%,大豆油在人体内的消化率高达75%,而且具有防止胆固醇在血管中沉积、防止动脉粥样硬化的作用。尤其是大豆脂肪中含有18%~32%的磷脂,磷脂能降低血液中胆固醇含量及血液黏度,促进脂肪吸收,有助于防止脂肪肝和控制体重,并且有溶解脂褐素(老年斑)、促进腺体分泌等多种功能,因而日益受到人们的广泛关注。

美国新近一项研究表明,每天摄入30~50克大豆能显著降低血清胆固醇、低密度脂蛋白胆固醇、三酰甘油水平,而不影响高密度脂蛋白胆固醇水平。大豆降脂的神奇作用还与血脂水平高低有关,原血脂水平越高,大豆降脂作用越显著。据日本学者研究,大豆中蛋白抑制剂是一种预防胃癌的保护因子。所以,大豆制品是预防、消除亚健康的食品,也是肿瘤和心脑血管病防治专家推荐的理想食品。

大豆中矿物质含量丰富。据一些卫生防疫部门分析,每100克大豆中,含钾1 660毫克、磷532毫克、钙426毫克、镁180毫克、铁92毫克、锌5毫克、锰2.37毫克、铜1.14毫克、硒22微克以及多种维生素。大豆含钙丰富,是人体钙的一个重要来源。

大豆是人类的健康之友,可以加工成琳琅满目的豆制品:豆腐、豆腐干、豆芽、百页、豆腐皮、豆腐乳、豆瓣酱、酱油等。豆制品是寻常百姓家庭的当家菜,它不仅增强了菜肴的花色品种,增强了人们的食欲,而且还能提高对黄豆的营养利用率,充分发挥大豆的最佳营养效益。这是因为在大豆细胞外面覆盖着一层结实的细胞膜,在细胞膜中含有多聚树胶糖、多聚半乳糖结合而成的半纤维素。所以,该层细胞膜将影响人体对大豆的消化。有人测定,整粒煮熟大豆的蛋白质消化率只有65.5%。如果把大豆加工成豆浆,蛋白质的消化率可提高到92%~96%。合理烹调还可提高大豆的营养价值,因为人体对必需氨基酸的含量要求有一定比例,大豆蛋白质中含甲硫氨酸较少,赖氨酸比较丰富。谷类食物与大豆恰恰相反,如果能将谷类与豆类食物混食,两者就能起到蛋白质互补作用,营养价值就能明显提高。

(4)鸡肉、鸭肉代替猪肉。

据营养调查结果显示:城乡居民脂肪摄入所提供的热量,由1959年的9%、1982年的19.6%上升到2000年的27.9%,其中城区居民已经突破30%,达到31.2%,高于全国平均水平(25%),并且高于日本(24%)。脂肪是人类健康的必需物质。据最新研究资料表明:脂肪不仅是人体代谢的主要来源,而且也是人类发育及健康的必需物质。脂肪不仅是含高热量的营养素,也是构成脑细胞的主要成分,是人体吸收、利用维生素所必需的物质。更重要的是,人体需要一些被称为必需脂肪酸的物质,如摄入不足,机体缺乏这些物质,便会使组织、细胞发生某种异常变化,就会出现亚健康。而这种必需脂肪酸不能由糖、蛋白质转化而来,只能从食物中获得。脂肪的另一个重要功能是参与性激素的合成与代谢。脂肪摄入不足,将直接导致性激素含量降低,进而影响性器官的成熟与功能。脂肪还具有独特的香味,为烹调必不可少的物质。但是,过多地摄入脂肪,会影响消化功能,使食欲减退。人体摄入脂肪过多,就会堆积起来,导致肥胖。医学证明,肥胖不是健康,是一种疾病,而且会导致糖尿病、高血压、冠心病、高脂血症等多种疾病。营养学家建议,应尽快调整饮食结构,以鸡肉、鸭肉代替猪肉。不是说猪肉不好吃,而是应该少吃或吃精肉。因为鸡肉、鸭肉中脂肪含量比肥猪肉少。据分析,每100克鸡肉含蛋白质16.6克、脂肪14.1克,而每100克肥猪肉含蛋白质只有1.6克,脂肪含量却高达89.5克。禽肉、畜肉除了提供优质蛋白质外,还有铁、锌等人体所必需的微量元素,不吃不行,当然吃多了也不好。另外,值得一提的是,植物油如菜油、豆油、花生油也不能多吃,高脂血症或肥胖的人,每天不要超过2汤匙(约36克)植物油为好。

(5)人类第七营养素——蔬菜。

很多大学生不喜欢蔬菜食品,对蔬菜存在着一种偏见,认为蔬菜是低档食品,其实不然。蔬菜含有丰富的维生素、矿物质和微量元素,是人类维生素C和胡萝卜素的最主要来源,是构成平衡膳食不可缺少的重要组成部分,在饮食营养治疗中具有举足轻重的作用。

据营养学家分析,蔬菜中含有各种维生素,维生素C和胡萝卜素尤为丰富。据测定,每百克蔬菜中维生素C的含量与叶绿素的分布呈正比。深绿色蔬菜,如青椒、雪里蕻等每百克的维生素C含量均在30毫克以上。胡萝卜素在各种绿色、红色、黄色蔬菜中含量较多,尤其是深色叶菜类,如韭菜、油菜、菠菜、苋菜等,每百克含量都在2毫克以上。冬寒菜中胡萝卜素含量最高,可达6毫克。蔬菜中还含有丰富的矿物质,如钙、铁、锌、铜等,为膳食中矿物质的主要来源。绿叶菜中的铁含量为1~2毫克,钙的含量为100毫克左右。但是由于蔬菜中含有较多草酸,影响钙、铁的吸收。

值得一提的是,蔬菜中除了含有丰富的维生素、矿物质和微量元素外,还富含大量的食物纤维。食物纤维包括纤维素、半纤维素、木质素、果胶等,属于糖类(碳水化合物),是人类第七营养素。由于人体缺乏纤维素的消化酶,食物纤维不能被人体消化、吸收,只能形成废渣,排出体外。近年来研究证实,食物纤维具有重要的保健功能,对不少疾病具有一定的防治效果。

预防肠癌。白菜、胡萝卜、青菜等含食物纤维素较高的蔬菜进食后,肠蠕动明显增快,食物通过肠腔的时间缩短,排便量明显增多。现代医学证明,食物中真菌毒素以及脂肪酸、胆汁酸、亚硝胺等致癌物质,在肠腔内停留的时间越长,致癌的危险性越大。食物纤维能增加肠蠕动,缩短食物通过肠腔时间,起到预防肠癌的积极作用。

降低胆固醇。有人将含1%胆固醇的无纤维素饲料喂给大白鼠,大白鼠血清胆固醇含量明显增加,如果大白鼠饲料中食物纤维素增多,胆固醇在血管和脏器中的沉积就会减少。这是因为食物纤维素能抑制人体对胆固醇的吸收,有增加胆酸排泄、降低血清胆固醇的功效,起到降低血脂,预防动脉粥样硬化、冠心病等心血管疾病的作用。

减少糖尿病对胰岛素的依赖。高纤维膳食可增加胃内物容积,产生饱腹感。同时,还具有降低肠腔内糖的吸收,起到降低血糖、减少糖尿病病人对胰岛素和其他降血糖药物的依赖、控制肥胖等功效。

此外,进食蔬菜时在口腔里咀嚼时间延长,刺激唾液分泌,能增加其缓冲酸碱的能力,减少黏附在牙齿和齿缝中的食物残渣,有利于防止牙周炎和龋齿发生。另外,果胶能吸附肠腔内的细菌毒素、重金属等有毒物质和放射性元素,保护人体免遭伤害。食物纤维中的木质素能增强吞噬细胞对致病性微生物的吞噬能力,增强人体抗病能力。所以,心血管疾病、糖尿病、肿瘤病的防治专家鼓励大家多吃蔬菜,建议每人每天力争能吃500克左右的蔬菜。除了蔬菜外,还应适当增加水果的摄入量。

然而,食物纤维虽然对人体健康具有非常重要的意义,但并非多多益善。世上万事无不具有双重性。食物纤维食之过多,也会损害健康。实验表明,纤维素对矿物质有离子交换和吸附作用,食物纤维过多,就会影响人体对钙、镁、铁、铜的吸收作用,造成这些元素缺乏,这对人体来讲,更值得注意。所以,在通常情况下,每天坚持吃500克蔬菜和水果、粗粮,就能满足人体对纤维素的需要，无须再额外补充高纤维营养保健品。

（6）多吃菌菇类食品。

香菇、蘑菇、冬菇和黑木耳等菌菇类食品，不仅味道鲜美，而且所含蛋白质也较一般蔬菜为高，必需氨基酸的比例合适，还有多种微量元素，是一类值得推荐的营养食品。

据营养学家分析，香菇含有 18 种氨基酸和 30 多种酶，以及维生素 B_1、A 和 D。近年来，实验证明，香菇还能提高机体抑制恶性肿瘤的能力。另外，香菇还含有香菇菌丝体细胞液和香菇多糖，不仅有良好的抗肿瘤作用，还是一种干扰素诱导剂，能诱导人体内干扰素的产生，从而提高机体的免疫能力。此外，香菇中核酸类物质能抑制血清及肝脏中胆固醇，预防和治疗高脂血症，进而防止动脉硬化和血管变脆，起到预防和治疗冠心病的作用。蘑菇和香菇作用类同，长期食用确有良好的保健作用。可惜的是，我国人民长期习惯把菌菇类食物当作烹饪佐料，很少当作菜肴，摄入量不多。理想的方法是把菌菇类食物纳入膳食结构，经常食用。

黑木耳也是菌菇类中的一种，营养丰富，滋味鲜美，被誉为"素中之荤"，含有丰富的蛋白质、脂肪、糖类、纤维、胶质以及磷、铁、钙等，具有滋阴、益胃、活血、润燥的功效，是良好的保健养生食品。国外医学家发现，黑木耳具有降低血液凝结、血黏度作用。同时，还发现黑木耳有抗脂质过氧化的作用。脂质过氧化与美容、抗衰老有密切关系。

（7）饮食淡些，再淡些。

食盐是百味之王，咸味的主角，也是人体细胞液、血液渗透压的调节剂，是人体生命活动重要的营养素之一。当人体因各种原因严重脱水时，注入生理盐水就有起死回生的奇效，其中起主要作用的是钠离子。当人体缺钠时，会出现食欲不振、恶心、心跳加快、血压降低、头痛、目眩或肌肉痉挛等症状，严重时会发生虚脱、呼吸衰竭而丧生。

人体对钠的最低生理需要量，成年人每天为 0.5 克，折合食盐（食盐中钠占 40%）约 1.253 克。为满足口味的需要，世界卫生组织建议每人每天食盐的摄入量为 3～5 克。我国营养学家建议每人每天不超过 8 克。除了食盐含有钠外，酱油、咸菜、酱菜、咸鱼、咸蛋、咸蟹、火腿、香肠、皮蛋、味精、糖精、腐乳、苏打饼干及汽水等都富含钠。如果长期进食高浓度含盐饮食，不但不利于健康，还会引发许多疾病。

据城乡居民营养调查结果显示，城乡居民每人每天的食盐摄入量平均高达 13.3 克，我国内陆地区居民的盐摄入量还要多。长期摄入含高浓度盐的食物，不但会诱发心血管疾病，而且会引起胃炎、消化性溃疡的发生。据全国 13 省市调查，高盐摄入人群的血压水平都较高，特别是高血压的高发年龄段（40～54 岁）的人群。高钠对升高血压及诱发其他病患的影响尤为明显。日本学者以 130 例胃炎、消化性溃疡患者和 140 例胃肠道疾病史的人群作为研究对象，对他们的饮食习惯及食盐消耗量进行详细调查。分析结果表明，食盐摄入量高水平组与低水平组相比，前者发生胃炎、消化性溃疡的危险是后者的 5.36 倍。在瑞典召开的"食盐与疾病"国际研讨会议上，美国医学专家通过一系列动物实验与人体疾病研究表明，如果人食用过量的高盐食物后，因食盐的渗透压高，对胃黏膜会造成直接损害，使胃黏膜发生广泛性充血、弥漫性充血、水肿、糜烂、溃疡、坏死和出血等一系列病理改变。高盐饮食还能使胃酸减少，抑制前列腺素 E_2 的合成，使胃黏膜易受各种攻击因子攻击而发生损伤，引起胃炎、消化性溃疡，甚至诱发胃癌。在肾脏排出高钠时，一分子钠要带走一分子钙，高钠饮食会造成钙的额外丢失。

(8) 不可忽视早饭。

有位大四学生潜心学习,准备攻读硕士研究生,平时非常勤奋,废寝忘食。谁知一进考场,刚拿到试卷,眼前就漆黑一团,脑子里空白一片,不要说做题,就连平时习以为常的简单题目都想不出来。原来考试这一天,他怕吃稀饭、牛奶会小便次数多,上厕所不方便,认为巧克力是高热量、高蛋白、高脂肪食品,特意去超市买了几块巧克力当早饭,匆匆应试,就发生了考场上不该发生的一幕。为什么巧克力当早饭会出现考场上昏厥的现象呢?我们知道,巧克力含有高糖、高脂肪、高蛋白。据生理学家分析,学生学习或考试(包括平时上课动脑筋)是一项非常剧烈的脑力劳动。大脑活动的能量90%都靠葡萄糖提供,脂肪、蛋白质所提供能量不能供大脑使用,而脑细胞中储存的糖原又甚微,只能够维持脑细胞活动几分钟。脑细胞活动所需的葡萄糖全靠血液循环中血糖提供,所以早饭只吃几块巧克力,或者只喝一瓶牛奶、一只蛋或者不吃早饭都会影响血糖供给。如果血液循环中所提供的葡萄糖不足,就会影响大脑神经细胞的活力,影响大脑活动能力,影响考生(学生)临场发挥,严重时会出现眼前一团漆黑的低血糖现象。国内外一些研究人员发现,不吃早饭或早饭质量不好的学生,上午第一节课以后就会出现精力不集中、疲劳、思考问题不敏捷现象;第三、第四节课时,上述现象更加明显。有研究表明不吃早饭或早饭吃得不好的学生中有1/3文化课学习效率受到影响。而早饭吃得好的学生精力充沛,思考问题积极,文化课学习质量明显好于不吃早饭或早饭吃得不好的学生。

3. 科学地安排早餐和膳食营养

第一,要吃饱。人体能量的来源,主要靠每天吃进去的米、面、鱼、肉、蛋等各种各样的食物。食物不同,所产生的能量也不同,其中最为经济、实惠的能量来源是米和面。米、面是血液循环中葡萄糖的主要来源。有人统计,500克米、面可供给人体7 300千焦(1 750千卡)热量,而1瓶牛奶只能提供500千焦(120千卡)左右热量,1只鸡蛋只能提供300千焦(72千卡)左右热量,500克牛肉只能提供5 650千焦(1 350千卡)热量,500克猪肉也只能提供6 900千焦(1 650千卡)热量。有相当多的人对这一科学道理知之不多,认为牛奶、鸡蛋、牛肉、猪肉含蛋白质多,营养价值比米、面好。因此,常常把牛奶当主食,把巧克力当点心。殊不知,牛奶、鸡蛋虽然含蛋白质丰富,但蛋白质的利用率只有92%,而且蛋白质在代谢过程中,由于食物的特殊动力作用,所消耗的能量相当于蛋白质本身所产生能量的30%,而米、面只有5%~6%。所以,牛奶、鸡蛋实际提供的能量不及米、面。热量不足,特别是葡萄糖供给不足,就会影响大脑功能。所以,在校学生(包括平时)饮食中,早餐尤其重要,临考前几天和考试期间早饭一定要吃饱。如果有条件的人上午九时和下午三时前后最好增加点心。如果晚上工作较晚,可增加一顿夜宵,但不要吃得太油腻。

第二,在吃饱饭的基础上,适当增加牛奶、蛋、豆制品及鱼、肉等动物性食物,以增加蛋白质的摄入量,从长远看对从事脑力劳动的人是十分有利的。

第三,适当增加蔬菜、水果,以保证足够的纤维素和维生素的需要,尤其是维生素B_1。因为糖分解后会产生能量、二氧化碳和水,还有丙酸和乳酸。丙酸和乳酸是酸性物质,必须及时清除干净。清除丙酸和乳酸必须有维生素B_1的参与,维生素B_1供给不足,将导致丙酸、乳酸在脑中积聚,如果这种酸性物质在脑组织中积聚过多,将出现情绪不稳定,影响大脑神经活动,不利于学生学习。维生素B_1主要存在于粮食表面。由于人们生活水平的提高,米、面越吃越白,饭量越来越小,由此导致了维生素B_1的摄入不足。所以,人们应该适当增加维生

素 B_1 的摄入量,特别是脑力工作者用脑多,应该额外补充维生素 B_1。有条件的人,应适当增加卵磷脂的摄入量。卵磷脂中含有胆碱,可在体内合成乙酰胆碱,乙酰胆碱是神经传递介质。适当补充卵磷脂,能提高大脑活动能力,增强记忆力,集中注意力,稳定情绪,缓解脑力与体力的疲劳,有利于提高工作效率和生活质量。

二、合理膳食

饮食与健康的关系十分密切,营养不足或过度都会损害健康。例如,进食油脂过多,则易发生肥胖症、冠心病和某些癌症;长期素食会早衰;维生素缺乏会造成疾病,某些维生素过多也会中毒。花钱多的食物不一定营养就高,廉价的食物也许更符合身体的需要。合理的膳食原则有以下几点。

1. 食物要多样

我国营养学工作者将食物分成五大类:第一类为谷类、薯类、杂豆类,主要提供碳水化合物、蛋白质和 B 族维生素,是我国居民膳食的主要热能来源;第二类为动物性食品,包括肉、禽、蛋、鱼、奶等,主要提供蛋白质、脂肪、矿物质和 A 族维生素及 B 族维生素;第三类为大豆及其制品,主要提供蛋白质、脂肪、膳食纤维、矿物质和 B 族维生素;第四类为蔬菜水果,主要提供膳食纤维、矿物质、维生素 C 和胡萝卜素;第五类为纯热能食物,包括动、植物油脂,各种食用糖和酒类,主要提供人体热能。

这五大类食物均应适量摄取。要注意动物性食品和纯热能食物不宜过多,这样可以保持我国膳食以植物性食物为主、动物性食物为辅,热能来源以粮食为主的基本特点,以避免西方发达国家膳食模式所带来的脂肪过多、热能过高等弊端。要注意在各类食物中尽可能地选择不同的食物品种,以达到食物多样化和营养素供给较为平衡的目的,特别是蔬菜应多选用一些绿色或其他深色蔬菜,以补充人体所需的胡萝卜素(维生素 A)和矿物质。

2. 饥饱要适当

太胖或太瘦都不利于人体健康,各国膳食指南都把维持正常的体重放在重要位置。我国人民根据长期的养生经验提出"食不过饱"的主张,也就是饮食要适度,饥饱要适当,以达到营养适宜的程度,使摄入与消耗相适应,避免身体超重或消瘦。进食量可以自行调节,当食欲得到满足时,其营养一般可以满足。当营养不足或病后恢复时,进食量要相应增加,以补充营养,恢复正常体重。经常测量体重是衡量饮食是否适度的实用方法。

3. 油脂要适量

脂肪是膳食的重要成分。它是最浓缩的热能来源,提供必需的脂肪酸,改善食品风味。但过多的饱和脂肪酸(动物性脂肪)会增加血中胆固醇含量,是冠心病的致病因素之一。我国膳食结构正发生比较大的变化,部分地区及大城市中有不少人的脂肪摄入量已经大大超过了合理值。中国营养学会建议,脂肪摄入以不超过热能供给量的30%为宜。

4. 粗细要搭配

不为人体消化酶分解的膳食纤维对人体健康有益。它们能刺激肠道蠕动,减少便秘,对心血管病、糖尿病、结肠癌等有一定的预防作用。每天要吃不同类型的富含膳食纤维的食物,如粗粮、杂粮、豆类、蔬菜、水果等,要提倡多吃些粗米、面,少吃精米、白面,因为米碾得太精,谷粒中所含的维生素、矿物质和膳食纤维等大部分流失到糠麸之中,对人体健康不利。

5. 食盐要限量

食盐含钠和氯,两者都是人体必需的。但钠摄入量过高与高血压的发病率呈正相关。

为了有效预防高血压病,世界卫生组织建议每人每日用量以不超过 5 克为宜,原则是"食不过咸"。

6. 甜食要少吃

糖吃得太多会引起龋齿。糖过多还影响其他营养素的摄入量,对于幼年儿童尤应注意。为了保持牙齿卫生,吃糖后最好要漱口。

7. 饮酒要节制

高浓度酒热量很高,但无其他营养素。无节制地饮用高度白酒,会使食欲下降,食物摄取量减少,以致发生营养缺乏,严重的还会发生酒精中毒、肝硬化。因而,不宜无节制地饮酒,严禁酗酒。

8. 三餐要合理

应建立合理的饮食制度,切忌暴饮暴食,提倡少吃零食。每日三餐,热能分配为早餐 30%、午餐 40%、晚餐 30% 较为合适。当然要照顾生活习惯和工作制度,可以适当调整。但要提倡吃好早餐,因为上午的学习和工作都比较紧张,营养不足难以维持高效的学习和工作。

以上八条原则有普遍性。当前的问题是营养不良与营养过剩同时存在,钙的不足、铁的不足在相当一部分人中存在,应根据当地的实际情况注意解决。

9. 注意饮食卫生

食物从生产到加工、储藏、销售、烹调,直到食用,都有可能受到污染。生物性污染,如细菌、霉菌及其毒素,使食品霉烂变质,吃了便会发生食物中毒。特别严重的是黄曲霉素在霉变的花生、玉米中含量很高,是很强的化学致癌物质。生吃蔬菜、水果,如黄瓜、西红柿等,大肠杆菌检出率达 90%,其他杆菌、病毒、包囊、虫卵也常检查到。如将蔬菜充分洗涤,细菌就可减少 80%,根茎上的细菌可减少 92.7%。如果用开水洗涤或用消毒水浸泡,常可达到一定的消毒灭菌作用。用流动的自来水洗手,可使手上的细菌除去约 95% 以上。因此,要养成良好的卫生习惯,如饭前便后洗手,不喝不洁的生水,不吃生的蔬菜、水果,食前应洗涤干净或削皮。很多水果的果皮里所含维生素 C 比果肉里的高,为了保持水果的营养成分,过去曾有人提倡吃水果不削皮。但目前农药应用十分广泛,毒性较大的农药仍然用得较多,这些农药有的能够随着果实的生长而附着在果皮上。根据对苹果的化验,果皮中的残留农药量比果肉高 2~10 倍。果皮上的农药用水是洗不掉的,为了防止果皮中残留农药对身体的危害,吃水果还是削皮好。尽可能不要在外就餐,不要吃马路旁出售的凉粉、凉拌菜或其他不卫生的食品,不用公用餐具等,就可以大大减少病从口入的机会。

第二节 体育健身与卫生

一、用脑卫生

1. 如何用脑

大脑由左右两个半球组成,重 1.2~1.6 千克(占全身重量的 2%~2.5%)。其表面是由神经细胞体组成的灰质层,即大脑皮层。大脑皮层是人体机能活动的高级中枢,是人们进行思维活动的物质基础。大脑皮层对来自机体内外环境的各种刺激加以分析和综合,产生感觉、思维,并建立语言和支配行动,以保证人类对自然和社会的改造与适应能力。若大脑皮质发育不全或病损时,可在精神活动和随意运动等各方面表现出明显的机能障碍或缺损。综上所述,人脑大致有感觉功能(从外部各方面接受各种信息),存储功能(收集和整理感觉到的材料),分类、组合与判断功能(评价和处理所收到的信息,特别是其中的新信息),想象功能(按新的方式把已有的知识和新的信息结合起来,取得新的成果)。因此,人脑是一个思维器官,这是人与其他高等动物的本质区别。

大脑是怎样来传递和处理信息的呢? 大脑是由脑细胞组成的,脑力劳动也是脑细胞的功能活动。细胞是人体及其他生物的基本构造单位。人脑细胞大约有140亿个。神经细胞又称神经元,是神经系统的结构和功能单位,它由细胞体和突起两部分组成。突起又分轴突和树突两种,轴突很长,形成神经纤维。神经纤维的功能就是传导兴奋,当神经纤维受到刺激而发生兴奋时,兴奋就沿着纤维传递即传导。

在生理学上把沿着神经纤维传导着的兴奋称神经冲动。将兴奋从人体各种感受器传到中枢者称传入神经,从中枢传出兴奋者称传出神经。人体神经纤维的传导速度大约为60米/秒,神经纤维有病损时传导速度减慢。因此,测定神经纤维的传导速度有助于判断神经疾患和神经损伤。大脑的活动十分旺盛,在静止状态下,大脑对氧气的摄取量大约为50毫升/分。在紧张的脑力劳动时,氧气摄取量可高达80毫升/分,占全身耗氧量的32%。即使在休息时大脑的耗氧量也占全身总耗氧量的20%,因此,大脑活动时的耗氧量比任何器官都要多。由于大脑对氧气需要量相当高,因而,大脑细胞对缺氧极为敏感。

大脑细胞对缺血亦极为敏感。平时我们在突然转动自己的头部时有些人有时会出现晕厥,这主要是因为在突然转动头部时,通向大脑的椎基底动脉突然受压产生供血不足而发生晕厥。大脑为了保证自己的工作效率,具有一种自我调节的机制。在进行紧张的脑力劳动时,大脑自动地使脑血管舒张,增加毛细血管与脑组织的接触面积,减低血流阻力,加大血液流量,以增加氧气的供应。我们长时间进行脑力劳动时,有时会感到头昏脑涨,这与脑血管扩张是有关系的。在脑力劳动时,脑血流量增加,脑部充血,而四肢及腹腔内血液相对减少,使脉搏减慢。在特别紧张时,还会造成心跳加快,血压升高,呼吸加快,中枢神经系统兴奋机能降低,反应时间延长,分析综合能力减弱,身体抵抗力下降,亦可造成疾病及自主神经紊乱、神经衰弱等。为了避免上述情况的产生,我们提倡合理用脑。

2. 大脑皮层活动的特点及规律

在提倡合理用脑时我们应了解,人体存在着一种生物钟。人体的生物钟控制着人的生理活动,使其具有一定的生物节律。"猫头鹰型"生物钟的人,一到夜间脑细胞就转入兴奋状态,精力高度集中,思维十分活跃,工作效率很高,入睡迟,起床也迟。"百灵鸟型"生物钟的人,在清晨和白天精神焕发,朝气蓬勃,记忆和创新效率较高,一到晚上,脑细胞就转入抑制状态。

大脑皮层功能活动与人体的生理活动一样,都具有一定的生物规律。大脑皮层功能活动的特点和规律如下:

(1) 动力定型。当内部和外部以时间作为条件刺激,而且依一定的顺序重复多次以后,大脑皮层上的兴奋和抑制过程在空间和时间上的关系就固定下来,因而,条件反射的出现愈来愈恒定和精确,即形成动力定型。"熟能生巧"就是通过学习、训练掌握知识与技能的结果。因此,动力定型建立后,神经细胞能以最经济的消耗而收到最大的工作效果。年龄愈小愈容易形成动力定型。因此,从小培养良好的生活习惯,从小养成有规律的生活,将对人的一生的行为产生良好的影响,尤其现在对独生子女必须从小就抓紧培养教育。

动力定型的建立要经过三个时段:第一时段是兴奋过程扩散;第二时段是兴奋过程逐渐集中;第三时段是定型的巩固、完善和自动化。动力定型的建立虽然比较困难,但一经确立,就会大大提高工作效率。因此,对已建立起来的良好的动力定型,不要轻易地去改变,即用新的定型去替代原来的定型,不然对大脑皮层会产生超负荷的负担,易造成神经衰弱。

(2) 始动调节。学习或工作开始时,能力较低,然后逐渐提高,这是因为神经细胞也和机体的其他组织一样具有"惰性",需要时间克服,而且神经系统对其他器官、系统的调节也需要一定的时间。这种始动调节,在每日、每周、每年开始都能看到。所以,在学习和工作安排过程中,必须根据这一特点,逐渐增加学习、工作的难度,做到有计划性。

(3) 优势法则。这是大脑皮层在相应区域应激后兴奋集中,并以负诱导作用使其周围皮层产生抑制,形成优势兴奋灶,还能将皮层其他兴奋性吸引起来,加强本身的兴奋度,而使其他部位抑制。优势兴奋灶形成后,就可集中注意力,取得较好的学习效果。

(4) 镶嵌式活动。大脑皮层的神经细胞在各个区域各司其职,大脑皮层的不同部位执行着不同的任务。当从事某一活动时,只有相应部分处于工作状态,其他部分处于抑制状态,大脑皮层即形成了兴奋区与抑制区、工作区与休息区互相镶嵌的复杂方式。我们应利用兴奋区与抑制区的交叉,利用脑力劳动与体力活动的交替以及不同性质课程的轮换安排,来减少大脑的疲劳,保持良好的精神状态。

(5) 保护性抑制。当外界的刺激过强或过久,大脑皮层的兴奋超过了一定的限度时,大脑皮层就会出现超限抑制,使脑细胞得到休息。这种抑制过程是保护性抑制。如不注意这种保护性抑制的出现,继续加班加点,则会事与愿违,加重大脑皮层细胞的损伤,失眠、神经衰弱等疾病就会接踵而至。

一个人在一天的不同时间段里,其思维效率是有所不同的。不同的人在一天内思维工作效率也有不同。在日常生活中,脑力工作变化大致有4种类型:

Ⅰ型——工作日之初工作能力升高,工作日之末工作能力略为降低。这种类型比较理想。

Ⅱ型——工作能力变化情况基本与Ⅰ型相同,但在工作日末,工作能力明显降低,在心理学上称为"终末激发",这是准备转入休息,是另一种活动的前驱性兴奋所致。

Ⅲ型——在工作日中,工作能力的兴奋性不断增加,这种脑力过度的兴奋和情绪过度紧张,易引起超限制发展。

Ⅳ型——工作能力的兴奋性迅速下降,有时呈现严重的迅速下降。这是不良情况的预兆。

在学习活动中,脑力活动的变化与学习负担过重、缺乏合理的作息制度、教学方法不当、学习情绪不稳定、学习环境不理想、学习设备不足或不正规、营养与气候条件不良、疾病与神经类型的特点等因素有关。总之,脑力劳动者掌握了自己的大脑活动规律,就能更好地掌握时间,在单位时间内做出更大的成绩。

3. 怎样增强记忆力

大脑是人体内最容易疲劳的器官。因此,我们必须提倡合理用脑,充分利用大脑皮层的动力定型、始动调节、优势法则、镶嵌式活动、保护性抑制五大特征来增强记忆。记忆就是神经细胞兴奋的结果,神经细胞每兴奋一次,就等于记了一笔账,亦留下了一个痕迹,将来要再想起这件事,就等于翻开旧账本查账,由神经细胞的痕迹重新引起兴奋。每个人都有神经细胞,所以每个人都能记忆、记事,各人的记忆力看上去有好坏,其实和各人专心不专心、努力不努力大有关系。

怎样才能记得牢呢？第一要专心,这样才能只让一个兴奋灶产生兴奋,留下较深的痕迹。第二是多记,一件事多记几遍总比少记几遍记得牢些。第三要巧记,要理解所记的事情,那样就能很容易记住,而且也能记得牢。要记得巧,还要会联系,善于联想,举一反三。总之,要进行科学用脑,保护脑力,加强体育锻炼,增强体质,同时注意营养,保证供给足够的热量和所需的各种营养素,这样对增强记忆肯定是有益处的。

二、睡眠卫生

睡眠是人们生活中必不可少的重要组成部分。充足的睡眠既是消除疲劳、恢复体力的主要形式,又是调节身体各器官的生理功能,稳定神经系统的平衡,积蓄能量,保证精力充沛的重要条件。如果缺乏充足的睡眠,平时身体得不到充分的休息,长时间处于疲劳状态,身体的免疫力就会下降而损害健康。

1. 睡眠与觉醒

睡眠与觉醒是高等动物的一种生理活动的过程,是两个对立的生理状态,两者既有联系,又有区别。在觉醒状态下人才能参加劳动或从事其他活动,而通过睡眠,人体的精力和体力得到恢复,保持良好的觉醒状态。人需要的睡眠时间与年龄有关,大学生一般每天需要的睡眠时间应不少于 8 小时,小孩需要的睡眠时间还要长。随着年龄的增长,睡眠时间亦逐渐减少,老年人需要的睡眠时间相对较短。

睡眠时人体的许多生理功能发生了变化,主要表现在：嗅、视、听、触等感觉功能减退；骨骼肌反射运动和肌紧张减弱；伴有一系列自主神经功能的改变,如血压下降、心率减慢、瞳孔缩小、体温下降、代谢率降低、呼吸变慢、胃液分泌增多而唾液分泌减少、发汗功能增强等。

2. 睡眠发生的机理

关于睡眠发生的机理,有几种观点：第一种,睡眠的被动过程学说,其基本观点是"睡眠是觉醒状态简单的终结",也就是说,中枢神经在传入冲动的作用下,大脑皮层维持一定的紧张活动而保持觉醒状态；当传入的冲动减少时,紧张活动减弱,觉醒状态停止,而产生睡眠。这种被动过程学说已被否定。第二种,睡眠的主动过程学说,其基本观点是睡眠是由中枢神经系统内部发生的一个主动过程造成的。第三种,认为当抑制过程在全部大脑皮层内广泛扩散并扩散到皮层下中枢时,就引起睡眠。第四种,认为中枢神经系统内存在着产生睡眠的中枢,同时认为睡眠与中枢神经系统内某些特定结构以及物质的作用有密切的关系。目前,对于中枢神经系统的某些特定结构以及中枢物质仍在探索研究中。

随着脑电图、神经肌电图等的应用和发展,人们认为整个睡眠有两种不同的时相状态：第一种,慢波睡眠,又称同步睡眠、浅睡眠、非快速动眼睡眠等,脑电呈慢波,闭目,瞳孔小,颈部肌肉仍保持一定紧张性等特征。第二种,快波睡眠,又称去同步睡眠、快速动眼睡眠等,其特征是脑电呈快波,感觉功能进一步降低,难以唤醒,肌肉完全松弛,眼球快速转动(每分钟 50~60 次)。慢波睡眠与快波睡眠是两个相互转化的时相。成年人睡眠一开始首先进入慢波睡眠,持续 80~120 分钟后,转入快波睡眠,快波睡眠持续 20~30 分钟后,又转入慢波睡眠,以后又转入快波睡眠。一晚上,在整个睡眠时间内,这种快慢交替 4~5 次。快波睡眠时脑细胞处于活动状态,如果在快波睡眠时将其唤醒,他往往会说他正在做梦。快波睡眠对于促进记忆活动和促进体力恢复是十分有利的。但是有些疾病,如哮喘、心绞痛等,往往发生在快波睡眠时。

3. 为什么会做梦

做梦不是件稀罕事,人人都做过,有的人几乎夜夜做梦。过去,人们常常把梦和个人的命运、做事的吉祥凶险联系起来,认为梦能够预告未来,使梦蒙上了一层神秘的色彩。人为什么会做梦呢?人们通常是白天工作,夜里睡眠的。在工作时,人的大脑皮质大部分处于兴奋状态;睡眠时,则由于疲劳而进入高度的抑制状态。熟睡后,外界较小的声音或刺激,如走路、谈话、开门、关门的声音都不能传到大脑,此时,人基本上失去了对外界刺激的反应。在刚要入睡还没有完全熟睡或刚要醒来还没有完全醒来的时候,周围环境和身体内部的刺激还是可以传到大脑的,此时就会做起梦来,因为这时的大脑皮层只处于局部的抑制状态。所以,如身体上的一些不舒服,身体某个部位的疼痛不适,睡前吃得过饱等原因,往往会使人产生一些乱七八糟、不着边际的梦。因此,睡前不可饱食,当然也不可饥饿。我国最早的医书《黄帝内经》中就有"胃不和则卧不安"的说法。

"日有所思,夜有所梦",是因为梦的产生还多半出于我们的思想、回忆和想象。我们对经常见到的、接触到的东西印象较深,在梦里回忆起来却比较模糊;而对一些只见过一次而且又很不注意的事物,在梦里出现的形象却非常清晰,这可能就是我们有的梦会记得清楚,有的梦会记不清楚的原因。

健康的人不常做梦。生活规律性差、体弱多病的人,由于打乱了大脑皮层的活动,大脑在睡眠时就不能得到很好的休息(即会做梦)。这就会影响白天的学习和工作,使精神疲劳,引起瞌睡,降低学习和工作的效率,这样长期下去比较容易造成神经衰弱。

遵守作息制度,生活有规律,参加体育锻炼以增强体质,睡前用热水洗足,不吃得过饱,不喝浓茶或咖啡,使情绪放松安定,排空小便,睡时不蒙棉被等措施,可以减少做梦。

4. 梦魇、夜惊和说梦话

有些人睡得好好的,突然会哼哼地叫起来,浑身动弹不得,好像谁卡住了他脖子似的,这种情况叫梦魇。有些人睡着了,会突然大喊大叫起来,吓得浑身上下直哆嗦,这叫夜惊。有些人睡着了会不知不觉地讲起话来,这叫说梦话。这些情况是怎样造成的呢?

梦魇:人刚入睡或者快要醒的时候,全身松软无力,耳朵听不见声音,眼睛看不见东西,可是有些器官对外来的刺激却感觉得出来。如果被子把鼻子盖住了,或把嘴盖住,或手压住胸部,心脏、肺部受到了压迫,血液不通畅,人就会觉得不舒服。可是,这时候,人睡得迷迷糊糊,神志不清醒,不知道是被什么东西堵住了或压住了。再加上此时管理手臂活动的神经细胞还在休息,故很难把手移开,总觉得胸口上压着东西,于是就哼哼地叫起来了。碰到这种情况,旁边人只要把他的手从胸部拿开,或者把压在鼻子、嘴巴上的被子移开,或把他弄醒,就没有事了。

夜惊和说梦话是因为人在刚入睡或快要醒的时候,有一部分神经细胞没有完全休息的缘故。就夜惊来说,是因为白天工作中时常警惕着的事情,在夜里睡觉的时候,还把它深深地记在脑子里而发生的。比如白天我们看了火灾的报道,思想上比较紧张,下班时生怕电闸没有拉下,这个问题深深地记在脑海里,所以在梦里就会突然大喊"火来了,快救火",同屋的人睡得迷迷糊糊的,还没有清醒过来,有时也会不由自主地受他的影响,一齐喊叫起来。

说梦话,是因为有些人睡觉的时候,负责说话的神经细胞还没有完全休息,所以睡着了就会说梦话,梦话的内容都是他最关心的事情。并非平时爱讲话的人,夜里就容易说梦话,其实,平时沉默寡言的人,受到某种刺激之后,夜里照样会说梦话。

5. 什么样的睡觉姿势最好

平时睡觉的姿势,可分为仰睡、俯睡和侧睡三种,一般表现为仰天睡、俯睡、向右侧睡、朝左侧睡。究竟哪种姿势最正确呢?仰睡和俯睡基本上是一样的,身体和两腿都伸得很直,因此,肌肉不可能达到完全放松的程度。仰睡时,如果两臂伸直,放在身体两侧倒还好,要是放在胸部,压迫了肺和心脏,不但呼吸不畅,容易做梦,醒来还会感到胸口发闷和累得很。俯睡时,面部埋在枕头里不能透气,势必歪向一边,这么一来,头和颈扭着很不舒服,外加胸腹部受压迫,呼吸一定受影响。侧睡时,不论是向左侧还是向右侧,脊柱总略向前弯,肩膀向前倾,两腿弯曲,两臂可以自由放置,因此,全身肌肉都能得到最大限度的松弛,能达到睡眠的目的。我国古代就有"卧如弓"之说,侧卧是最理想的睡姿。不过,向右侧睡比向左侧睡更好些。向左侧睡时,由于心脏受压迫,常会觉得心跳厉害而难以入睡,向右侧睡就没有这种情况,同时能帮助胃中的食物向十二指肠移送。

6. 蒙头睡觉的坏处

如果睡觉时把头捂在被子里,跟外面不透气,开始时还能吸到一些氧气,过一会儿被子里的氧气越来越少,呼出来的二氧化碳越来越多,再加上身上的汗酸味、脚臭味,这样,人吸进去的氧气就少,废气就多,人就受不了。少量的二氧化碳气体,能刺激肺不停地进行呼吸,但二氧化碳气体过多,就影响到大脑对氧的需要。蒙头睡觉的人,就睡不好觉,第二天起来头昏脑涨,有的还会半夜惊醒或做噩梦。

此外,要保证良好的睡眠,还要注意良好的睡眠环境,包括幽暗的光线、宁静的环境、流通的新鲜空气、温暖的被褥、舒适的枕头。枕头过低,醒后会觉得头脑发胀,眼皮浮肿;枕头太高,易引起"落枕"。总之,人们要完成繁重的工作、学习任务,必须掌握好生活节奏,遵守有规律的作息制度,做好睡眠卫生,才能取得良好的睡眠效果。

三、口腔卫生

1994年4月7日,世界卫生日的主题就是口腔卫生,口号是:健康的生活需要口腔卫生。世界卫生组织总干事中岛宏说,健康、福利与个人心愿都是由一个健康的、保健完好的口腔来促进的,健康的口腔可以促进交流与人际关系的发展。由此可见,口腔卫生已被提到相当重要的高度。而危害口腔健康的常见病和多发病主要是龋齿和牙周疾病。人的一生中可以不患心血管病和癌症,但不可能不得牙病。因此,世界卫生组织已把龋齿定为危害人类健康的仅次于心脑血管病、恶性肿瘤的第三类疾病。

口腔健康的定义为:牙齿整洁,无孔洞,无痛感,牙龈色泽正常,无出血现象。要搞好口腔保健必须从小做起,从胚胎期、胎儿期做起,使人人有一口健康洁白的牙齿。口腔及牙齿在胚胎早期就开始发育形成了,乳牙从胚胎第六周开始发育,乳牙最先发育的是乳中切牙,随后是乳侧切牙。乳尖牙在胚胎第七周开始发育,乳磨牙则依次在第八周和第十周开始发育,至3岁左右牙根才完全形成。恒牙从胎儿第五个月开始发育,18~25岁第三磨牙牙根才完全形成。因此,若胎儿期发育不正常,将影响到牙齿的发育成长。

口腔是消化道的起端,它由唇、颊、舌、上下颌骨、牙、唾液腺等构成,具有吮吸、磨碎食物、辅助发音、辨别味道、吞咽等功能。

食物进入口腔后,经牙齿咀嚼,被研磨粉碎,在咀嚼时又可引起唾液腺的分泌,食物经过唾液中消化酶的作用初步完成第一步的消化作用。唾液是由口腔内三对唾液腺即腮腺、颌下腺和舌下腺分泌的。唾液不但能湿润口腔,完成初步的消化作用,同时亦能抑制和消灭口腔内的有害物质。由于口腔血液供应丰富,加上唾液腺的作用,因此,口腔黏膜对细菌有较强的抵抗力。

口臭不仅使别人有不愉快的感觉,而且亦给自己带来一定的思想压力。造成口臭的原因大致可分成三类:

第一,局部的因素。口腔不洁,牙缝或牙面上留下了食物残渣,由于食物残渣的腐败发酵,加上口腔内细菌作用,引起口臭。

口腔内龋齿,造成牙根上的瘘管向口内排出脓液,产生口臭。

口腔内黏膜溃烂、口腔中的恶性肿瘤感染、慢性鼻窦炎等均可造成口臭。

戴假牙者,因假牙表面易积聚食物残渣,如不及时清洗,亦易造成口臭。

第二,全身病理性因素。糖尿病酸中毒者,口中有烂苹果气味。尿毒症者可有氨气味。严重肝功能不全者,也可有氨气味。肺气肿或支气管扩张病人,由于气管排放气体,也可闻到臭味。

第三,全身非病理性因素。暴饮暴食、消化不良也可产生口臭。食肉类过多者或食大蒜、洋葱也可产生臭味。

口臭产生的原因,基本上以局部的因素为多见,一般应治疗好龋齿,消除局部的因素,搞好口腔卫生,做好自我口腔保健,建立良好的口腔卫生习惯和饮食卫生习惯。

所谓口腔卫生习惯,就是要早晚刷牙,饭后漱口,使用保健牙刷,使用合适的牙膏。在饮食卫生上,对牙齿有益的食物有:五谷杂粮等碳水化合物;鱼、肉、蛋、禽等蛋白质食物;新鲜蔬菜;奶制品。对牙齿不利的食物,如甜饮料、糖果等要尽量少吃。喝茶有利于牙齿的保健,因茶叶中含有较丰富的氟,氟可使牙齿更加结实,免受龋齿的危害。如能做好上述几项卫生保健的要求,相信定会拥有一口健康洁白的牙齿。

四、用眼卫生

据报道,我国学生的视力不良率随学习阶段的上升而增高,小学生的视力低下程度以轻、中度为主,初中与高中已进入重度,而大学生则以重度为主,大学生中视力不良率一般达60%以上。而眼球的发育要到25岁左右才完全定型,因此,学生时代眼球正处于发育期,也是视力保护的关键时期,我们必须提倡用眼卫生,以保证人人都有一双健康的眼睛。

1. 眼的结构和功能

(1) 视觉。眼睛看东西全靠眼球,眼球的四周包着一层很结实的白色的东西,叫巩膜。在前面有一层透明的角膜,光线透过角膜经过瞳孔穿过晶状体射到眼底。晶状体能够聚光,从物体射来的光线穿过它后,可集中成像。眼底上有视网膜,它能感受光的刺激。从物体射来的光线进到眼里,通过晶状体集中后射到视网膜上,显出影像,这影像部分的光刺激了视网膜,视网膜通过视神经传达到脑,人就感觉到这个影像的亮光,看见了东西。

(2) 眼球的结构。眼球位于眼眶内,呈球形,并随着年龄的增大而发育。新生儿眼球小,前后直径约15毫米,正常成人的眼球前后径大约24毫米。1~3岁时眼球发育较为迅速,以后较为缓慢,到青春发育期,眼球发育又加快。一般在15~16岁时,眼球大小已基本上等同于成人,以后每年略有增长,直至25岁左右才完全定型。

眼球由眼球壁及其里面的内容物组成。

① 眼球壁：由三层膜组成。

外层为纤维膜，是坚韧致密的结缔组织膜，具有保护作用，前面一小部分为透明的角膜，其他为乳白色的巩膜。角膜俗称黑眼珠，角膜没有血管，但有丰富的神经末梢。刺激角膜能产生瞬目动作，叫角膜反射。巩膜俗称眼白，是目测黄疸的重要部位。出现黄疸时，巩膜黄染。纤维膜起着保护眼球和维持眼球形态的作用。

中层为血管膜，包括虹膜、睫状体和脉络膜三部分。这层膜有丰富的血管及色素，色素呈棕黑色，像紫葡萄，故又叫葡萄膜，有调节光线进入眼内及营养视网膜的作用。

内层为视网膜，有感光的能力，由多层视神经细胞组成。其中具有感光的细胞有两类：一类是柱状细胞，对弱光感受力强，所以晚上它能发挥很大的作用；另一类是锥状细胞，对强光感受力强，它能帮助识别微小精细的东西。柱状细胞的功能与维生素 A 有密切的关系，若缺乏维生素 A，可引起夜盲症。视网膜上有一略带黄色小凹的黄斑中心凹，是视力最敏感的区域。

② 眼内容物：由晶状体、玻璃体和房水组成，它们是透明的组织，同角膜一起构成了眼的屈光系统，使物体的焦点正好落在视网膜上，形成一个物像。

2. 屈光系统

眼球的结构主要包括两个系统，即屈光系统和感光系统。角膜、房水、晶状体及玻璃体等透明组织构成眼的屈光系统；而感光系统是视网膜。人的眼睛与照相机一样，照相机要拍出清楚的照片，焦点必须落在底片上；眼睛要看清楚物体，物像必须落在视网膜上。如果物像落在视网膜前面或后面，看到的物体就比较模糊，这就叫屈光不正。屈光状态可以分为：

（1）正视。眼在调节静止状态下，外界平行光线进入眼内，通过眼的屈光系统屈折，构成的焦点及像正好落在视网膜上，物像非常清晰。

（2）近视。由于眼球轴较长或眼的屈光度数太大，眼在调节静止状态下，平行光线进入眼内，经过眼的屈光作用，焦点在视网膜前面，因此，这样的物像比较模糊，光线到视网膜时已散开，当看近时，焦点刚好落在视网膜上，所以看近的物像比较清楚。

（3）远视。由于眼球前后径比正常短，或眼的屈光度数较小，眼在调节静止状态下，平行光线进入眼内，经过眼的屈光作用，焦点在视网膜后面，所以物像亦看不清楚。一般幼儿大多是远视眼，随着生长发育，眼球发育长大，远视逐渐减少。

（4）老视。又叫老花，一般人到 45 岁以后，眼内晶状体的质地变硬，弹性减退或消失，睫状肌功能也衰退，在看近物时，晶状体原来适应看清近物的能力减退，看近物时无法把焦点聚在视网膜上。因此，看书等感到比较困难，要把书本放远一些才能看清，平时老年人均借用老花镜（凸透镜）来看清物体。

（5）散光。散光是由于角膜表面各条经线的弯曲度不等或角膜表面凹凸不平而引起的。眼在调节静止状态下，平行光线进入眼内而散开，不能集中成焦点，因此，物像不清晰。散光是指眼的屈光度数不是各方面相同，总有一个方向的度数较另一方向的度数大或小。眼的屈光度数大于正常值则是近视性散光，屈光度数小于正常值则是远视性散光。

3. 视力测定

视力检查又称中心视力检查，通过测定，可以初步判断眼的功能是否正常，对诊断疾病有很重要的价值，因此，到医院眼科求医，做视力检查是必不可少的。我们必须正确地掌握视力检查的方法,才能得到真正的视力数据。

(1) 视力表。我国过去是采用国际标准视力表,从1990年5月起,使用对数视力表。

(2) 视力检查法。视力检查在眼科检查中占很重要的地位,对诊断疾病具有一定的意义,因此是必不可少的,但要想取得正确的数值,则必须正确地掌握视力检查法。

1990年5月起全国已采用对数视力表来检查视力。以5米为标准检查距离,检查时视力表应置于明亮处。视力表悬挂高度应使5.0(1.0)这一行与被检者的眼睛等高,一手持遮眼板遮住一眼。一般先遮左眼,查右眼;然后遮右眼,查左眼。一般是从4.0(0.1)开始,受检者每行能认出2~3个视标,即可继续认下一行视标,把最佳视力记录下来。如在5米处不能辨认视力表最上一行视标4.0(0.1)时,则可逐步走近或一次走近进行测定,让其向前移动直至能看清4.0(0.1)为止。根据走近的距离对照表4-1按5分记录法(缪氏记录法)记录,5.0为正常视力。在平时检查中,有许多青少年的视力超过5.2(1.5),他们在6、7、8、9、10米处均能看到5.2(1.5)。因正常视力的最低标准为5.0(1.0),实际上的视力可超过5.0(1.0),这种最高视力叫作饱和视力。根据$1.5 \times [$实际看清$5.0(1.0)]$的距离$\div 5$的公式所得的结果,即是被检者的饱和视力(小数记录)。视力低于5.0(1.0)者,用镜片进行矫正后所得的正常视力,叫作矫正视力。

表4-1 小数记录折算5分记录

旧法记录	0(无光感)				1/∞(光感)				0.001(手动)			
5分记录	0				1				2			
走近距离 米	0.5	0.6	0.8	1.0	1.2	1.5	2	2.5	3	3.5	4	4.5
小数记录	0.01	0.012	0.015	0.02	0.025	0.03	0.04	0.05	0.06	0.07	0.08	0.09
5分记录	3.0	3.1	3.2	3.3	3.4	3.5	3.6	3.7	3.8	3.85	3.9	3.95
小数记录	0.1	0.12	0.15	0.2	0.25	0.3	0.4	0.5	0.6	0.7	0.8	0.9
5分记录	4.0	4.1	4.2	4.3	4.4	4.5	4.6	4.7	4.8	4.85	4.9	4.95
小数记录	1.0	1.2	1.5	2.0	2.5	3.0	4.0	5.0	6.0	8.0	10.0	
5分记录	5.0	5.1	5.2	5.3	5.4	5.5	5.6	5.7	5.8	5.9	6.0	

4. 近视眼

(1) 单纯性近视。单纯性近视又可分为假性近视、真性近视、中间型近视三种。

假性近视:由于不注意用眼卫生,看书距离太近,时间过久,使眼调节长期处于紧张状态,眼调节功能受到影响,使眼肌不能及时放松,但眼轴仍正常,造成看近物清楚,看远物较模糊,这种情况,经适当休息及使用一些防治方法后视力能恢复正常。如果假性近视不及时防治,尤其在经常应用眼造成眼内充血,以及眼球肌肉对眼球的压迫,加上青少年的眼球组织还没有完全定型,同时比较嫩弱,因此,眼球较易逐渐延长,最后由量变到质变,由假性到真性,成了真性近视。

真性近视:眼轴已经变长,是一种器质性改变。只能用近视镜片来矫正视力。

中间型近视:介于假性近视和真性近视之间,既有眼的调节因素,如使用眼保健操及注意用眼卫生后,视力会有所好转,又有器质性因素。

（2）变性近视。这类近视，眼睛已属于病理性改变，一般与遗传有关，眼轴明显延长，眼底出现病理性变化，近视度数较深。

（3）近视眼的危害性。得了近视眼将会给生活、学习带来一定的影响，尤其在招生、就业和参军时，均会受到一定程度的限制。

近视眼患者容易出现视疲劳，严重者可出现头痛、头晕、记忆力减退。高度近视易使眼球变长，眼球壁变薄，眼底发生变化，较容易引起视网膜剥离。为了预防近视，我们必须提倡：加强体育锻炼，增强体质；坚持"二要、二不要"的用眼卫生守则，即读书、写字姿势要端正，眼睛和书本的距离要保持30厘米，连续看书写字一小时左右，要休息片刻或者向远处眺望一会，不要在光线暗弱或直射阳光下看书、写字，不要在床上和走路时或在动荡的车厢里看书。

目前，大屏幕电视机已进入人们的生活，看电视时更要注意用眼卫生，眼睛至电视屏幕的距离不能过近或过远，一般以3米左右为宜；看电视者的背后应开亮3~8瓦日光灯，以调和室内光亮度对比；看完电视后应远眺片刻或做一次眼保健操。

5. 色觉或色盲

视网膜有两种不同机能的视觉细胞，即视锥细胞和视杆细胞。视锥细胞感受强光刺激的敏感度很高，并能区别颜色，具有色觉机能。视杆细胞对暗光敏感度很高，主要感觉弱光刺激，但缺乏色觉机能。三色学说指出：视网膜有三种视锥细胞，含有三种不同的感光色素，分别对三种基本色（红、绿、蓝）敏感，并且把冲动上传至大脑皮层的不同细胞，从而产生相应的色觉。人眼能辨别150多种颜色，但也有人不能辨别红色和绿色，称为红绿色盲；少数的人对所有颜色均不能辨别，称为全色盲。色盲是一种以先天遗传为主的视锥细胞缺陷。视网膜上缺少感受红色的成分时为红色盲，缺少感受绿色的成分时为绿色盲，缺少分辨蓝色和紫色的成分时为蓝紫色盲。色盲是一种先天性的生理上的缺陷，本身不是一种眼病，不会继续发展，也不容易治愈。

有些人对颜色辨别力较差，对浅色不能分辨，而对深的或鲜明的颜色仍能分辨，这叫色弱。色弱是后天因病或营养不良引起的。根据中医"肝开窍于目"的说法，视力模糊、夜盲、色弱等都归结为肝虚之症，采用补肝疗法，常能获得疗效。

五、养成饮食卫生的习惯

青春时期是长身体的"黄金时期"，要使自己的身体得到充分发展，并提供能顺利完成繁重的工作、学习任务和积极参加体育锻炼所需要的充沛体力，就需要通过科学合理的饮食，获取充足的营养，并保证足够的热量，以促进自己的健康。

人们以为吃饭是人天生的本能，无须学习研究。但在现实生活中，有些人尽管一日三餐离不开美味佳肴，却未必能"吃"出个好身体来；有些人常常粗茶淡饭，却能造就一副健壮结实的体格。其中就有饮食卫生、合理营养的道理。

合理的平衡膳食有助于维持人的健康体魄，增强人的抗病能力。但有些学生却把健康的希望寄托于滋补药品。实际上，身体正常者，在一般情况下只要饮食正常，营养充足，就无须进补，如再服补药，反而会破坏人体正常平衡，导致疾病的发生。如有的补品含激素，结果服后导致内分泌紊乱。因营养不足而体弱者，可以加强营养，通过"食补"并辅以适当的体育锻炼，完全可以达到增强体质的目的。历代帝王以补药养身祈求长寿，鲜有长寿者。从营养成分来讲，食物比药品要安全得多。民间流传的"药补不如食补"确含朴素的道理。药物多用于治病,食物多重于调补。不但食物含有的各种营养素为人体所必需,而且每一种食物对于防病和治病也都有一定的功能。从中医的角度看,许多食物本身就具有药用价值,如鱼、肉、蛋、鸡、蔬菜、水果等都有疗病效用,只要选择适当的食物,遵循平衡膳食原则,即可补益身体。而作为补品的药物则总有某些轻重不一的毒性,从而对机体产生不利影响。如人参是一种大补元气的药,无论是否气虚就随便服用则不适当,服用不当会出现便秘、流鼻血等不适症状,反而加重病情,有害无益。不能否认,有些滋补药对机体有益处,如增强神经内分泌调节功能,改善细胞代谢和营养,调节免疫功能等,但必须在医生指导下,有针对性地选用才可。乱吃补品补药实在是得不偿失。

六、讲究个人卫生

要有讲卫生、爱清洁、保健康的习惯,人们普遍形成了许多良好的卫生习惯,如勤洗澡、勤理发、不随地吐痰、每天刷牙等,这些卫生习惯也是古人的防病手段之一。改革开放以来,这些良好的习惯和传统得到了继承和发扬,还被赋予了新的社会意义和科学内容。但是,也有少数人自恃身体健壮"无病",认为个人卫生习惯乃区区小事,不屑一顾。有些青年人,由于父母的宠爱,养成了饭来张口、衣来伸手、凡事均由父母包办操劳的习惯,到了独立生活后,不会照顾自己,养成了不良的卫生习惯。青少年应自觉培养良好的卫生习惯,讲究个人卫生,增强身体健康。

1. 勤洗衣裤

人体的最外层是皮肤,它是身体的外屏障。皮肤能保护身体内部的脏器不受侵袭,并且有分泌、排泄、感觉和调节体温的作用。皮肤上具有汗腺,能分泌汗液并排泄出人体代谢的废物。皮脂腺分泌皮脂润泽皮肤、毛发,使角质层变软,从而减轻外界物体对皮肤的摩擦。

青少年处于生长发育时期,新陈代谢旺盛,汗腺、皮脂腺分泌较多,每天参加体育锻炼、户外活动、劳动、打扫卫生等,汗水较多,加上空气中的尘埃,会使皮肤堆积着分泌的皮脂、废物和皮肤本身新陈代谢过程中脱落的上皮细胞组成的汗垢,使人身上有种黏糊糊的感觉。这种汗垢如不及时清净,细菌即乘机侵入,引起浅表的化脓性皮肤疾病。汗液中除大部分为水以外,尚有尿素、尿酸、乳酸、肌酐等体内排出物,这些物质很易腐败分解,刺激皮肤,引起皮肤发痒、发红和不适,而分解产生的酸臭气味更令人嗅之不快、生厌。如不及时清洗,寝室又不注意通风的话,寝室内会充满种种难闻的气味,而且肮脏的衣裤正是病菌的温床,使人容易罹患疾病。

保护皮肤、清洁衣裤的方法比较简单,即将汗垢洗去,把衣裤上污染的细菌洗掉,做到勤洗勤换。需强调的是衣裤洗涤时,过水要彻底,以防洗涤剂残留在衣裤上刺激皮肤。衣裤的晾晒不容忽视,住在朝北方向的寝室的同学应尽量将衣裤放到阳光下照晒,因为阳光中的紫外线有杀菌作用。冬季晒被可使棉絮中空气膨胀,而蓬松能增加保暖性能。适当拍打,可拍除灰尘、细菌。

2. 勤洗澡

明白了勤洗衣裤有利于保护皮肤、清洁卫生的道理后,不难明白,勤洗澡擦身不仅可把汗垢洗去,将皮肤上的细菌洗干净,而且浴后使人感到凉爽清醒,疲劳顿消。

勤洗澡不仅能清洁皮肤,还可通过揉擦、按摩,促进血液循环,增强皮肤抵抗力。如果能从夏天开始养成坚持洗冷水浴的习惯,则对增强抗寒能力、增强体质具有重要意义。

勤洗澡可以有效地清洗下身,保持阴部清洁是很重要的个人卫生内容,对女性来说尤为重要。女生的尿道短,排尿时尿液易沾湿外阴,大小阴唇褶皱的皮肤易藏污垢,大便后不易擦净肛门口四周。因此,女性不仅要养成定期洗澡的习惯,而且要做到每天用温水清洗阴部。男性也同样如此,男性阴茎头后方的冠状沟也易有包皮垢积聚,肛周同样不易用纸擦净,加上男性一般运动量大,汗多,阴部及腹股沟部温热、潮湿、汗垢多,易滋生病菌。因此,只有通过勤洗澡,才能有效地保持阴部的清洁卫生。

勤洗澡是良好的个人卫生习惯,但洗澡时间不宜过长,更不要在浴室里洗衣服,这样做不仅浪费热水,还会增加体力消耗。浴室空气不佳,尤其在冬季,加上浴室通常比较拥挤,空气混浊、缺氧,特别在饥饿或过度疲劳的情况下,洗澡时间一长,较易发生虚脱晕倒。

要提倡洗淋浴,这对女性来说尤为重要,公共浴室的盆浴易使女性感染某些疾病。现在的公共浴室供男性使用的大池已逐步淘汰,但在条件欠佳的地方或单位,仍然存在众人在同一个大池中洗澡的现象。混浊的池水可以说是一个传播疾病的温床,不仅容易感染皮肤病,而且可以通过破损的皮肤间接感染性病,故不可不慎。

3. 不乱穿别人的鞋袜

青少年聚居的宿舍,通常同一寝室的人因朝夕相处,感情融洽,因此在生活上比较随便,衣服甚至鞋袜乱穿是常见现象。特别是拖鞋,要穿时,哪双有空就穿哪双,有的睡高低铺,鞋放在底铺下,下床时碰到哪双鞋就穿哪双鞋。袜子洗后晾晒,未及时收下,待要用衣架或晒衣绳时匆匆收下,堆在一起,有的脱下袜子随手丢在一边,待急穿时,顺手随便拿。在检查寝室卫生时,袜子塞在被褥床下的现象时有出现。而运动鞋互相穿用更为常事。这种乱穿别人鞋袜的做法是非常不合卫生要求的。脚癣极易通过互用鞋袜而得以传播。各人的鞋袜应各自放在相对固定的地方。为了寝室环境的整齐划一而将鞋集中排成一条线的做法值得商榷。青年人本身工作、学业重,时间紧,一遇到匆忙,鞋子的排列即杂乱无章,混穿现象就易发生。别人的鞋袜未必适合自己,太大当然穿着不便,过小、过窄则可能挤压脚趾,减少趾间空隙,使脚汗不易蒸发,造成趾间皮肤潮湿,真菌入侵后极易生长繁殖。

4. 不束胸

有些女性由于受封建礼教思想影响和缺乏应有的健康知识,对于自己胸前日益隆起的乳房觉得不好看而害羞,自己做胸衣或把紧身背心穿在里面,把胸部包裹得紧紧的,迫使乳房不能高耸起来,而呈扁平状,如同幼女。殊不知这种束胸的做法不仅影响乳腺的血液供应及乳房的正常发育,还影响将来做母亲时给婴儿的哺乳。这样做限制了胸廓的正常呼吸运动,还影响心肺发育和正常的生理功能。因此,我们必须转变观念,丰满的胸部、隆起的乳房是女性体态丰满、身体健康的表现,是每个发育正常的女青年应有的健美的重要标志。随着乳房的不断发育成熟,这种富于曲线的女性外形美,更增加了女性的形体美,女性应为自己具有丰满的乳房感到骄傲。正确的做法是:应依据自己乳房的大小,选用合适的胸罩保护乳房,使之有舒适的支托而无压迫紧束的感觉。佩戴胸罩应持之以恒,否则乳房呈茄子状下垂,难以恢复原状。只有当睡觉时才松解开乳罩以利呼吸睡眠。当今胸罩的制作日趋讲究,但选购时应以细软的棉布或透气吸水性能好的布料缝制的为好。同时注意吊带和背扣宜宽阔,以具有乳房支托作用的为佳。如因束胸而使乳房发育不良的女生,则应立即纠正。偏瘦、胸大肌发育不良者应同时加强营养,加强体质锻炼,尤其是胸部肌肉的锻炼,使胸部自然突出。还可以在医生的指导下采用局部按摩、红外线照射、负压抽吸等方法以促进和恢复乳房应有的发育。

5. 不穿紧身衣裤

形体美是现代青年的普遍追求,丰满而有弹性的乳房、细柔的腰肢、结实的臀部和大腿,组成了女性特有的曲线美,体现了女性迷人的风姿和魅力。舞台上身穿紧身衣裤的舞蹈演员伴随着音乐翩翩起舞,在运动场上身穿紧身衣裤的运动员优美地完成各种动作,那种既充满青春活力,又富有艺术诗意的表演,往往令人赞叹不已,青年人中会因此滋长喜穿紧身衣裤以显示自己的"曲线美"的现象。

当今社会上流行的健美服,束腰、束胸、束臀的紧身衣裤刚好迎合了这些学生的爱美心理。服装应该给人以轻松舒适的感觉,尤其是当人体活动时,更应有无拘无束的感觉,这要求设计裁剪服装时必须考虑这些因素,同时要讲究衣服的选用材料。人们穿着衣裤后,在人体和衣着之间就形成了微小空间,其中的温度、湿度和风速组成了微小气候,在外界气温较低的冬季,要求衣服具有良好的保暖和热绝缘性,透气性小;在外界气温较高的夏季,则要求衣服具有良好的透气性和吸湿散热性,这样汗液易被吸收,人体热量容易散发,皮肤和衣服之间的小气候温度适中,出汗后不致使衣服黏贴在身上,从而使人凉爽舒适。另外,在设计缝制或购买服装时必须遵循便于活动的原则,既可以充分显示衣料本身的线条和挺度,又不使衣着紧裹着身体各个部位。人人都有爱美之心,爱美也是无可非议的,但常穿紧身衣裤会不同程度地压迫肌肉、血管,不利血液循环,限制肺活量和胸围发育,妨碍呼吸功能,而紧压腹部也影响肠胃道的功能,这些对健康是有害的。青少年正处于青春发育后期,对男生来说,紧身裤限制了睾丸的发育和精子的成熟;对女性来说,会阴部不易散热,加上汗多潮湿,外阴分泌物容易诱发细菌生长繁殖。由于女性尿道短,一旦细菌污染尿道,还易诱发逆行性尿路感染。如果衣裤柔软性能差,对外生殖器的摩擦刺激,易诱发性冲动。因此,选购衣裤必须注意宽松适体,不要选过小的尺码,宜先考虑健康因素,其次考虑美观漂亮,否则实为本末倒置。

七、娱乐卫生

青少年的主要任务是学习,学习是紧张的脑力劳动。为了使脑的功能得以充分的发挥,使脑始终处于最佳状态,就应注意劳逸结合,保持积极的情绪。除工作和学习以外,还要有一些业余的兴趣和娱乐,以增加生活的情趣。凡能吸引自己而又不危害社会和他人的活动都可作为自己所喜爱的娱乐方式。娱乐并不一定要花很多钱,除琴棋书画外,集邮、摄影、听音乐、看电影、打乒乓球、爬山、远足、垂钓、游泳、骑车郊游等皆是。多数成年人的兴趣比较广泛,娱乐活动完全可以安排得丰富多彩。动静结合的文化娱乐活动方式,使人紧绷的神经得以松弛,既丰富、美化了生活,又得到了积极的休息。

譬如,欣赏音乐可使人在感官、感情和理智三方面享受艺术的熏陶,它是一种很好的娱乐健身活动,优美的音乐旋律使人产生有益的共鸣,调节人体的内分泌功能,调节血流量和血液分布,能改善人们的情绪,激发体力和精神力量。雄壮豪放的进行曲可以催人进取,志增力勇;古典音乐可使人古朴高雅;人们在优美的音乐旋律中,会获得精神美感,摆脱困惑,净化心灵,陶冶情操,振奋精神。又如弈棋可以锻炼思维,书法绘画可修身养性,垂钓能训练耐心。而有些娱乐如电子游戏,则对神经系统是一种刺激,使贪玩者神经处于紧张的状态中,高强度的音响噪音可使人听力减退,屏幕发出微量的 X 射线对眼以及其他器官也有不利影响。游艺室内空气浑浊,容易传播呼吸道传染病,因此,像这样的娱乐活动应加以节制。而具有赌博性质的电子游戏活动则决不参加。

娱乐贵在有度,适度的娱乐可以松弛紧张的神经,有利于消除疲劳。但有些青年人自恃年轻体壮,熬夜无度。每到周末,迷恋于歌舞厅、卡拉 OK、打游戏、打麻将、看电影,通宵达旦,纵情享乐,获得暂时的满足,却造成精神透支,身体受损。即使是有益的娱乐也不能过分迷恋,否则像电影综合征、舞厅激光综合征、迪斯科综合征、球迷综合征等现代娱乐病会对身体健康造成危害,并影响工作、学习。

八、旅游卫生

旅游活动历来是传统的养生保健的重要内容,古人就以从容漫步山径,静静抚按松竹,徜徉于长林丰草之间,坐弄流泉漱齿洗足等情景来形容旅游对人们健康的益处。文学家苏东坡就将山上的清风和山间的明月比喻为大自然对人类的恩赐,称其为取之不尽、用之不竭的宝藏。现在,旅游已成为人们的一种有益的活动。

我国地大物博,山河锦绣,古迹众多。节日或寒、暑假期间,大学生们结伴外出旅游的确是一种美好的享受。他们身临名山大川、海滨森林、田野农舍、小桥溪流,呼吸到郊区、农村和公园的新鲜空气,沐浴大自然的秀丽风光,饱览各地名胜古迹,了解各地风土人情,增加社会知识。旅游是一种积极的休息,可调节大脑皮层,调节生活情趣,驱除疲劳,锻炼身体。但是,如果不注意适度,不根据自己身体的实际情况,则旅游不仅不会给我们带来休息的效果,反而会招致各种旅游病。例如,郊游花粉过敏症、夏游日射病、野外露宿病、旅游腹泻病、旅游疲劳症、野生动物伤害、毒虫蜇伤、旅游感染症等。为了保证旅游能收到预期的效果,并预防各种旅游病的发生,必须充分讲究旅游卫生。

(1)旅游前先要制订详细的计划。根据自己的志趣、时间、身体状况、经济承受能力等,确定旅游的规模,并以交通、气候等因素选择旅游地点和路线。

(2)旅游时间不宜过长,日程不宜安排得过紧。东奔西跑,马不停蹄,会导致身体过于疲劳,兴趣下降,回到工作、学习岗位后,反而会因疲倦而无精打采,影响工作、学业,从而失去了旅游的意义。

(3)旅游中要重视自我保健。随身要备些适当的常用药品,尽量做到劳逸结合,吃好、睡好、玩好。要保证充足的睡眠,并注意饮食卫生。受旅游费用限制时,不能刻意从伙食中克扣省钱。如短途旅游可自带食品饮料供途中享用,既省钱又卫生。尽量避免在途中摊点用餐,以防罹患肠道传染病。

(4)旅游穿着力求简便,衣着要宽松,鞋子尺寸要适度或略大,要轻而有弹性,以保证行走方便。

(5)出发时要考虑周详,洗漱用具、替换衣服及雨具、相机等要一应俱全。

(6)有些游览区有较强的季节性,一般应避开旺季,以利食、住、行、玩的方便解决。

(7)尽量结伴旅游,途中可以相互照顾,对具有不安全因素的活动应避免参加。

(8)凡长途旅游者,应准备一些必要的备用药物,如有晕车症者可备用茶苯海明,容易失眠者可带些安定或艾司唑仑,其他的如止泻药、通便药、助消化药物、夏天预防中暑的药物,以及必要的体温表、酒精棉球、纱布、橡皮膏等也应配备一些。

第五章 体质测试与评价

第一节 体质概述

一、体质的概念

体质是指人体的质量,它是在遗传性和后天性基础上表现出来的人体形态结构、生理功能和心理因素的综合的相对稳定的特征。

体质是人的生命活动和劳动、运动能力的物质基础。它在形成和发展过程中,具有明显的差异性和阶段性,不同的人其体质的差异表现在形态发育、生理机能、心理状态、身体素质、运动能力和对环境的适应性以及对疾病的抵抗力等多方面。人一生的各个不同阶段,从幼年、儿童、青少年到中老年,体质差异很大,虽然具有某些共同的体质特征,但这些特征也处在不断变化中。

体质与健康两者之间的联系非常密切,但又有所不同。近年来,多数学者认为两者既有联系,又有区别。体质的强弱和健康状况的好坏都涉及人体的形态发育、生理机能、运动能力和心理状况等方面。但是体质是人体的质量,是生命活动的物质基础,也可以看作是健康的物质基础,而健康则是体质的外部反映和表现,是评价人的体质的起码条件,体质比起健康来,无论是从内容上还是从意义上都更为广泛和复杂。同是健康的人,其体质可能会千差万别。所以人体不应满足于"健康"这种起码的标准,而应在健康的基础上,采用各种有效的科学手段,不断增强体质。

体质包括体格、体能和适应能力等几个方面。

体格是人体的形态结构,包括人体生长发育水平、身体整体指数、比例、身体自然姿势。

体能是人体各器官、系统、机能在肌肉活动中表现的机能能力,包括身体素质和身体基本活动能力。

适应能力是指人体在适应外界环境中表现的机能能力。

二、理想体质的标志

理想体质是指在遗传的基础上,经过后天的努力,在人体形态结构、生理功能、身体素质和运动能力、心理素质、内外环境适应能力等方面,都达到相对良好的状态。

理想体质的主要标志是:

(1) 身体健康,主要脏器无疾病。

(2) 身体形态发育良好,体格健壮,体形匀称。

(3) 心血管系统、呼吸系统和运动系统具有良好的功能。

(4) 有较强的运动能力和工作能力。
(5) 心理发育健全,情绪乐观,意志坚强,有较强的抗干扰、抗刺激能力。
(6) 对自然和社会环境有较强的适应能力。

三、决定体质的主要因素

1. 遗传与体质

遗传是人的体质形成的重要因素,对体质强弱具有重大影响。所谓遗传,是指亲代的特征通过遗传物质传递给后代的过程。遗传性状对于人的体质究竟有多大影响?为了研究遗传和环境对人的某一性状表现所起作用的相对比重,就要计算该性状的遗传度。所谓遗传度(又称遗传力),是指某一特定性状在总的变异中,有多大比例归于遗传因素,多大比例归于环境因素,一般用百分比表示。凡性状以遗传因素为主的,其遗传度就高;凡性状以环境因素为主的,其遗传度就低。科学研究已经揭示了人体部分性状的遗传度(表5-1)。但是,遗传对体质的影响只是提供了可能性或前提条件,而体质强弱的现实性则有赖于后天的环境条件,体质的发展在很大程度上取决于后天环境。

表 5-1 人体部分性状的遗传度

身体部分性状	遗传度(平均数)
身高	85%
腿长	86%
最大心率	85.09%
最大吸氧量	93.4%
神经系统的功能	90%

2. 环境与体质

人们所处的环境,包括自然环境和社会环境以及人类赖以生存的一切条件,如物质生活条件、学习环境、工作环境、社会制度、气候条件、生态环境、保健制度、教育水平及体育锻炼等,特别是人类特有的社会环境,对于人体体质的发育起着决定性作用。我国历年来的体质调查资料表明,城市少年儿童无论是形态、机能,还是身体素质和运动能力方面,均比农村的少年儿童水平高,其主要原因是城市的少年儿童营养水平高,为他们生长发育提供了良好的物质基础。随着社会经济的发展,物质文明日渐丰富,社会生活、文化教育水平显著提高,劳动条件、医疗卫生条件不断改善,人民的体质也随之增强,这一点可以从平均寿命逐年增长得到说明。从18世纪到20世纪短短的200年中,人类的平均寿命从36岁增加到48.5岁,提高了12.5岁。中华人民共和国成立后的10年,北京市人口平均寿命就比中华人民共和国成立前提高了15岁。可见,社会经济发展和物质文明水平的高低,是决定体质的重要因素。另外,科学早已证实,科学、合理的运动能增强体质,对人体的运动系统、心血管系统、呼吸系统、神经系统等均能产生良好的影响。有目的、有计划、科学合理地进行体育健康锻炼,是增强体质最积极有效的手段。

第二节 体质测试与评价

一、体质测试的作用

（1）可使国家有关部门了解公民体质的现状，掌握公民体质变化的客观规律，并为制定国家有关方针政策提供科学依据。

（2）可使公民及时了解自己体质变化的情况，引导人们关心自己的体质状况，激发人们参加体育运动的自觉性和积极性，养成科学锻炼身体的良好习惯。

（3）体质检测工作是考察各部门体育工作效果的重要手段，有关部门可根据体质评价结果不断改善体育、卫生工作。

（4）为公民终身体质健康意识的培养，学会自我检查、自我评价、自我促进起到积极的作用。

二、体质测试的指标与方法

1. 身体形态指标

（1）身高。身高主要反映骨骼的发育状况，是反映人体纵向发育水平的重要指标。测量时，被测者赤足，靠立柱以立正姿势站立，脚跟、骶骨和两肩胛间三处与立柱紧贴。躯干自然挺直，头颈正直，两眼平视前方，使耳上缘与眼眶下缘呈一水平。测量者站在侧方，轻轻上下活动测板，直至板面紧密接触头顶为止。测量者两眼与水平板呈水平位进行读数。测试误差不得超过 0.5 厘米。

（2）体重。体重是人体横向发育的指标。它反映人体骨骼、肌肉、皮下脂肪及内脏器官重量增长的综合情况和身体的充实度。体重和身高的比例可以辅助说明营养状况和肌肉发育程度。体重受年龄、性别、生活条件、体育锻炼、疾病等因素的影响。体重也是衡量健康和体力好坏的重要标志，过于肥胖和消瘦都要引起注意。

测量时，男生只穿短裤，女生穿短裤、背心，并应在测量前排空大、小便。被测者赤足轻轻踏上秤台中央，身体保持平衡，不与其他物体接触。

（3）胸围。胸围是人体宽度和厚度最有代表性的指标。它反映胸廓的大小及胸部肌肉的发育情况。由于胸廓内有人体的重要器官（心脏、肺脏），胸廓的测量对于内脏器官的机能状况也有较大的意义。因此，胸围是反映人体生长发育水平的一个重要指标。

测量时，被测者赤裸上体，自然站立，两脚分开同肩宽，两肩放松，两臂自然下垂，并做均匀、平静的呼吸。测量者将软尺围绕胸廓一周。将背部带尺上缘置于肩胛骨下缘，将胸部带尺下缘放于乳头上缘。已发育成熟的女生，带尺应置于乳头下方第四肋骨与胸骨连接处。从侧面看，带尺应呈水平的圆形。测量时最好两人一前一后同时操作，这样较为准确。应在呼气之末开始读数，测试误差不得超过 0.5 厘米。

2. 生理机能指标

（1）安静脉搏。脉搏是心脏节律性收缩和舒张，使大动脉脉内的压力变化，而引起四肢血管壁扩张和收缩的一种搏动现象，故也称心率。它主要反映心脏和动脉的机能状态。安静脉搏是相对安静状态下的脉搏频率，即单位时间内（分钟）动脉管壁搏动的次数。它可检查心脏生长发育程度和正常工作水平。

测量安静脉搏前应静坐休息10分钟以上,保持情绪稳定。测量人员用食指、中指、无名指的指端摸准受测者手腕部的桡动脉处,连续测3个10秒,当观察到其中两次脉搏次数相同,并与另一次相差不超过一次时,即可认为是相对安静脉搏,否则重测。然后换算成1分钟的脉搏数。

(2)血压。血压是指血液在血管内流动时对动脉血管壁产生的侧压力,也称动脉血压。血压与心脏搏动力量、动脉血管的弹性、末梢血管的抵抗力及血液的黏性有密切关系。它和脉搏相反,随年龄增大而稳定地增长。这是因为成年人大血管和毛细血管的口径变小,血管壁弹性不如少年儿童,血液流动外围阻力较大的缘故。在每一个心跳周期中动脉血压随着心室的收缩和舒张而发生规律性的变化,从而反映出心脏血管的功能状况。

血压一般用水银血压计测量。测量血压时,先将止血带围于受测者上臂,充气加压使血液暂时停止流动,然后慢慢减压,使用听诊器听脉跳声。第一次听到跳动声时的压力为最高血压(收缩压),继续减压到完全听不到跳动声的瞬间(消音点)为最低血压(舒张压)。记录收缩压/舒张压(千帕)。

(3)肺活量。肺活量是指一个人全力吸气后所呼出的最大量气体。肺活量是一种常用的反映呼吸机能的指标,它和身高、体重、胸围成正相关。一般情况下,体重和胸围大的人,肺活量也大,肺活量越大越好。

测量肺活量时,多使用回转肺活量计(自我测量也可使用指针式、电子式肺活量计),使用者应取站立姿势,然后深吸气,经憋气后尽力深呼气,直到不能再呼气为止。等到回转筒停稳后,按指示器读数,每人可测量3次,每次一般间隔为15秒,选最大值记录,精确到10毫升,仪器的误差不得超过200毫升。

3. 身体素质和运动能力的测定

任何动作都是不同形式的肌肉活动,人体在进行活动时,必然表现出力量的大小、速度的快慢、持续时间的长短、关节活动范围和幅度大小。这些机体工作的能力统称为身体素质,也分别称为力量、速度、耐力和灵敏素质。这些机体能力,通过肌肉活动表现出来,但同时也反映着内脏器官的机能、肌肉工作时的供能情况以及运动器官与内脏器官活动的协调。因此,它在客观上可以衡量人体机能发挥的情况。

运动能力是指基本活动技能,如走、跑、跳、投、攀登、爬越等。这些技能是人类生活中的基本动作,要在实践中学会,在体育活动中加以发挥和改进,并且组成各种复杂的运动技能。

当前,我国体质测试时测定身体素质和运动能力,选择了以下几项具有代表性的运动项目进行测试。

(1)50米跑(男、女)。50米跑测试快速能力和速度素质水平。测试时,被测者2~3人一组,听发令后跑出(起跑姿势不限),不可抢跑或串道。

(2)1 000米(男)、800米(女)耐力跑。耐力跑测试能反映机体的心血管系统功能,测试前,被测者应做好准备活动,跑完全程后,不应立即停下,而应继续走动,以使心率逐渐恢复至跑前水平。

(3)台阶测试法。

(4)引体向上(男)。这项测试反映人体肌肉力量和耐力的水平,主要是上肢和肩部的肌肉力量。

测试时,被测者双手正握杠悬垂,待身体平稳后,两臂同时用力向上引体,上拉到下颌超过横杠上缘,然后还原算完成一次。身体不可摆动或有蹬腿等动作。

(5) 1分钟屈腿仰卧起坐(女)。这项测试反映人体肌肉力量和耐力的水平,主要是腹肌力量和耐力。

测试时,被测者仰卧于垫上,两腿屈膝稍分开,大、小腿屈成90°左右,两手相连紧贴脑后;另一人压住其两脚踝关节处。起坐时,以双肘触及两膝为一次;未触及膝盖不计次数。仰卧时两肩胛必须触垫。

(6) 立定跳远(男、女)。这项测试主要反映腿部力量和爆发力。被测试者两腿自然开立,站在起跳线后,脚尖不得超过起跳线前沿。双脚同时起跳,起跳前不得垫步或单脚起跳。起跳的地面应平整并与沙坑齐平,起跳线至沙坑近端不得少于30厘米。

(7) 双臂体前屈。

(8) 握力(男)。

三、体质测试的评价标准与方法

(一) 评价标准的制定与评价类型

所谓评价,就是依据检测所得的数据,按照一定的评价标准,评定受测对象体质状况和锻炼效果的过程。

1. 评价标准的制定

(1) 离差法。即以平均数为基准,以标准差为评分单位来制定评价标准的方法。通常分为五个等级(优、良、中、差、劣)。

(2) 百分位数法。即以测量数据在被评群体中所占百分比为评价依据来制定评价标准的方法。通常根据10%、25%、50%、75%、90%五个百分比数,来划定不同等级标准。

(3) 平均值比较法。一般是应用实测数据平均值来比较群体间的水平和差距的评价方法。多见于样本间的比较或样本与群体的比较。

(4) 身体指数评价法。即借助一定的数学公式,将两个或两个以上的指标合并成为某种指数,以反映身体某一部分的发育和机能水平的方法。

(5) 综合评价法。即在众多的检测指标中选出有代表性的典型指标,计算这些典型指标对总体的贡献率,建立综合数学模型,计算出各指标的总分数及权重值,以此来衡量人体的总体发育水平。

2. 评价的类型

(1) 个体评价与群体评价。主要指个体与群体之间的比较,以及群体与群体之间的比较。

(2) 定性与定量评价。定性评价是凭直觉经验对观察结果进行的直接分析比较。一般定性评价只有语言文字的描述,没有具体的数字。定量评价主要是通过定量的计算,对人体测量的数据用各种评分方法进行处理,然后根据具体的目的进行评价。

(3) 相对评分与绝对评分。相对评分是以受测者成绩相互比较,将某一部分相互较接近的个体测量数据确定为一个评分区间,确定评分等级,然后根据等级进行评价。绝对评分是对测量数据的实际水平的评分方法。人体测量的绝大多数指标需要进行绝对评分。

(二) 评价方法

1. 指数对照评价法

它是把锻炼前后有关体质状况的指数进行对比,来评价锻炼效果的方法。通常在检查人体的机能状况和观察身体锻炼对促进人体的形态、机能改善的效果时使用。评价的主要指数有：

（1）评价身体形态的体重指数：

$$体重指数（BMI）= 体重（千克）/[身高（米）]^2$$

该指数主要反映人体的长、宽、围、厚度和密度，并与心肺功能有密切关系。

$$艾里斯曼指数 = 胸围（厘米）- \frac{1}{2}身高（厘米）$$

该指数主要反映胸廓的发育水平，借以说明人的基本体形。

$$勃洛克指数 = 身高（厘米）- 100$$

该指数主要计算标准体重。

（2）评价身体机能的指数：

$$肺活量指数 = 肺活量（毫升）/体重（千克）\times 100$$

该指数表示每公斤体重的肺活量，用以评价呼吸机能。肺活量指数评价标准如表5-2所示。

表5-2 我国大学生（17～25岁）肺活量指数评价表

性别		年龄	17	18	19	20	21	22	23	24	25
性别	男	$\bar{X}$	69.0	69.80	70.3	70.8	71.1	71.1	71.0	70.4	70.6
		S	7.80	7.76	7.62	7.82	7.90	8.05	8.05	8.17	8.44
	女	$\bar{X}$	55.5	55.1	55.8	56.7	56.4	56.3	56.1	56.3	56.5
		S	7.32	7.17	7.17	7.24	7.34	7.15	7.28	7.60	7.70

注：$\bar{X}$为平均数，S为标准差。

2．标准评价法

它是把锻炼前后测得的同一项目的数据与标准进行对比，以了解和评价体质状况和锻炼效果的方法。我国现行的《国家体育锻炼标准》和高校实行的《学生体质健康标准》等就是对比评定锻炼效果的较好标准。

（1）身体机能的评价（表5-3）。

表5-3 我国大学生机能指标百分位数评价表

性别	男					女				
等级	P10	P25	P50	P75	P90	P10	P25	P50	P75	P90
	下	中下	中	中上	上	下	中下	中	中上	上
脉搏/（次/30秒）	42.49	39.32	36.49	33.46	31.02	43.31	40.44	37.20	34.57	32.23
收缩压/毫米汞柱	104.34	110.21	117.0	124.02	131.53	96.00	100.85	107.22	112.24	120.83
舒张压/毫米汞柱	65.14	69.68	74.08	80.08	83.39	61.06	64.71	70.03	76.01	80.53
肺活量/毫升	3 078	4 028	4 400	4 757	5 114	2 557	2 783	3 033	3 328	3 557

(2) 身体素质的评价(表5-4)。

表5-4 我国大学生身体素质百分位数评价表

性别	男					女				
等级项目	下	中下	中	中上	上	下	中下	中	中上	上
50米/秒	7.89	7.72	7.47	7.29	7.01	9.91	9.59	9.20	8.82	8.80
立定跳远/厘米	212.06	222.41	233.11	244.05	253.11	155.03	164.52	174.62	184.42	193.60
引体向上/个	4	6	8	10	12					
仰卧起坐/(次/分)						15.46	23.31	30.64	36.32	40.37
坐位体前屈/厘米	4.19	8.81	13.57	18.13	22.15	5.08	9.68	13.99	18.11	21.26
1 000米跑/秒	249.02	235.30	222.27	210.24	200.39					
800米跑/秒						249.27	235.32	223.13	211.88	199.81

(3) 心肺功能评价。

12分钟跑评价标准(表5-5):12分钟测试是目前国内外最简单的评价心肺功能适应能力的一种方法。实践证明,心肺适应水平高的人比低的人可以在12分钟内跑更长的距离。心肺适应水平也表示全身耐力水平。其测试方法简单易行,在400米的跑道上进行。测试前要做充分的准备活动,在跑的过程中,根据自己的体能,尽量快跑,如感到呼吸困难时,应减慢速度,及时调整呼吸节奏。

参加12分钟跑的人必须身体健康,对积极参加体育锻炼的大学生最为适宜。由于运动强度较大,故不适合年龄偏大者、身体条件较差者、关节病患者和肥胖者。

表5-5 12分钟跑评价标准

性别	体力划分		18~29岁	30~39岁	40~49岁	50岁以上
男子	1	非常不好	1 600米以下	1 500米以下	1 400米以下	1 300米以下
	2	不好	1 600~1 999米	1 500~1 799米	1 400~1 699米	1 300~1 599米
	3	稍有不好	2 000~2 399米	1 800~2 199米	1 700~2 099米	1 600~1 999米
	4	良好	2 400~2 799米	2 200~2 599米	2 100~2 499米	2 000~2 399米
	5	非常好	2 800米以上	2 600米以上	2 500米以上	2 400米以上
女子	1	非常不好	1 500米以下	1 400米以下	1 200米以下	1 000米以下
	2	不好	1 500~1 799米	1 400~1 699米	1 200~1 499米	1 000~1 399米
	3	稍有不好	1 800~2 199米	1 700~1 999米	1 500~1 799米	1 400~1 699米
	4	良好	2 200~2 599米	2 000~2 399米	1 800~2 299米	1 700~2 199米
	5	非常好	2 600米以上	2 400米以上	2 300米以上	2 200米以上

2 000 米跑评价标准(表5-6):2 000 米跑是检查人体心肺功能的一种简单易行的方法,是大学生发展耐力水平、提高身体耐力素质的有效途径。在测试前,必须做好准备活动,由自己或同伴计时,均速跑完全程,如不能跑完可中途走一段距离,跑到 2 000 米终点时停表,按评价标准(表5-6)对照,得出自己所处的水平和等级。

表5-6　2 000 米跑评价标准

单位:分

性别	优 秀	良 好	中 等	一 般	差
男 子	7.01～8.30	8.31～10.30	10.31～12.00	12.01～13.30	13.31 以上
女 子	8.30～10.00	10.01～11.30	11.31～13.00	13.01～14.30	14.31 以上

(4)肌肉力量的评价(表5-7、表5-8)。

有负重屈肘、肩上举、仰卧推举、坐蹲腿四种肌肉力量的评价方法。其中负重屈肘、肩上举、仰卧推举测上体肌肉群力量,坐蹲腿测腿肌力。

计算测试方法:一次最大重量除以体重再乘以 100,即为肌肉力量得分标准。

例如,一位男子体重为 68 千克,他的仰卧推举为 80 千克,那么他的肌肉力量得分为 120,属"较好"的等级(表5-7)。

表5-7　肌肉力量得分评价标准(男子)

练习方式	肌肉力量等级					
	很差	较差	一般	较好	好	优秀
仰卧推举	<50	50～99	100～110	110～130	131～149	>149
负重屈肘	<30	30～40	41～54	55～60	61～79	>79
肩上举	<40	41～50	51～67	68～80	81～110	>110
坐蹲腿	<160	161～199	200～209	210～229	230～239	>239

表5-8　肌肉力量得分评价标准(女子)

练习方式	肌肉力量等级					
	很差	较差	一般	较好	好	优秀
仰卧推举	<40	41～69	70～74	75～80	81～99	>99
负重屈肘	<15	15～34	35～39	40～55	56～59	>59
肩上举	<20	20～46	47～54	55～59	60～79	>79
坐蹲腿	<100	100～130	131～144	145～174	175～189	>189

(5)肌肉耐力的评价。

肌肉耐力的等级范围由差到优秀或由 1 分至 5 分。如果测试的成绩是"差"(或1分)或"一般"(或2分),说明自己现在的肌肉耐力水平要低于同龄的平均值;如果测试成绩是"较好"(或3分),则意味着自己目前肌肉耐力的水平要高于平均值;如果测试成绩是"好"(或4分),则显示自己的肌肉耐力水平相当出众;只有 15% 的个体才能达到"优秀"(或5分)的等级。

如果做俯卧撑和仰卧起坐测试成绩很差,不要气馁,只要树立信心,坚持锻炼,3~4周后,一定会有明显提高。

俯卧撑评价标准(表5-9):俯卧撑是检查肩部、臂部和胸部肌肉耐力的一种方法。标准的俯卧撑测试动作是:身体呈俯卧姿势,并用两手撑地,手指向前,自然分开,两手间距与肩同宽,两腿向后伸直,用脚尖撑地。然后屈臂使身体平直下降,使肩与肘接近同一平面,躯干、臀部和下肢要挺直。当胸部离地2.5~5厘米时,撑起恢复到预备姿势为完成一次。

表5-9 俯卧撑肌肉耐力评价标准(男子) 单位:次数/分

年龄阶段	1分(差)	2分(一般)	3分(较好)	4分(好)	5分(优秀)
18~20	4~11	12~19	20~29	30~39	>40
21~25	3~9	10~16	17~25	26~33	>34
26~30	2~8	9~15	16~22	23~29	>30
31~35	2~6	7~12	13~19	20~27	>28
36~40	2~5	6~11	12~19	20~25	>26

仰卧起坐评价标准(表5-10):仰卧起坐是评价腹肌耐力的一种测试方法。测试时,身体仰卧于垫(床)上,两腿屈膝成90°,两手交叉置于脑后,同伴压住两踝关节处。起坐时,以两肘触及或超过两膝为完成一次。仰卧时,两肩胛必须触垫。

表5-10 仰卧起坐肌肉耐力评价标准(女子) 单位:次数/分

年龄阶段	1分(差)	2分(一般)	3分(较好)	4分(好)	5分(优秀)
18~20	3~7	8~16	17~28	29~35	>36
21~25	1~6	7~15	16~22	23~29	>30
26~30	1~3	4~11	12~19	20~27	>28
31~35	1~2	3~9	10~17	18~23	>24
36~40	1~2	3~7	8~14	15~21	>22

3. 综合评价法

综合评价法是全面检测和评价体质状况和锻炼效果的方法。

人体是一个统一的整体,身体锻炼对人体的作用是全面的,采用综合评价法评定锻炼效果时,可以从身体形态、机能、身体素质、精神状态、食欲、睡眠、对自然环境变化的适应能力、健康状况、克服疲劳的能力、记忆力、思维活动的灵活性等多方面进行跟踪调查,对收集的资料、数据进行多因素的定量、定性分析与评价,根据分析、评价的结果来评定体质状况和锻炼效果。需要指出的是,综合评价的内容,有的可以用客观的标准进行定量分析,而另外一些内容只能用定性的办法来分析,结果也只能用"好""一般""差"等来判断。尽管这样,综合评价法仍不失为评定体质状况和锻炼效果的好方法。

第六章 运动处方的制定与执行

第一节 运动处方的概念与内容

一、运动处方的概念

运动处方的概念最早是由美国生理学家卡波维奇在 20 世纪 50 年代提出的。20 世纪 60 年代以来,随着康复医学的发展及对冠心病等的康复训练的开展,运动处方开始受到重视。联邦德国 Holl-mann 研究所从 1954 年起对运动处方的理论和实践进行研究,制定出健康人、中老年人、运动员、肥胖人员等各类运动处方,社会效果显著。美国的库珀教授用 4 年的时间研究运动与健康的关系,1968 年,出版了著名的《有氧代谢运动——通向全面身心健康之路》《12 分钟跑体能测验》等专著,前一本书被翻译成 25 种文字,发行 1 200 余万册,为世界上许多国家采用。

1969 年,世界卫生组织开始使用运动处方术语,从而其在国际上得到认可。运动处方的完整概念是:康复医师或体疗师,对从事体育锻炼者或病人,根据医学检查资料(包括运动试验和体力测验),按其健康、体力以及心血管功能状况,用处方的形式规定运动种类、运动强度、运动时间及运动频率,提出运动中的注意事项。运动处方是指导人们有目的、有计划和科学地锻炼的一种方法。

日本在 1971 年成立了以猪饲道夫教授为主的运动处方研究会,于 1975 年制订出各种年龄组的运动处方方案,出版了《日本健身运动处方》,指导大众健身。我国用运动处方辅助治疗冠心病、肥胖病等有不少临床报道,也翻译了一些国外运动处方专著,在医学、体育院校的教材中,运动处方已列入基本内容。在普及运动处方知识方面,做了大量工作。

二、运动处方的内容

运动处方的内容应包括运动种类、运动强度、运动时间、运动频率、运动进度及注意事项等。

(一)运动种类

运动处方的运动种类可分为三类,即耐力性(有氧)运动、力量性运动及伸展运动和健身操。

1. 耐力性(有氧)运动

耐力性(有氧)运动是运动处方最主要和最基本的运动手段。在治疗性运动处方和预防性运动处方中,主要用于心血管、呼吸、内分泌等系统的慢性疾病的康复和预防,以改善和提高心血管、呼吸、内分泌等系统的功能。在健身、健美运动处方中,耐力性(有氧)运动是保持全面身心健康、保持理想体重的有效运动方式。

有氧运动的项目有：步行、慢跑、走跑交替、上下楼梯、游泳、自行车、功率自行车、步行车、跑台、跳绳、划船、滑水、滑雪、球类运动等。

2. 力量性运动

力量性运动在运动处方中，主要用于运动系统和神经系统等肌肉、神经麻痹或关节功能障碍的患者，以恢复肌肉力量和肢体活动功能为主。在矫正畸形和预防肌力平衡被破坏所致的慢性疾患的康复中，通过有选择地增强肌肉力量，调整肌力平衡，从而改善躯干和肢体的形态和功能。

力量性运动根据其特点可分为：电刺激疗法（通过电刺激，增强肌力，改善肌肉的神经控制）、被动运动、助力运动、免负荷运动（即在减除肢体重力负荷的情况下进行主动运动，如在水中运动）、主动运动、抗阻运动等。抗阻运动包括：等张练习、等长练习、等动练习和短促最大练习（即等长练习与等张练习结合的训练方法）等。

3. 伸展运动和健身操

伸展运动及健身操较广泛地应用在治疗、预防和健身、健美各类运动处方中，主要的作用有放松精神，消除疲劳，改善体形，防治高血压、神经衰弱等疾病。

伸展运动和健身操的项目主要有太极拳、保健气功、五禽戏、广播体操、医疗体操、矫正体操等。

（二）运动强度

1. 耐力性（有氧）运动的运动强度

运动强度是运动处方的核心及设计运动处方中最困难的部分，需要有适当的监测来确定运动强度是否适宜。运动强度是指单位时间内的运动量，即运动强度＝运动量÷运动时间。而运动量是运动强度和运动时间的乘积，即运动量＝运动强度×运动时间。运动强度可根据最大心率的百分数、代谢当量、心率、自感用力度等来确定。

（1）最大心率的百分数。在运动处方中常用最大心率的百分数来表示运动强度，通常提高有氧适能的运动强度宜采用70%～85%最大心率，这一运动强度的范围通常是55%～70%最大吸氧量。

（2）代谢当量。代谢当量是指运动时代谢率对安静时代谢率的倍数。1 MET是指每千克体重，从事1分钟活动消耗3.5毫升的氧，其活动强度称为1MET[MET＝3.5毫升/（千克·分）]。1 MET的活动强度相当于健康成人坐位安静代谢的水平。任何人从事任何强度的活动时，都可测出其吸氧量，从而计算出MET，用于表示其运动强度。在制定运动处方时，如已测出某人的适宜运动强度相当于多少MET，即可找出相同MET的活动项目，写入运动处方。

（3）心率。除去环境、心理刺激、疾病等因素外，心率与运动强度之间存在着线性关系。在运动处方实践中，一般来说达最大运动强度时的心率称为最大心率，达最大功能的60%～70%时的心率称为"靶心率"或称为"运动中的适宜心率"，日本称为"目标心率"，是指能获得最佳效果并能确保安全的运动心率。为精确地确定各个病人的适宜心率，须做运动负荷试验，测定运动中可以达到的最大心率或做症状限制性运动试验以确定最大心率，该心率的70%～85%为运动的适宜心率。用靶心率控制运动强度是简便易行的做法，具体推算的方法有：

① 公式推算法。以最大心率的65%～85%为靶心率，即靶心率＝（220－年龄）×65%

（或85%）。年龄在50岁以上，有慢性病史的，可用"靶心率=170－年龄"公式计算。经常参加体育锻炼的人可用"靶心率=180－年龄"公式计算。

例如，年龄为40岁的健康人，其最大运动心率为(220－40)次/分=180次/分，适宜运动心率：下限为180次/分×65%=117次/分，上限为180次/分×85%=153次/分，即锻炼时心率在117~153次/分之间，表明运动强度适宜。

② 耗氧量推算法。人体运动时的耗氧量、运动强度与心率有着密切的关系，可用耗氧量推算靶心率，以控制运动强度。大强度运动时相当于最大吸氧量的70%~80%（即70%~80%最大吸氧量），运动时的心率为125~165次/分；中等强度运动相当于最大吸氧量的50%~60%（即50%~60%最大吸氧量），运动时的心率为110~135次/分；小强度运动相当于最大吸氧量的40%以下（即小于40%最大吸氧量），运动时的心率为100~110次/分。在实践中可采用按年龄预计的适宜心率，结合锻炼者的实践情况来规定适宜的运动强度。

（4）自感用力度。自感用力度是根据运动者自我感觉疲劳程度来衡量相对运动强度的指标，是持续强度运动中体力水平可靠的指标，可用来评定运动强度；在修订运动处方时，可用来调节运动强度。自感用力度分级运动反应与心肺代谢的指标密切相关，如吸氧量、心率、通气量、血乳酸等。

2. 力量性运动的运动强度和运动量

（1）决定力量练习的运动量的因素。

① 参加运动的肌群的大小：大肌肉群运动的运动量大，小肌肉群运动的运动量小。例如，肢体远端小关节、单个关节运动的运动量较小；肢体近端大关节、多关节联合运动，躯干运动的运动量较大。

② 运动的用力程度：负重、抗阻力运动的运动量较大；不负重运动的运动量较小。

③ 运动节奏：自然轻松的运动节奏，其运动量较小；过快或过慢的运动节奏，其运动量较大。

④ 运动的重复次数：重复次数多的运动量大。

⑤ 运动的姿势、位置：不同的运动姿势、位置对维持姿势和克服重力的要求不同，运动量也不同。

（2）力量练习的运动强度运动量。力量练习的运动强度以局部肌肉反应为准，而不是以心率等指标为准。

在等张练习或等动练习中，运动量由所抗阻力的大小和运动次数来决定。在等长练习中，运动量由所抗阻力和持续时间来决定。

在增强肌肉力量时，宜逐步增加阻力而不是增加重复次数或持续时间（即大负荷、少重复次数的练习）；在增强肌肉耐力时，宜逐步增加运动次数或持续时间（即中等负荷、多次重复的练习）。在康复体育中，一般较重视发展肌肉力量，而肌肉耐力可在日常生活中得到恢复。

3. 伸展运动和健身操的运动强度和运动量

（1）有固定套路的伸展运动和健身操的运动量。有固定套路的伸展运动和健身操，如太极拳、广播操等，其运动量相对固定。例如，太极拳的运动强度一般在4~5 MET或相当于40%~50%的最大吸氧量，运动量较小。增加运动量可通过增加套路的重复次数或动作的幅度、架子的高低等来完成。

（2）一般的伸展运动和健身操的运动量。一般的伸展运动和健身操的运动量可分为大、中、小三种。小运动量是指做四肢个别关节的简单运动、轻松的腹背肌运动等，运动间隙较多，一般为 8~12 节；中等运动量可做数个关节或肢体的联合动作，一般为 13~20 节；大运动量是以四肢及躯干大肌肉群的联合动作为主，可加负荷，有适当的间歇，一般在 20 节以上。

（三）运动时间

1. 耐力性（有氧）运动的运动时间

运动处方中的运动时间是指每次持续运动的时间。每次运动的持续时间为 15~60 分钟，一般须持续 20~40 分钟，其中达到适宜心率的时间须在 15 分钟以上。在计算间歇性运动的持续时间时，应扣除间歇时间。间歇运动的运动密度应视体力而定，体力差者运动密度应低些，体力好者运动密度可高些。

运动量由运动强度和运动时间共决定（运动量 = 运动强度 × 运动时间），在总运动量确定时，运动强度较小，则运动时间较长。年轻及体力较好者可由较高的运动强度开始锻炼，老年及体力较弱者由低的运动强度开始锻炼。运动量由小到大，增加运动量时，先延长运动时间，再提高运动强度。

2. 力量性运动的运动时间

力量性运动的运动时间主要是指每个练习动作的持续时间。如等长练习中肌肉收缩的维持时间一般认为 6 秒以上较好，做最大练习时负重伸膝后再维持 5~10 秒。在动力性练习中，完成一次练习所用时间实际上代表动作的速度。

3. 伸展运动和健身操的运动时间

成套的伸展运动和健身操的运动时间一般较固定，而不成套的伸展运动和健身操的运动时间有较大差异。例如，二十四式太极拳的运动时间约为 4 分钟；四十二式太极拳的运动时间约为 6 分钟；伸展运动或健身操的总运动时间由一套或一段伸展运动或健身操的运动时间、伸展运动或健身操的套数或节数来决定。

（四）运动频率

1. 耐力性（有氧）运动的运动频率

在运动处方中，运动频率常用每周的锻炼次数来表示。运动频率取决于运动强度和每次运动持续的时间。一般认为，每周锻炼 3~4 次，即隔一天锻炼一次，这种锻炼的效率最高。最低的运动频率为每周锻炼 2 次。运动频率更高时，锻炼的效率增加并不多，反而有增加运动损伤的危险。

小运动量的耐力运动可每天进行。

2. 力量性运动的运动频率

力量练习的频率一般为每日或隔日练习 1 次。

3. 伸展运动和健身操的运动频率

伸展运动和健身操的运动频率一般为每日 1 次或每日 2 次。

（五）运动进度

一般根据运动处方进行适量运动的人，经过一段时间的运动练习后（6~8 星期左右），心肺功能应有所改善。这时，无论在运动强度和运动时间方面均应逐渐加强，所以运动处方应根据个人的进度而修改。在一般情况下,运动训练造成体能上的进展可分为三个阶段:初级阶段、进展阶段和保持阶段。

1. 初级阶段

指刚刚开始实行定时及有规律的运动的时候。在这个阶段并不适宜进行长时间、多次数和程度大的运动,因为肌肉在未适应运动就接受高度训练很容易造成受伤。所以,以大部分人来说,最适宜采取强度较低、时间较短和次数较少的运动处方。例如,选择以缓步跑作为练习的运动员,应该以每小时4公里的速度进行,而时间和次数则应根据自己的体能而调节,不过每次的运动时间不应少于15分钟。

2. 进展阶段

指运动员经过初级阶段的运动练习后,心肺功能已有明显的改善,而改善的进度则因人而异。在这个阶段,一般人的运动强度都可以达到最大摄氧量的40%~85%,运动时间也可每过2~3周便加长一些。这个阶段是运动员体适能改善的明显期,一般长达4~5个月时间。

3. 保持阶段

在训练计划大约进行了6个月之后出现。在这个阶段,运动员的心肺功能已达到满意的水平,而他们也不愿意再增加运动量。运动员只要保持这个阶段的训练,就可以确保体魄强健。这时,运动员也可以考虑将较为刻板沉闷的运动训练改为一些较高趣味的运动,以避免因沉闷而放弃继续运动。

(六) 注意事项

1. 耐力性(有氧)运动的注意事项

用耐力性(有氧)运动进行康复和治疗的疾病多为心血管、呼吸、代谢、内分泌等系统的慢性疾病,在按运动处方进行锻炼时,要根据各类疾病的病理生理特点、每个参加锻炼者的具体身体状况,提出有针对性的注意事项,以确保运动处方的有效原则和安全原则。一般的注意事项应包括以下几方面:

(1) 运动的禁忌证或不宜进行运动的指征。在耐力性(有氧)运动处方中,应有针对性地提出运动禁忌证。例如,心脏病人运动的禁忌证有:病情不稳定的心力衰竭和严重的心功能障碍;急性心包炎、心肌炎、心内膜炎;严重的心律失常;不稳定型、剧增型心绞痛,心肌梗死后不稳定期;严重的高血压;不稳定的血管栓塞性疾病等。

(2) 在运动中应停止运动的指征。在耐力性(有氧)运动处方中应指出须立即停止运动的指征,如心脏病人在运动中出现以下指征时应停止运动:运动时身体不适,运动中无力、头晕、气短,运动中或运动后关节疼痛或背痛等。

(3) 运动量的监控。在耐力性(有氧)运动处方中,须对运动量的监控提出具体的要求,以保证运动处方的有效和安全。

(4) 要求做充分的准备活动。

(5) 明确运动疗法与其他临床治疗的配合。例如,糖尿病患者的运动疗法须与药物治疗、饮食治疗相结合,以获得最佳的治疗效果。运动的进行时间应避开降糖药物血浓度达到高峰的时间,在运动前、运动中或运动后,可适当增加饮食,以避免出现低血糖等。

2. 力量性运动的注意事项

(1) 力量练习不应引起明显疼痛。

(2) 力量练习前、后应做充分的准备活动及放松整理活动。

(3) 运动时保持正确的身体姿势。

(4) 必要时给予保护和帮助。

(5) 注意肌肉等长收缩引起的血压升高反应及闭气用力时心血管的负荷增加。有轻度高血压、冠心病或其他心血管系统疾病的患者,应慎做力量练习;有较严重的心血管系统疾病的患者忌做力量练习。

(6) 经常检修器械、设备,确保安全。

3. 伸展运动和健身操的注意事项

(1) 应根据动作的难度、幅度等,循序渐进、量力而行。

(2) 指出某些疾病应慎采用的动作。如高血压病患者、老年人等少做过分用力的动作及幅度较大的弯腰、低头等动作。

(3) 运动中注意正确的呼吸方式和节奏。

第二节 运动处方的组成要素

一、运动处方的组成要素

运动处方是一种有很强的针对性、有明确的目的、有选择、有控制的运动疗法。运动处方是由哪些要素构成的呢?一份理想的、完整的运动处方,包括健康检查、运动负荷测定、体能测定、制定运动处方、效果检查等五部分。

(1) 了解锻炼者的一般身体发育、伤病的情况和健康状况,以确定是否健身运动的适应者,有无禁忌证。

(2) 检测和评定锻炼者对运动负荷的承受能力。以心肺功能为主,进行安静和运动状态下的生理功能检测,主要有心率、血压、肺活量等指标。

(3) 进行力量、耐力、速度和灵敏的身体素质检测,从中判定锻炼者的运动能力和生理机能的状况。

(4) 制定运动处方,将运动健身的几个基本要素即运动目的、种类、强度、时间、频率等个性化和量化。首先,通过有目的的锻炼达到预期的效果。由于各人的情况千差万别,运动处方的目的有健身、娱乐、减肥、治疗等多种类型。其次,为锻炼者提供合适的运动项目,这关系到锻炼的有效性和持久性。选择运动项目要考虑运动目的,是健身还是治疗;要考虑运动条件,如场地器材、余暇时间、气候等;还要结合体育兴趣爱好等。再次,制定出锻炼者运动时的剧烈程度即强度,可用每分钟的心率次数来表示大小。最后,制定锻炼者一次锻炼的持续时间。另外,还有运动频率的制定,即每周的锻炼次数。

(5) 由于运动者的个人情况千差万别,在实行运动处方的过程中,可能会有不合适的地方,应在实践中及时检查和修正,以保证锻炼的效果。

二、制定运动处方的目的

制定运动处方是希望通过有目的的锻炼达到预期的效果。由于各人的情况千差万别,运动处方的目的主要包含以下五个方面：

(1) 增强人体机能，提高身体素质，提高工作效率。

(2) 减少慢性疾病的危险因素，或者治疗慢性疾病并促进健康——全民健身基本目标。

(3) 提高锻炼中的安全性。

(4) 促进生长发育。

(5) 丰富文化娱乐生活，调节心理状态，提高生活质量。

三、运动处方的种类

随着康复体育的不断发展及运动处方应用范围的扩大，运动处方的种类也不断增加，常见的分类有以下几种。

(一) 按锻炼的对象和作用分

(1) 治疗性运动处方以治疗疾病、提高康复效果为主要目的。

(2) 预防性运动处方以增强体质、预防疾病、提高健康水平为主要目的。

(3) 健身、健美运动处方以提高身体素质、运动能力、健美为主要目的。

(二) 按运动目的分

(1) 健身运动处方：健康人进行运动处方锻炼，以增强体质、提高健康水平为目的。

(2) 竞技运动处方：专业运动员进行运动处方训练，以提高专业运动成绩为目的。

(3) 康复运动处方：对患者应用运动处方，以治疗和康复为目的。

(三) 按锻炼的器官系统分

(1) 心血管系统康复的运动处方。

(2) 运动系统康复的运动处方。

(3) 神经系统康复的运动处方。

(4) 呼吸系统康复的运动处方。

四、运动处方的特点

(一) 目的性强

运动处方有明确的远期目标和近期目标，运动处方的制定和实施都是围绕运动处方的目的进行的。

(二) 计划性强

运动处方中运动的安排有较强的计划性，在实施运动处方的过程中容易坚持。

(三) 科学性强

运动处方的制定和实施过程是严格按照康复体育、临床医学、运动学等学科的要求进行的，有较强的科学性。按运动处方进行锻炼，能在较短的时间内，取得较明显的健身和康复效果。

(四) 针对性强

运动处方是根据每一个参加锻炼者的具体情况来进行制定和实施的，有很强的针对性，康复效果较好。

(五) 普及面广

运动处方简明易懂，容易被大众所接受，收效快，是进行大众健身和康复的理想方法。

五、运动处方的作用

运动处方与普通的体育锻炼和一般的治疗方法不同，运动处方是有很强的针对性、有明确的目的、有选择、有控制的运动疗法。运动处方的生理作用主要有以下几个方面。

（一）运动处方对心血管系统的作用

运动处方主要是采用中等强度的有氧代谢为主的耐力运动，即有氧运动。正常情况下，有氧运动对增强心血管系统的输氧能力、代谢产物的清除、调节做功肌肉的摄氧能力、组织利用氧的能力等有明显的作用。按运动处方锻炼可使心率减慢，血压平稳，心排血量增加，心血管系统的代偿能力增强等。但注意在有心脏疾病的情况下要慎重。例如，在儿童中常见的先天性主动脉瓣狭窄，运动后易出现疲劳，有氧运动能力降低。若勉强运动，可发生昏厥、胸痛，少数人甚至会猝死。

（二）运动处方对呼吸系统的作用

实施运动处方可增强呼吸系统的通气量、摄氧能力，改善呼吸系统的功能状态。

（三）运动处方对运动系统的作用

实施运动处方可增强肌肉力量、肌肉耐力和肌肉协调性，保持及恢复关节的活动幅度，促进骨骼的生长，刺激本体感受器，保存运动条件反射，促进运动系统的血液和淋巴循环，消除肿胀和疼痛等。

（四）运动处方对消化系统的作用

实施运动处方能促进消化系统的机能，加强营养素的吸收和利用，增进食欲，促进胆汁合成和排出，减少胆石症的发生，促进胃肠蠕动，防治便秘等疾病。

（五）运动处方对神经系统的作用

实施运动处方能提高中枢神经系统的兴奋或抑制能力，改善大脑皮质和神经-体液的调节功能，提高神经系统对各器官、系统的机能调节。

（六）运动处方对体脂的作用

实施运动时间长、运动强度中等的运动处方能有效地减少脂肪组织，达到预防疾病和健美的目的。

（七）运动处方对代偿功能的作用

因各种伤病导致肢体功能丧失时，人体产生各种代偿功能来弥补丧失的功能。有的代偿功能可以自发形成，如一侧肾切除后，身体的排泄功能由对侧肾负担。而有的代偿功能则需要有指导地进行训练或刻苦训练，才能产生所需要的功能。例如，肢体残缺后，用健侧肢体代替患侧肢体的功能。运动处方对代偿功能的建立有重要的促进作用。

（八）运动处方对人的心理作用

运动能有效地释放被压抑的情感，增强心理承受能力，保持心理的平衡。在疾病的治疗和康复过程中，能增强患者治疗和康复的信心，有助疾病的恢复；按预防、健身、健美的运动处方运动，可保持良好的情绪，使工作、学习更积极、更轻松。

第三节　运动处方的制定

一、运动处方的制定原则

（一）因人而异的原则

运动处方必须因人而异，切忌千篇一律。要根据每一个参加锻炼者或病人的具体情况制定出符合个人身体客观条件及要求的运动处方。不同的疾病,运动处方不同;同一疾病在不同的病期,运动处方不同;同一个人在不同的功能状态下,运动处方也应有所不同。

（二）有效的原则

运动处方的制定和实施应使参加锻炼者或病人的功能状态有所改善。在制定运动处方时,要科学、合理地安排各项内容;在运动处方的实施过程中,要按质、按量认真完成训练。

（三）安全的原则

按运动处方运动,应保证在安全的范围内进行,若超出安全的界限,则可能发生危险。在制定和实施运动处方时,应严格遵循各项规定和要求,以确保安全。

（四）全面的原则

运动处方应遵循全面身心健康的原则,在运动处方的制定和实施中,应注意维持人体生理和心理的平衡,以达到"全面身心健康"的目的。

二、运动处方的制定程序

运动处方的制定应严格按照运动处方的制定程序进行,首先应对参加锻炼者或病人进行系统的检查,以获得制定运动处方所需要的全面资料。

运动处方的制定程序包括：一般调查、临床检查和功能检查、运动试验及体力测验、制定运动处方、实施运动处方、运动中的医务监督、运动处方的修改步骤。

（一）一般调查

通过运动处方的一般调查可了解参加锻炼者或病人的基本健康状况和运动情况,一般调查应包括：询问病史健康状况、了解运动史、了解健身或康复的目的以及了解社会环境条件等。

（1）询问病史及健康状况。询问病史及健康状况应包括：既往病史、现有疾病、家族史、身高、体重、目前的健康状况、疾病的诊断和治疗情况,女性还须询问月经史和生育史。

（2）了解运动史。在一般调查中应了解参加锻炼者和病人的运动经历、运动爱好和特长、目前的运动情况（是否经常参加锻炼、运动项目、运动量、运动时间、运动中后期的身体反应等）、在运动中是否发生过运动损伤等。

（3）了解健身或康复的目的。应了解参加锻炼者的病人的健身或康复的明确目的及对通过运动来改善健康状况的期望等。

（4）了解社会环境条件。了解参加锻炼者或病人的生活条件、工作环境、基本的经济状况、可利用的运动设施和条件、有无健身和康复指导等。

（二）临床检查和功能检查

运动处方的临床检查主要包括：运动系统的检查、心血管系统的检查、呼吸系统的检查、神经系统的检查等。

1. 运动系统的检查

（1）肌肉力量的检查和评定。

① 肌肉力量的检查和评定。主要方法有手法肌力试验、器械测试和围度测试等。

② 肌肉力量耐力的测试。该测试可通过肌肉重复某动作次数或持续的时间来间接表示肌肉的力量耐力。

③ 肌肉力量检查的注意事项。测试前须知简单准备活动,测试的姿势和位置要正确,测试动作要标准化。避免在运动后、疲劳时或饱餐后进行肌肉的测试。

④ 肌肉力量评定的注意事项。若采用不同的测试方法,其结果不同,缺乏比较性;进行每次肢体肌力的测试,须做左右对比(因健康肢体的肌力也有个体差异及生理性波动),一般两侧差异大于10%～15%时有意义。

⑤ 肌肉力量检查的禁忌证。有高血压或心脏病的患者,慎用肌力测试;有较严重心血管系统疾病的患者,禁用肌力测试。

运动时有肢体疼痛、运动系统慢性损伤等,进行肌力测试时应小心;有严重疼痛、积液、急性运动损伤等,禁用肌力测试。

关节活动度受限时,只做等长或短弧等速的测试。

(2)关节活动度的检查。

关节活动度是评定肢体运动功能的基本指标和评定关节柔韧性的指标。

① 主动 ROM 和被动 ROM 的检查。主动 ROM 检查是指患者主动活动关节时 ROM 的大小;被动 ROM 检查是指在步态下进行正确的诊断。

② 摄影分析。用摄像机将步态拍摄下来,选择其中的关键画面进行分析。用此方法可保存步态的资料,便于进行前后对比。

③ 步态分析室分析。由三维测力仪、调整摄像机、录像机、解析仪、肌电图仪、计算机、气体分析仪等设备组成的步态分析室,可对步态进行综合的分析评定。

2. 心血管系统的检查

心血管系统的检查包括静态检查和动态检查。常用的心血管系统的指标有心率、心音、心界、血压、心电图等。心血管系统的功能检查一般采用定量负荷试验,常用的有台阶试验、一次负荷试验、联合机能试验、PWC170 试验等。

(1)心率。正常人的窦性心率为 60～100 次/分。心率超过 100 次/分,称为心动过速;心率低于 60 次/分,称为心率过缓(经过系统训练的运动员的心率常低于 60 次/分,是心功能良好的表现,称为心动徐缓)。

(2)心音。心脏在一个心动周期内,可以产生四个心音。正常情况下,一般检查心脏时能听到第一心音和第二心音。在检查儿童少年的心音时,常可听到第三心音,而成人出现第三心音时,属于病理性的可能性较大。在婴幼儿和中老年人,心脏正常时有时可听到第四心音。心脏出现异常的声音为心脏杂音。在心脏舒张期出现杂音,常表示心脏有器质性病变。在心脏收缩期出现的杂音,可分为生理性杂音和病理性杂音两类,生理性杂音在儿童少年中较多见。出现心脏杂音时,应进行进一步的检查,以确定心脏杂音的性质和分级。

(3)心界。心界常采用 X 线测量的方法,在胸片上测量心脏的横径、纵径和宽径,可用以下公式计算:

$$实测心脏面积 = 0.7019 \times 纵径 \times 宽径 + 2.096$$

预计心脏面积(平方厘米) $= 0.6207 \times 身高(厘米) + 0.6654 \times 体重(千克) - 42.7946$

将实测心脏面积与预计心脏面积比较,若超过预计心脏面积的 10% 以上,认为有心脏肥大的现象。若出现心脏肥大的现象,应进一步进行检查。

(4)心电图。心脏的特殊激动传导过程可以通过心电图仪,将每一心动周期中的生理电流的变化记录下来。通过对心电图上的各种波的分析,以判断心脏的功能。

(5)血压。健康成人的收缩压为 $1.2 \times 10^4 \sim 17.3 \times 10^4$ 帕(90～130 毫米汞柱),最高不超过 1.87×10^4 帕(140 毫米汞柱);舒张压为 $0.8 \times 10^4 \sim 1.13 \times 10^4$ 帕(60～85 毫米汞柱),最

高不超过 1.2×10^4 帕(90 毫米汞柱);脉压为 $4.0\times10^4\sim5.33\times10^4$ 帕(30~40 毫米汞柱)。

(6)定量负荷试验。定量负荷试验有台阶试验、一次负荷试验、联合机能试验、PWC170 试验等。

3. 呼吸系统的检查

呼吸系统的功能检查包括:肺容量测定、通气功能检查、呼出气体分析、屏气试验、日常生活能力评定等多方面。常用的指标有:

(1)肺活量。肺活量是测定肺容量最常用的指标,是指深吸气后,做最大呼气的气量。正常值男性为 3 470 毫升,女性为 2 440 毫升。

(2)5 次肺活量试验。让受试者连续测量 5 次肺活量,每次间隔 15 秒(呼吸时间在内),记录每次肺活量的结果。5 次肺活量值基本相同或有增加者为机能良好,逐渐下降者为机能不良。

(3)肺活量运动负荷试验。先测安静时的肺活量,然后进行定量负荷运动,运动后即刻测量肺活量,共测 5 次,每 1 分钟测 1 次,记录测量结果。评定方法同 5 次肺活量试验。

(4)时间肺活量。时间肺活量也称用力呼气量,是指一次深吸气后,快速用力将气体呼入肺量计内,记录其呼气曲线并计算出呼气总量以及时间肺活量。正常第一秒时间肺活量低于 70%,老年人低于 80%,表示有气道阻塞。

(5)最大通气量。最大通气量是指单位时间内所能呼吸的最大气量,反映通气功能的潜力。测定时让受试者快速深呼吸 15 秒,测定其通气量,乘上 4 为每分钟的最大通气量。正常值男性为 104 升,女性为 82 升。

(6)闭气试验。闭气试验是让受试者安静、处于坐位,分别测量深吸气后的闭气时间和深呼气后的闭气时间,记录结果。正常时,吸气后的闭气时间,男性为 40 秒左右,女性为 25 秒左右;呼气后的闭气时间,男性为 30 秒左右,女性为 20 秒左右。

(7)呼吸气体测定。使用呼吸气体分析仪,测定通气量、吸氧量、二氧化碳排出量等各项气体代谢指标。

4. 神经系统的检查

(1)自主神经系统的功能检查。

① 卧倒-直立试验。让受试者卧床休息 3 分钟后,测 1 分钟的心率,然后站立,再测 1 分钟的心率,比较前后两次的心率。正常时心率数每分钟增加 12~18 次。若超过正常值,表示交感神经兴奋性增强;若增加次数在 6 次以下,表示交感神经兴奋性减弱。

② 直立-卧倒试验。测试受试者安静时 1 分钟的心率,然后让受试者缓慢躺下,15 秒后再测 1 分钟的心率,比较前后两次的心率。正常时心率数每分钟减少 6~10 次。若超过正常值,表示迷走神经兴奋性增强。

(2)视觉神经、听觉神经、味觉神经、神经功能及皮肤感觉检查。

① 视觉神经检查。视觉神经检查包括视力检查(远视力和近视力检查)、视野检查、眼底检查等。

② 听觉神经检查。听觉神经检查包括一般听觉神经检查、空气传导检查、骨传导检查等。

③ 神经功能检查。神经功能检查可采用"双指(臂)试验""指鼻试验""转椅试验"等。

④ 味觉神经检查。味觉神经检查包括对酸、甜、苦、咸等味觉的检查。

⑤皮肤感觉检查。皮肤感觉检查包括对皮肤的痛觉、触觉、温度觉等浅感觉的检查。

(3) 反射。

① 浅层反射。浅层反射是刺激皮肤或黏膜而引起的反射,常用的有角膜反射、腹壁反射、足趾反射等。

② 深层反射。常用的深层反射有二头肌腱反射、三头肌腱反射、桡骨骨膜反射、膝腱反射、跟腱反射等。

(4) 神经肌肉功能检查。神经肌肉功能检查在康复医学中有重要的意义。包括坐位平衡、移动平衡、站立平衡、日常生活技巧、步行检查等。

此外,还应进行肾功能检查、肝功能检查、代谢功能检查等。

(三) 运动试验

运动试验是评定心脏功能、制定运动处方的主要方法和重要依据。运动试验方法的选择应根据检查的目的和被检查者的具体情况而定。目前,最常用的运动试验是用逐级递增的运动负荷的方法测定,测定时采用活动平板(跑台)和功率自行车。递增负荷运动试验(简称GXT),是指在试验的过程中,逐渐增加负荷强度,同时测定某些生理指标,直到受试者达到一定运动强度的一种运动耐量试验。

1. 运动试验的应用范围

(1) 为制定运动处方提供依据。运动试验能为制定运动处方提供直接的依据。进行运动试验,能提高在运动处方实施中的安全性。

(2) 冠心病的早期诊断。运动试验(用心电图监测)是目前最先进的诊断冠心病的无创伤性检查方法之一,其敏感性可高达 60% ~ 80%。

(3) 评定冠心病的严重程度及心瓣膜疾病的功能状况。运动试验(用心电图监测)可作为半定量指标,用于评定冠心病的严重程度及预后。运动试验可用来评定心瓣膜疾病的功能。

(4) 评定心脏的功能状况。运动试验是评定心脏功能状况的有效方法。

(5) 评定体力活动能力。运动试验可用于评定体力活动的能力。

(6) 发现运动诱发的潜在的心律失常。运动试验可用于发现运动诱发的心律失常,其检出率比安静时的检查高 16 倍。

(7) 评定治疗效果。运动试验的重复性较好,可用来作为康复治疗效果的评定指标。

2. 运动试验的方法

运动试验常用的方法有活动平板(跑台)和功率自行车。

(1) 活动平板运动试验。

活动平板是一种改变坡度和速度的步行器。活动平板运动试验最常用的是 Bruce 方案,即让受试者在活动平板上行走,每 3 分钟增加一级负荷(包括速度和坡度),共分七级,运动中不休息。运动中连续用心电图监护。

活动平板运动实验的优点是:运动方式自然,较接近日常活动的生理特点;为全身运动,容易测得最大运动强度;诊断敏感性和特异性较高;运动强度固定,可直接测得 MET 值;可供儿童测试;在实验中连续用心电图监测,提高了实验的安全性。

活动平板运动试验的主要缺点有:噪音大,价格较贵,占地面积较大,运动强度较大时不易测定生理指标,在运动中要加强保护等。

(2)功率自行车运动试验。

功率自行车运动试验是让受试者连续蹬功率自行车,逐步增加蹬车的阻力而增加运动负荷,共有七级运动负荷,每级运动3分钟。在测定的过程中,连续用心电图监测,并定时测量血压。男性从2 940牛·米/分开始,每级增加2 940牛·米/分;女性从1 960牛·米/分开始,每级增加1 960牛·米/分。功率自行车运动试验的优点是:噪音小,价格较低,占地面积较小,运动时上身相对固定,测量心电图、血压等生理指标较容易;受试者的心理负担较小;运动较安全,适合年龄大、体力较弱的受试者使用等。

功率自行车的主要缺点有:对体力较好的人(如经过系统训练的运动员),常达不到最大的心脏负荷;对体力较差尤其是两侧下肢肌肉力量不足者,常不能达到运动试验的目的;由于局部疲劳,因此所测得的结果低于活动平板运动试验等。

3. 运动试验的禁忌证

(1)严重的心脏病,如心力衰竭、严重心律失常、不稳定的心绞痛和肌肉梗死、急性心肌炎、严重的心瓣膜病等。

(2)严重的高血压。

(3)严重的呼吸系统、肝、肾疾病,贫血及内分泌病等,如严重的糖尿病、甲亢等。

(4)急性炎症、传染病等。

(5)下肢功能障碍、骨关节病等。

(6)精神疾病发作期间。

4. 运动试验的中止指标

在运动试验中出现以下症状应立即中止运动。

(1)运动负荷增加,而收缩压降低。

(2)运动负荷增加,而心率不增加或下降。

(3)出现胸痛、心绞痛等。

(4)出现严重的运动诱发的心律失常。

(5)出现头晕、面色苍白、出冷汗、呼吸急促、下肢无力、动作不协调等。

(6)病人要求停止运动。

5. 运动试验的注意事项

(1)避免空腹、饱餐后即刻进行运动试验。

(2)运动试验前2小时禁止吸烟、饮酒。

(3)试验前停止使用影响试验结果的药物,如因病情需要不能停药的,在分析试验结果时应充分考虑药物的影响因素。

(4)运动试验前一天内不进行剧烈的运动。

(5)运动试验前休息0.5小时左右。

(四)体力测验

体力测验必须在运动负荷运动无异常时才能进行。体力测验包括运动能力(肌力、柔韧性等)测验和全身耐力测验。全身耐力测验的运动方式是采用有氧运动,包括走、跑、游泳三种方式。目前,采用较多的有定运动时间的耐力跑(如广泛使用的12分钟跑测验)。

1. 参加12分钟跑测验的人的条件

(1)身体健康者。

(2) 有半年以上运动经历者。

(3) 按库珀介绍的锻炼计划进行 6 周以上锻炼者。

2. 12 分钟跑测验的方法

为了保证 12 分钟跑测验的安全性和准确性,在进行 12 分钟跑测验前,应先进行 6 周的准备练习。

(1) 12 分钟跑测验的准备练习。可安排 6 周的准备练习时间,每周练习的次数 1~3 次,练习的内容可参考库珀介绍的锻炼计划,即分 4 个阶段进行以下练习:

① 12 分钟以快走为主,中间穿插慢跑。

② 12 分钟步行与慢跑交替。

③ 12 分钟慢跑。

④ 12 分钟按测验要求尽力跑。

普通人在进行一个阶段的锻炼后,应不感到没有信心或非常疲劳,才能从上一阶段进入下一阶段的练习;经常进行耐力练习的人,可以直接从第二阶段、第三阶段或第四阶段开始;经过系统训练的人,最少也应在正式测验前进行一次测验跑。

(2) 12 分钟跑测验的方法。

① 最好用 400 米的田径跑道,每隔 20 米或 50 米用标志表示。

② 测验前应做充分的准备活动。

③ 测验中出现不适或异常症状,应减慢速度或停止运动。

④ 完成 12 分钟跑后,应进行放松整理活动,不要即刻停止运动。

⑤ 记录受试者在 12 分钟内所跑的距离。

三、运动处方制定示例

(一) 减肥的运动处方

运动目的:减肥和健身。

运动项目:羽毛球、健身跑、健美操、篮球等。

运动强度:由小逐渐加大,心率在靶心率范围,即 140~170 次/分。

运动时间:12 周(减少体重 3~5 千克),每次 30~60 分钟。

运动频度:4~5 次/周。

注意事项:适当控制饮食,减少糖、油脂的摄入,可吃一定的蔬菜、水果,有病、发烧时停止运动。

自我监督心率。

处方者: 年 月 日

(二) 一般肥胖者的运动处方

运动目的:

(1) 改善内分泌系统功能,视神经-体液调节区域正常。

(2) 通过有氧运动提高机体有氧代谢能力,提高物质代谢、能量代谢,促进脂肪有氧利用,降低摄食效率。

(3) 改善新陈代谢,调节碳水化合物和脂肪代谢过程,使之达到体能稳态有序化。

(4) 改善心血管系统和呼吸系统机能,提高心肺功能,增强体质。

运动项目:
(1) 中低强度有氧耐力运动,如步行、跑步、骑自行车、游泳、划船等大肌肉群参加的长时间运动。慢速长跑是消耗热量最多、减肥见效最快的项目。
(2) 低强度的肌肉力量练习,通过锻炼身体某一部分的肌肉,消耗局部脂肪,增强肌力,主要是进行四肢大肌群、躯干及腹部的局部运动。
(3) 传统养身操,如养身气功、太极拳、太极剑、八段锦、瑜伽功。
(4) 各种球类运动。

运动强度:中等,运动心率控制在 110~150 次/分。

运动时间:30~60 分钟,其中达到适宜心率时间必须达 30~40 分钟,40 分钟以上效果更好。

运动频率:每周 3~4 次。

注意事项:
(1) 减肥运动不能急于求成,要持之以恒,运动强度不要太大,但时间要尽可能长。
(2) 运动应与饮食控制结合。
(3) 运动量由小到大,循序渐进。
(4) 停止运动要防止反弹,应通过一段时间逐渐减量。

处方者:　　年　　月　　日

(三) 轻度肥胖者的减肥运动处方

运动目的:
(1) 减轻体重,控制肥胖,减小腰臀比。
(2) 提高心肺功能,预防心血管疾病。

运动项目:健身走。

运动强度与运动时间:
(1) 步行速度为 5 千米/小时,每次运动消耗 1 600~2 000 千焦热能。
(2) 运动起始阶段,即前两周,起始运动强度为 70% × (220 − 年龄)次/分,如您 30 岁,起始运动心率 = 70% × (220 − 30)次/分 = 133 次/分。
(3) 从第三周开始,基本运动时间为每次 60 分钟,运动强度为 85% × (220 − 年龄)次/分。
(4) 第十三周开始,基本运动时间可减到 50 分钟,运动强度保持 75% × (220 − 年龄) ~ 80% × (220 − 年龄)次/分。

运动频率:前十二周,每周 4 次;从 13 周开始,每周减少到 3 次。

注意事项:
(1) 有氧锻炼需要循序渐进,不能三天打鱼两天晒网。
(2) 减重有一个适应过程,不能操之过急,要做好心理准备。
(3) 运动要和控制饮食相结合。
(4) 减肥目标达到后还要进行"后运动阶段"锻炼,防止反弹。
(5) 运动时要注意安全,防止运动损伤。

处方者:　　年　　月　　日

（四）重度肥胖者的减肥运动处方

运动目的：

（1）减轻体重，控制肥胖，减小腰臀比。

（2）提高心肺功能，预防心血管疾病。

运动项目：健身走。

运动强度与运动时间：

（1）起始阶段6周，运动强度从50%×(220－年龄)次/分增加到60%×(220－年龄)次/分，步行速度从2千米/小时逐步增加到3千米/小时，基本运动时间从20分钟增加到40分钟。

（2）第一阶段：第7周到第16周，步行速度为3.5千米/小时，运动强度为60%×(220－年龄)次/分，基本运动时间为50分钟。

（3）第二阶段：第17周到第28周，步行速度为4千米/小时，运动强度为70%×(220－年龄)次/分，基本运动时间为55分钟。

（4）第三阶段：第29周到第40周，步行速度为4.5千米/小时，运动强度为70%×(220－年龄)次/分，基本运动时间为60分钟。

（5）最后阶段：40周后，步行速度为4千米/小时，运动强度为65%×(220－年龄)次/分，基本运动时间为40分钟。

运动频率：前40周，每周运动4次；后运动阶段，每周运动3次。

注意事项：

（1）运动开始不久就会出现心跳急剧加快，大汗淋漓，脸涨得通红，心跳数明显超过130~140次/分，给人以运动过分激烈的假象。所以起始阶段步行速度要缓慢，运动时间逐步延长，经常检测心率。

（2）作为重度肥胖者，在第一个阶段结束前最好在教练监控下完成，防止意外发生。

（3）后阶段十分重要，这是防止反弹的关键。

（4）运动时要注意安全，防止运动损伤。

处方者：　　年　　月　　日

（五）提高有氧耐力的运动处方

运动目的：改善心肺功能，提高有氧耐力，增强体质。

运动项目：有氧慢跑、游泳、登山、骑自行车。

运动强度：30~45岁身体健康而未经过训练的人，运动时心率为140~150次/分。50~60岁的健康中年人，在参加锻炼的初期，心率不应超过140次/分。

运动时间：

（1）身体健康且经常参加锻炼者，每次持续运动时间为30~40分钟。

（2）从未参加运动锻炼或者身体虚弱者，锻炼初级阶段每次运动时间可以适当减少，当身体适应后再逐渐增加。

运动频率：一般一周3次或者隔日一次，每周运动总时间不得低于80分钟。

注意事项：

（1）老年人要避免在22:00到次日8:00这段时间进行运动，因为这段时间血液黏度增加。

（2）要充分做好准备活动。

(3) 掌握好呼吸节奏。
(4) 冬天运动时要注意保暖。
(5) 患病时要注意休息。
(6) 运动时要注意安全,以防止运动损伤。

处方者：　　年　月　日

(六) 提高肌肉力量的运动处方

运动目的:提高全身肌肉力量。

运动项目:

(1) 上肢:俯撑,单杠垂体引体向上,双杠支撑臂屈伸。
(2) 躯干:仰卧起坐、俯卧挺身、侧卧起坐。
(3) 下肢:蛙跳、单脚跳、深蹲。

运动时间:20 次×(3~5)组。

运动强度:

(1) 运动心率控制在 130~150 次/分。
(2) 代谢强度为由中到大。
(3) 用力级别为 70%~80%。

运动频率:每周 2~3 次。

注意事项:

(1) 防止过度疲劳。
(2) 不要长时间憋气,呼吸与动作呈一定节奏。
(3) 按照上肢到躯干到下肢的顺序,不专做同一部位的练习。

处方者：　　年　月　日

(七) 健身操的运动处方

运动目的:塑造优美体态、缓解精神压力、娱乐身心、增强身体素质。

运动项目:健美操、瑜伽、普拉提等。

运动强度:

(1) 运动心率控制在 130~150 次/分。
(2) 代谢强度为由中到大。
(3) 用力级别为 60%~70%。

运动时间:每次 30~50 分钟。

运动频率:每周 3 次,或者隔天一次,有条件的可以每天一次。

注意事项:

(1) 充分的准备活动能使关节、韧带、肌肉温度升高,增加身体灵活性,提高神经系统兴奋程度和心血管活动水平,从而防止运动伤害的发生。
(2) 锻炼者要根据自身体质安排健美操运动的时间、强度、练习组数等。有慢性病的人要在医生的指导下进行锻炼,心血管疾病患者应减少剧烈运动,避免快速旋转头部和突发性动作,患重感冒时最好停止健美操运动。
(3) 在锻炼过程中应注意及时补充水分,以保证身体健康和正常机体的需要。补充水分的方法最好是少量多饮,随时保持体内水的平衡。

(4) 一般进食后间隔两个小时才可进行健美操锻炼。因为进食后胃中食物充盈,立即运动会影响消化,容易出现腹痛、恶心等症状。而且运动前应吃些易于消化的食物,运动后应休息 30 分钟后再进食。

(5) 空腹锻炼不可取,如果长期空腹锻炼,会导致体重急剧下降,脏器功能受损,产生疾患,影响健康。

(6) 锻炼时最好选择有弹性、纯棉、柔软、舒适的服装。每次练习后,要及时清洗服装,保持服装干爽。鞋子不仅要大小合适,而且要有衬垫,并具备一定的弹性和弯曲性。切忌穿高跟鞋和厚底鞋运动。

处方者:　　　年　　月　　日

(八) 老年人健身运动处方

运动目的:健身祛病、防病、抗衰、延年益寿。

运动项目:步行、健身跑、游泳、骑自行车、登山、跳健身舞、网球、门球、高尔夫球、练气功、太极拳、太极剑。

运动强度:运动心率控制范围,如您的年龄是 60 岁,运动心率需要控制在(170 - 60)次/分 = 110 次/分。

运动时间:不少于 30 分钟。

运动频率:每周 3～5 次。

注意事项:

(1) 做健康检查,确定身体能够负担每次的运动。

(2) 缓慢进行,从低而适应的水平开始,逐渐增加运动强度。

(3) 掌握自己的运动限度,如果运动后感到特别疲劳、睡眠不安或持续肌肉酸痛,即表明运动过量。

(4) 有规律地锻炼。要达到健身效果的高峰,需要数周乃至数月的锻炼。若 1～2 周不活动,便会导致健康水平下降,故应努力坚持每周至少三次锻炼,但应注意患病或身体不适期间停止锻炼,即使是轻微的感冒也要停止锻炼。

(5) 做好准备活动。年龄越大,锻炼前的准备活动就越重要。10 分钟左右适宜的准备活动可保护心脏、肌肉和关节,以避免运动损伤。

(6) 运动后调整。不要突然停止运动,跑步运动之后,至少再慢走 2 分钟;负荷练习后要休息 5 分钟,然后洗个温水澡。

处方者:　　　年　　月　　日

(九) 女子治疗痛经的运动处方

运动目的:缓解、治愈痛经。

运动项目、强度、时间:

(1) 健身走 1 000 米。每分钟 130～150 步(心率 105～120 次/分),休息 5 分钟。

(2) 10 分钟健身跑。每分钟 160～170 步(心率 140～170 次/分),休息 7 分钟,共 2 组。

(3) 小力量练习。屈腿仰卧起坐(20～25 次)×3 组,组间休息 7 分钟。半蹲起(15～20 次)×3 组,组间休息 3 分钟。2 千克哑铃坐姿上推 20 次×3 组,组间休息 5 分钟。

(4) 放松练习:四肢抖动放松、仰卧外力背腹肌放松(按摩)、静仰卧 3 分钟。

注意事项：

（1）月经来潮前三天痛经症状可能会加重，但体育锻炼应坚持按计划完成，来潮后再减量。

（2）运动须持之以恒。

处方者：　　年　　月　　日

（十）治疗神经衰弱的运动处方

运动目的：

（1）调节大脑皮层的兴奋和抑制过程，使大脑皮层活动功能逐步恢复正常。

（2）通过运动增强体质，提高健康水平。

运动项目：

（1）容易激动的患者：散步、太极拳、八段锦、易筋经等养身操。

（2）精神不振、孤僻不爱活动的患者：篮球、乒乓球、羽毛球等游戏性和竞赛性的球类运动。

（3）体力尚好的青年患者：游泳、跑步等。

运动强度：

（1）容易激动的患者：运动强度不宜过大，应采取小强度。

（2）精神不振、孤僻不爱活动的患者：运动强度适中，防止过度兴奋。

（3）体力尚好的青年患者：适中运动强度。

运动时间：30~40分钟。

运动频率：隔日一次，有条件的每日一次。

注意事项：

（1）运动场所应选在空气清新、安静和环境较好的地方。

（2）锻炼时情绪要饱满，充分发挥主观能动性。

（3）若运动后出现大量出汗、兴奋激动、失眠加重、食欲不振、心跳加快且几小时后尚不能恢复等情况，应考虑运动项目是否合适，运动强度是否过大等，要及时进行调整。

（4）合理安排生活方式，注意保证充足的睡眠。

处方者：　　年　　月　　日

第七章 体育健身中常见损伤与预防

第一节 运动损伤概述

运动损伤是指在体育运动过程中所发生的各种损伤。它的发生与运动项目和技术动作、运动训练水平、运动环境和条件等因素有关。体育运动以增强体质、增进健康为目的,运动性损伤所造成的影响是严重的,它使体育爱好者的健康、学习和生活受到极大的影响,给人们造成不良的心理影响,妨碍了人们体育运动的正常开展。因此,运动损伤的预防比治疗更为重要。因此,在体育活动中应贯彻以预防为主的方针,采取行之有效的安全措施,最大限度地减少或避免运动损伤的发生,保证身体健康以及运动锻炼的正常进行。

由于体育运动涉及兴趣和输赢,因此容易忽视自身的防护,出现运动损伤也就在所难免。比如急性拉伤、扭挫伤,关节脱位,慢性颈椎、腰椎损伤,肌筋膜劳损等。我们把长时间坚持锻炼或者长时间的工作周期造成的劳累损伤和突然急性的暴力损伤,都称为运动损伤。

可以说,只要运动,只要有力量,只要有速度,只要有长时间的体育运动和劳累的积累,受到损伤就是不可避免的。如由于气候、环境选择不适应,易造成肺炎、过敏、感冒、中暑、冻伤等;由于场地、着装不当,易造成崴脚、皮肤起疱、阳光过敏、灼伤、雪盲等;由于对运功项目了解掌握不当,如游泳时对鼻、眼、耳保护不够,举重时对所举物体重量和自身能力掌握不准确易造成某些伤害;由于准备活动不当,易造成拉伤、扭挫伤、关节脱位等;由于运动失误时自我保护不当,易造成骨折等;由于运动后整理不当,易造成肌肉代谢障碍、乳酸积存导致疲劳;由于休息不当,易造成肌肉劳损、疲劳骨折等。

造成运动损伤的原因是多方面的,它既与锻炼者的运动基础、身体素质水平有关,也与锻炼的运动项目、技术难度以及运动环境等因素有关。其主要原因有思想上麻痹大意、准备活动不充分、运动情绪不适宜(如恐惧、害羞等)、缺乏自我保护能力和经验、身体状况不佳(如疲劳、带病等)、练习方法不当、运动环境不好(如器械安装不稳、气温过高等)等。

归纳起来,造成运动损伤的原因主要有三个方面:一是暴力一次性损伤;二是反复多次重复一个动作;三是身体长时间保持一个姿势。这些都超出了肌肉、韧带、软骨等组织的负荷能力,造成不同程度的损伤。知道原因以后,我们就应该根据这个原因,去改变或避免可能发生运动损伤的机会。

第二节 常见运动损伤与预防

一、运动损伤的分类

运动损伤有很多种,本节主要介绍日常容易发生的运动损伤以及预防措施,日常常见的运动损伤有以下几种。

（一）软组织损伤

软组织损伤是运动损伤中常见的一种,是根据损伤组织是否有创口与外界相通,可分为开放性运动损伤和闭合性运动损伤。前者主要有擦伤、撕裂伤、刺伤等,后者有挫伤、肌肉及筋膜拉伤、关节囊和韧带扭伤、肌腹膜鞘炎和滑囊损伤等。

1. 擦伤

皮肤受到外力急剧摩擦所引起的表面损伤,有组织液渗出称为擦伤。如田径、球类和自行车运动时摔倒擦伤;体操运动时被器械擦伤;滑雪时被树枝擦伤;等等。擦伤是外伤中最轻又最常见的一种损伤。

2. 撕裂伤、刺伤、切伤

撕裂伤主要是剧烈运动中受到钝物击打引起皮肤和软组织的撕裂,伤口边缘不规则,组织损害广泛,严重者可导致组织坏死,常见损伤有眉际、腰部撕裂等。刺伤是因尖细物件刺入体内所致,如田径运动中鞋钉与标枪的刺伤。切伤是因锐器切入皮肤所致,如滑冰时被冰刀切伤。

3. 挫伤

挫伤是因撞击器械与练习者之间相互碰撞而造成的。单纯的挫伤损伤处会出现红肿,皮下瘀血,并伴有疼痛。当内脏器官出现损伤时,易导致面色苍白、心慌气短、四肢发凉、烦躁不安,严重者甚至出现休克等症状。

4. 肌肉拉伤

通常是因为外力作用导致肌肉过度收缩或被动拉长引发的肌肉损伤。尤其是准备活动不充分,动作不协调更易拉伤。损伤后伤处出现肿胀、压痛、肌肉痉挛,触摸时会发现硬块。常见的拉伤部位有大腿后群肌、腰背肌、大腿内收肌等。严重的肌肉拉伤可导致肌肉撕裂。

5. 关节、韧带的损伤

关节、韧带扭伤是指在外力作用下,关节骤然向一侧活动而超过其正常活动度时,引起关节周围软组织如关节囊、韧带、肌腱等发生撕裂伤。常见的关节损伤或扭伤主要表现在几个活动度很大的关节,如肩关节、膝关节、踝关节和腕关节等。肩关节扭伤一般是因关节用力过猛及反复劳损所致,或训练时因技术上的失误,违反解剖学原理而造成的。膝关节损伤主要是指髌骨损伤,髌骨损伤也称为"髌骨软化"或"髌骨软骨病",主要是因膝关节长期负重或反复损伤累积,被一次直接外力撞击而致,如进行弹跳时易导致髌骨损伤。髌骨损伤是膝关节常见的损伤。踝关节扭伤主要是因弹跳落地时失去平衡,使踝关节过度内翻或外翻所致,尤其是在准备活动不充分、场地不平的情况下更容易发生。症状表现为伤处肿胀、疼痛、皮下瘀血等。腰闪伤主要是因为重力超过躯干所能承受的压力,腰部突然发力引起部分肌纤维撕裂,造成腰肌急性拉伤,或者脊柱运动超过正常的生理范围所致。腰部出现损伤后,患者需平卧,一般不能立即搬动或移动,如疼痛剧烈,需要用担架抬往医院诊治。腕关节韧带损伤多有明显的外伤史,伤后出现腕部无力、关节活动不灵活等症状。轻者,一般无明显肿胀,仅在大幅度动作时,出现疼痛;严重扭伤者,出现肿胀,疼痛较重。

6. 网球肘

网球肘又称肱骨外上髁炎,好多是在打网球时发生,因此叫网球肘,主要是肘部用力方法不正确和用肘过多造成劳损,其他如乒乓球、羽毛球及托扛旅行箱翻转时也经常发生。它的表现是:在拧门把手、端水、拧毛巾时肘及肱骨外上髁疼痛,即胳膊肘外边骨头尖处痛,在肱骨外上髁前下联合腱处压痛,抗阻伸腕试验和网球肘试验(MILL 试验)阳性。

肋骨外上髁炎为劳损性软组织损伤,属中医学"筋痹"范畴。一般认为,是由于肱骨外上髁总腱、伸肌总腱的慢性劳损及牵扯引起的,尤其是桡侧腕短伸肌至为重要,如乒乓球、网球,由于"反拍""下旋"回击急球时,球的冲力作用于伸腕肌或被动牵扯该肌即可致伤。

(二)脑震荡

脑震荡主要是脑部受到外力打击后由神经细胞和神经纤维所引起的意识和功能的一时性障碍,不久即可恢复,无明显的解剖病理改变。致伤时,会出现神志昏迷、脉搏徐缓、呼吸表浅、肌肉松弛、神经反射减弱或消失等症状。清醒后,患者会有头痛、头晕、恶心、呕吐症状。

(三)骨折

骨折是指骨或骨小梁发生断裂。大多数人在体育运动中发生的骨折,多为暴力作用引起的外力性骨折。骨折是较严重的损伤,常见的骨折有肱骨、前臂骨、手骨、大腿骨、小腿骨、肋骨、脊柱和头部骨折等。骨折发生后,患处立即出现肿胀、皮下瘀血,活动时剧烈疼痛,肢体失去正常功能,肌肉产生痉挛,有时骨折部位发生变形,甚至有骨摩擦声。严重骨折时,还会伴有出血和神经损伤、发烧、口渴、休克等全身性症状。

二、常见运动损伤的预防

(一)预防运动损伤的意义

参加体育锻炼的目的在于增强体质,提高健康水平。但是,运动中发生的各种损伤会使锻炼者的身心健康受到不同程度的影响及伤害。轻者影响学习、工作和健康,重者可能致残,甚至危及生命,给个人、家庭及国家带来不必要的损失。因此,采取必要的措施,加强对运动损伤的预防,是保证体育锻炼卓有成效的关键所在。

(二)运动损伤的预防重点

由于运动项目多,因而运动损伤的种类也很多,且人体不同部位的损伤及损伤发生率也不相同。据国内相关资料显示,运动集训队的运动损伤,以小创伤和慢性损伤居多,而严重损伤和急件损伤较少。这些慢性损伤,有的是因为一次急性损伤后处理不当或过早训练演变而成的,但更多的是由于运动量安排不当,造成局部过分疲劳,使微细磨损逐渐积累所致。因此,要及时而正确地处理好急性损伤,并注意科学地安排运动量。在高校体育课和课外体育活动中,急性损伤相对较多,劳损较少。就其伤病种类的构成比上,关节扭伤占首位,其中又以掌、指关节和踝关节扭伤最为常见,因此,加强这一类急件损伤的预防是十分重要的。此外,胫、腓骨疲劳性骨膜炎和软骨炎等劳损也较为常见,对此也应加以注意,加强预防。

(三)运动损伤的预防原则及具体方法

(1)从思想上重视对运动损伤的预防,学习并掌握有关预防运动损伤的知识和方法。

锻炼时遵循体育锻炼的一般原则,加强身体的全面锻炼、易伤部位锻炼及肌肉力量的锻炼。

(2)选择适合自身条件并为自己喜爱的运动项目,如女性可选择健美操、艺术体操、体育舞蹈等,男性可选择足球、篮球、网球等。也可以根据自己的锻炼目的进行选择,如肌肉力量训练、关节韧带柔韧性训练等。有些人因肥胖、睡眠不良、体力下降、便秘等原因可以选择医疗体育。

(3)充分做好准备活动。参加体育活动前要做好准备活动。准备活动的内容、运动量应根据教学、训练和比赛内容、个人的身体功能状况以及气象条件等具体情况而定,对运动中负担较大和易伤部位要特别做好针对性的准备活动。对年龄小、训练水平差的学生和对专项训练或比赛项目持续时间较长的运动项目以及在夏季,准备活动强度可小些,时间宜短些;相反,训练水平较高、专项训练或比赛项目持续时间较短或在冬季,准备活动可大些,时间可长些。一般认为,准备活动后要以身体感到发热、微微出汗为宜。

(4)注意调整身体机能,认真做好锻炼前的准备活动以及锻炼后的放松运动,避免运动量过大以及运动疲劳,使身体始终处于良好的运动状态。

(5)加强自我保护意识,掌握运动中可能发生意外时的自我保护方法,防范运动技术伤的发生,必要时可使用个人防护用具(护腕、护膝、护踝等)。学会运动后肌肉酸痛、关节不适等常见症状的处置方法。对于一些症状明显或逐渐加重者,应去医院进行诊治。对运动损伤要做到及时发现,及时处理,尽早康复。

(6)倡导科学锻炼,注意体育锻炼的全面性、渐进性、个别性、反复性,可有效地防止运动损伤的发生。

(7)加强身体的全面训练。身体素质的全面增强,可使肌肉的力量、弹性、关节的灵活性和稳定性获得相应的提高,防止在运动中造成损伤。一般情况下青少年身体素质的发展往往落后于身体形态的发展。如果忽视体育锻炼,将会造成身体素质发展缓慢甚至下降,健康状况也随之下降,不能承担相应的运动负荷,致使出现运动损伤。故发展青少年身体素质,提高他们的健康水平,是预防体育运动损伤的一个重要方面。

(8)避开嘈杂和不良的环境,放松心情,于合适的时间、合适的场所及安全的环境中进行锻炼。使用的运动器材要安全适用,运动着装应宽松舒适,符合体育卫生要求。

(9)加强医务监督和注意场地设备检查。对参加体育锻炼的人,平时要加强医务监督,以观察了解体育锻炼或比赛前后的身体反应以及功能变化。对患有各种慢性病的人,更应加强医务监督,进行定期的或不定期的体格检查,根据具体情况,采取针对性医务监督措施。参加体育锻炼的人在运动过程中,要学会自我监督,随时注意身体功能状况变化,若有不良反应时要及时反映情况,分析原因并采取必要的保健措施。如果发现自己已有伤病,应先调养好或遵照医嘱参加与自己身体相适应的锻炼,禁止患病带伤参加剧烈的运动或比赛。

运动场地设备是保证顺利进行教学、训练的必要条件,运动设施管理者要经常检查场地器材是否符合体育活动的要求,对损伤和残存器械要及时修理或拆除。跑道、沙坑、踏跳板、单双杠应列为重点检查项目,建立专门的定期检查制度。

第三节　常见运动损伤的治疗与康复

随着群众体育健身运动的兴起,运动损伤也越来越普遍。运动损伤的治疗与康复的主要任务是使患者尽快地恢复运动能力,康复训练是指损伤后进行有利于恢复或改善功能的身体活动。除严重的损伤需要休息治疗外,一般的损伤不必完全停止身体练习。适当的、科学的身体练习对于损伤的迅速愈合和促进功能的恢复有着积极的作用。根据运动损伤的程度,一般性运动损伤可自行处理或到医院治疗;运动损伤的程度严重,休克、出血过多、甚至危及生命的情况要采取急救措施。

一、一般性运动损伤的治疗与康复

（一）软组织损伤

这类损伤可分为开放性损伤和闭合性损伤两类,前者有擦伤、撕裂伤、刺伤等,后者有挫伤、肌肉拉伤和肌腱腱鞘炎等。

1. 擦伤的治疗与康复

擦伤(皮肤表面受到摩擦后的损伤)：对于创口较浅、面积小的擦伤,可用生理盐水洗净伤口,创口周围用75%的酒精消毒,局部擦以红汞或紫药水,无须包扎。但面部擦伤最好不用紫药水。关节附近擦伤经消毒处理后,一般不采用暴露疗法,因为干裂易影响关节运动,一旦发生感染,就易波及关节。因此,关节附近多采用消炎软膏或多种抗生素软膏涂抹,并用无菌敷料覆盖包扎。对于出血比较严重的还要进行止血处理。

2. 撕裂伤的治疗与康复

以头面部皮肤撕裂伤最为多见,如篮球运动中,眉弓被对方肘碰撞引起眉际皮肤挫伤等。若挫伤的创口较小,出现红肿,皮下出血,并有疼痛,经消毒处理后,用创可贴黏合即可。若撕裂创口较大,则须止血,缝合创口。若伤情和污染较重时,应注射破伤风抗毒血清,并给以抗生素治疗。当内脏器官损伤时,则出现头晕、脸色苍白、心慌气短、出虚汗、四肢发凉、烦躁不安,甚至休克,应立即送医院。撕裂伤在24小时内冷敷或加压包扎,抬高患肢或外敷中药。24小时后,可按摩或理疗。进入恢复期,可进行一些功能性锻炼。如果怀疑内脏损伤,则在做临时性处理后,送医院检查和治疗。

3. 刺伤和切伤的治疗与康复

刺伤和切伤是指田径运动中被钉鞋或标枪刺伤,冬季滑冰时被冰刀切伤,其治疗与康复的方法基本上与撕裂伤相同。

4. 挫伤的治疗与康复

挫伤因撞击器械或练习者之间相互碰撞而造成。严重的内脏器官挫伤则会出现头晕、脸色苍白、甚至休克等症状。挫伤应在24小时内冷敷或加压包扎,抬高患肢。24小时后,可按摩或理疗。恢复期可进行一些功能性锻炼。

5. 肌肉拉伤的治疗与康复

肌肉拉伤通常因在外力直接或间接作用下,使肌肉过度主动收缩或被动拉长时而引起的。在准备活动不充分,动作不协调以及肌肉弹性、伸展性、肌力差者等,易发生肌肉拉伤。严重的肌肉拉伤是肌肉撕裂。

肌肉拉伤损伤后即刻采用制动、冷敷、加压包扎和抬高患肢等一系列处理方式,严禁对伤处按摩和热疗。24小时后可施行按摩、理疗、药物及传统中医药等多种方法交替进行,同时安排小运动量的功能康复练习。如果肌肉已大部分或完全断裂者,在加压包扎急救后,立即送医院手术治疗。

(二) 关节、韧带扭伤

1. 肩关节扭伤的治疗与康复

肩关节扭伤一般因肩关节用力过猛以及反复劳损所致,也有因技术错误,违反解剖学原理而造成损伤。如投掷、排球扣球和大力发球时常出现这类损伤。

单纯韧带扭伤,可冷敷、加压包扎。24小时后可采用理疗、按摩和针灸治疗,出现韧带断裂时,应立即送医院缝合和做固定处理。当肩关节肿胀和疼痛减轻后,可适当施行功能性锻炼,早期可进行静力性练习,但不宜过早活动,以防转入慢性。

2. 髌骨劳损的治疗与康复

髌骨劳损是因为膝关节长期负担过重或反复损伤累积而造成的,也可能是直接外力撞击致伤,如篮球滑步急停,跳高和跳远时踏跳不合理或摔倒受击都可导致这种损伤。

髌骨劳损采用中药外敷、针灸、按摩等。平时加强膝关节肌群力量练习,如采用高位静力半蹲,每次保持3~5秒即可。伤情好转时,可逐渐增加时间,每日进行1~2次。

3. 踝关节扭伤的治疗与康复

踝关节扭伤是一种十分常见的损伤,俗称"团脚",主要是运动中跳起落地时失去平衡,使踝关节过度内翻或外翻致伤。在准备活动不充分、场地不平坦的情况下,易造成这类损伤。

踝关节受伤后,应立即停止运动,分辨伤势轻重。轻的可以自己处置,重的就必须到医院请医生诊断和治疗。所以,分辨伤势的轻重非常重要。立即用冰袋或冷毛巾敷局部,使毛细血管收缩,以减少出血或渗出,从而减轻肿胀和疼痛。冷敷的同时或冷敷后可用绷带、三角巾等布料加压包扎踝关节四周,并抬高伤肢,24小时后采取综合治疗,如外敷伤药、理疗、按摩等,必要时做封闭治疗,待伤情好转后,可进行功能性康复训练。对严重者,可用石膏固定。

4. 急性腰扭伤的治疗与康复

主要是在运动时,身体重心不稳定或肌肉收缩不协调,引起腰部扭伤。多数因腰部受力过度,或脊柱运动时超过了正常生理范围。例如,挺身式跳远中,展体过大;举重上挺时,过分挺胸塌腰;跳水时,下肢后摆过大,都有可能造成腰部扭伤。

腰部急性扭伤后,让患者平卧,一般不应立即移动。如果剧烈疼痛,则用担架抬送医院诊治。处治后,应卧硬板床或腰垫一枕头,使肌肉韧带处于放松状态。可针灸、外敷伤药或按摩。腰部急性扭伤不宜过早活动,以防转入慢性。

5. 关节脱位的治疗与康复

关节因受外力作用,使关节面失去正常的连接关系,称为关节脱位(或称为脱臼)。严重的关节脱位,伴有关节囊撕裂。关节脱位后,常出现畸形,与健肢对比不对称,因软组织损伤而出现炎症反应,局部疼痛,压痛和关节肿胀,并失去正常活动功能,甚至发生肌肉痉挛等现象。

对脱臼的关节,要限制活动,以免加重伤势,并且争取时间及早复位,即用正确的手法将脱出的骨端送回原处,然后予以固定。如果对骨骼组织不熟悉,就不要随意复位。复位不成功,应将脱臼的关节用绷带等固定好,送医院处理。

另外,脱臼有可能合并骨折,遇到这种情况,应及早送往医院治疗。

对于一般脱位,如果救护人能够复位,也可在现场进行。复位原则是放松局部肌肉,按损伤时的作用力向反方向牵引,首先拉开,然后旋转,用力不要过猛,复位后用绷带固定。

下面介绍几种常见关节脱位的复位方法:

(1) 下颌关节脱位。救护人先将两手的大拇指包上纱布,放在对方两侧下臼齿上,拇指压迫两侧臼齿,其余四指握下颌弓,提起下巴向后上方轻推,大拇指从牙上滑出。此时,可听到滑动声响,表示已复位。复位后,伤员上下牙齿可对齐,可自由张嘴,但在一个月内不宜大张嘴。

(2) 肩关节脱位。肱骨下脱位时,要伸臂,肩半外展,牵引,在腋内推肱骨头向上;前脱位时,要屈肘,上臂贴胸,外旋肩关节,肘贴胸向前移,横过胸前,旋肩关节,将手放到内侧肩;后脱位时,肩半外展,屈肘,外旋肩,肘向前移,用手推肱骨头。

(3) 肘关节脱位。伤员呈坐位,助手握住上臂做对抗牵引。治疗者一只手握患者胸部,向原有畸形方向持续牵引,另一只手的手掌自肘前方向肋骨下端向后推压,其余四指在肘后将鹰嘴突向前提拉,即可使肘关节复位。复位后将肘关节屈曲90°,用三角巾悬吊于胸前,或用长石膏托固定。2~3周后去除外固定,辅以积极的功能锻炼,以恢复肘关节的功能。

6. 网球肘的治疗与康复

手法治疗:手沿肱骨外侧髁向前臂用滚、按、揉、拿等手法操作,以舒筋活血,约5分钟;拇指静力点压痛点,约3分钟;在疼痛区域用弹拨及摇法,以理筋整复,约3分钟;强力点压痛点肱骨外上髁,约3分钟;最后用揉、拿、搓、抖法放松,并配合远端点穴。以上疗法每日1次,10次为1个疗程,疗程间休息2天,治疗及休息期间避免患肢劳累。

功能锻炼可持物做屈肘直角平端静力练习。或坐或站,患侧手持一重物(2~5千克为宜,不宜过重)。先直臂平端重物至水平位,后缓慢屈肘至直角,静力保持该姿势。每日5组,每组5~10分钟或遵医嘱。

7. 腕关节韧带损伤的治疗与康复

腕关节韧带损伤多有明显的外伤史,伤后出现腕部无力、关节活动不灵活等症状。轻者,一般无明显肿胀,仅在大幅度动作时出现疼痛;严重扭伤者,腕部会出现肿胀,疼痛较重。损伤处理与髁关节损伤的治疗与康复方法相同。

(三) 骨折的治疗与康复

强烈的肌肉收缩可拉断肌肉附着处的骨质。长期、反复的轻微作用力可导致疲劳性骨折。外来直接暴力或间接暴力均可引起骨折。骨折发生后,患者立即出现肿胀,皮下瘀血,有剧烈疼痛感(活动时加剧),有时骨折部位发生变形,移动时可听到骨摩擦声。

1. 骨折的处治必须要慎重

(1) 凡有骨折可疑的病人,均应按骨折处理。一切动作要谨慎、轻柔、稳妥。

(2) 首先要抢救生命,如病人处于休克状态中,应以抗休克为首要任务。

(3) 闭合性骨折有穿破皮肤、血管、神经的危险时,应尽量消除显著的移位,然后用夹板固定。

(4) 在大血管出血时,先止血。若骨折端已戳出伤口,并已污染,但未压迫神经、血管时,不应立即复位,以免将污物带进创口深处。

(5) 若在包扎创口时,骨折断端已自行滑回创口内,则送病人到医院后,务必向负责医师说明,促其注意。

骨折急救时,最重要的一项,就是用妥善的方法把骨折的肢体固定起来。

2. 几种骨折固定技术

院外急救骨折固定时,应就地取材,代替正规器材。如各种2~3厘米厚的木板、竹竿、竹片、树枝、木棍、硬纸板以及伤者健(下)肢等,都可作为固定代用品。

(1) 颈椎骨折固定。使伤者的头颈与躯干保持直线位置,用棉布、衣物等,将伤者颈、头两侧垫好,防止左右摆动。将木板放置头至臀下,然后用绷带或布带将额部、肩和上胸、臀固定于木板上,使之稳固。

(2) 锁骨骨折固定。用绷带在肩背做8字形固定,并用三角巾或宽布条于颈上吊托前臂。

(3) 肱骨骨折固定。用2~3块代用夹板固定患肢,并用三角巾、布条将其悬吊于颈部。

(4) 前臂骨折固定。用两块木块,一块放前臂上,另一块放背面,但其长度要超过肘关节,然后用布带或三角巾捆绑托起。

(5) 股骨骨折固定。用木板2块,将大腿、小腿一起固定,并将踝关节一起固定,以防这两部位活动引起骨折错位。

(6) 小腿骨折固定。腓骨骨折在没有固定材料的情况下,可将患肢固定在健肢上。

若出现休克,应先进行处理,即点按人中穴,并进行口对口人工呼吸或心脏外按摩;若伴有伤口出血,应同时实施止血和包扎;及时护送到医院进行检查和治疗。

(四) 脑震荡的治疗与康复

脑震荡是指头部受外力打击后,使大脑管理平衡的膜半规管、椭圆囊、球囊等感受器机能失调,直到引起意识和机能的一时性障碍。

处置方法:立即让患者平卧,头部冷敷。若有昏迷,即指压人中、内关、合谷穴;若呼吸发生障碍,立即进行人工呼吸。若须上述处理后,仍出现反复昏迷或耳、鼻、口出血,两瞳孔放大又不对称时,表明病情严重,应立即护送医院治疗。在运送途中,要让患者平卧,头部固定,避免颠簸。脑震荡一般都可以治愈,脑震荡无须特殊治疗,一般只需卧床休息5~7天,给予镇痛、镇静对症药物,减少外界刺激,做好解释工作,消除病人对脑震荡的畏惧心理,多数病人在两周内可恢复正常。但要注意休息和必要的药物治疗,保持情绪稳定,减少脑力劳动。在恢复过程中,可定期做脑震荡平衡试验,以检测病况进展。其方法是:闭目、单腿站立、两臂平举。如果能保持平衡,表明脑震荡已基本治愈。这时,可适当参加体育锻炼,但要避免滚翻或旋转性动作。

二、紧急性运动损伤的救护(急救)

有一些紧急性运动损伤,比如休克、大出血等,需要进行现场紧急救护,若不进行紧急救护,就会有生命危险。急救的目的是抢救生命和避免再度损伤,防止伤口感染,减少伤员的痛苦,预防并发症,为进一步治疗创造条件。因此,急救是治疗急性运动损伤的重要开端和基础。若急救处理不当,轻者加重损伤或感染,增加病人痛苦,重者会致残,甚至危及生命。

(一) 急救的意义和原则

对体育运动中发生的严重损伤进行及时、正确的临时性处理,可减轻患者的痛苦,减少并发症和感染,并为转送医院做进一步治疗创造条件,这对挽救生命安全具有十分重要的意义。急救是一项技术性、判断性很强的工作,急救时必须遵循以下原则:

(1)抓住主要矛盾,先急后缓。现场急救,如果同时出现多种损伤时,必须抓住主要矛盾进行急救。如发现休克,应先施行抗休克急救——针刺人中、内关穴,并及时进行人工呼吸;如伴有出血时,应同时施行止血,然后对其他损伤进行处理。

(2)判断准确,施行正确方法。急救人员要正确判断损伤性质和程度,并施行正确的抢救。

(3)分秒必争,临危不惧。危救时必须分秒必争、临危不惧、当机立断,切勿延误时机。当抢救有效后,应立即转送医院做进一步治疗。在运送途中,要保持患者平稳安静,随时观察病情,必要时继续进行人工呼吸。

(二)急救方法

急救技术有止血法、人工呼吸法、搬运法等。

1. 止血法

血液从损伤的血管流出称为出血,有外出血和内出血两种。外出血指血液从皮肤创口处向体外流出,是运动损伤中常见的一种。内出血指血液从扭伤的血管流向皮下组织、肌肉组织、体腔(颅腔、胸腔、腹腔、关节腔等)和胃肠道、呼吸道。内出血比外出血严重,特别是内脏破裂出血,初期常被忽视,容易发展成为大出血,危险性很大。

按损伤的血管不同分为动脉出血、静脉出血和毛细血管出血三种。

动脉出血:血色鲜红、血液自伤口的近心端呈间歇性喷射状流出,短时间内能造成大量失血,危险性大。

静脉出血:血色暗红、血液自伤口的远心端呈缓慢持续地向外流出,比动脉出血危险性小。

毛细血管出血:血色介于动脉血与静脉血之间,血液在创面上呈点状渗出,最后渗满创口,常会自行凝固止血,一般没有危险性。

通常所见的出血,多为混合性出血。通常我们采用的止血方法有:

(1)冷敷法。这种止血法常用于急性闭合性软组织损伤,最简便的方法是用冷水冲洗或用冷毛巾敷于伤处,有条件的可使用氯化烷喷射。可使血管收缩,减少局部充血,降低组织温度,抑制神经的感觉,因而有止血、止痛、防肿的作用。

(2)抬高伤肢法。把出血的肢体抬高超过心脏水平,这样可降低出血部位的血压,减少出血。如手、足部的出血,应尽量抬高出血的肢体,减低出血速度和减少血量。这种方法对小静脉和毛细血管出血很有效,而在动脉和较大静脉出血时,只能作为一种辅助方法。

(3)加垫屈肢法。用于前臂、手和小腿、足部出血。其方法是将棉垫放在肘窝或腋窝,把肘关节或膝关节尽量屈曲起来,再用绷带按"8"字形缠好。

(4)压迫法。有指压法、绷带法、止血带法。指压法常用于动脉出血,方法是在出血的部位用手指直接压迫出血部位。由于直接触及伤口,容易引起感染,所以最好敷上消毒纱布后进行指压。也可指压出血部位的上端动脉管,以切断血流渠道。常用的指压法有颞外动脉指压止血法、肱动脉指压止血法、胫前动脉指压止血法等。

在运动和生活中,常用的鼻出血止血法有:让患者保持坐位,头稍后仰,头后部靠在椅背上,用冷毛巾敷前额和鼻梁部,手指紧压鼻两侧止血,也可用无菌纱布塞鼻腔止血。

绷带包扎方法较多,要根据不同部位和伤势,按不同的方法进行包扎,如环行包扎法、螺旋形包扎法、反折螺旋形包扎法、8字形包扎法、三角巾包扎法等。绷带加压包扎止血法用于小静脉和毛细血管的出血。其方法是用无菌敷料覆盖伤口,再用绷带稍加压力包扎,从而达到止血的目的。

2. 人工呼吸法

人工呼吸法也有多种,其中以口对口人工呼吸法和心脏胸外挤压法最有效。

(1) 口对口人工呼吸法。首先清除患者口中的分泌物或呕吐物,松开衣领、腹部衣服,并及时将患者仰卧,头部后仰,托起下颌,捏住鼻孔,压住环状软骨(压迫食道)以防空气进入胃内。然后,急救者深吸一口气,两口相对,将大口气吹入患者口中,吹气后将捏鼻子的手松开。如此反复进行,吹气频率为每分钟16~18次,直至患者恢复自主呼吸为止。

(2) 心脏胸外挤压法。将患者仰卧在木板或平地上,急救者两手上下重叠,用掌根置于患者胸骨下半部,肘关节伸直,借助自身体重和手臂力量,适度用力下压,以将胸部下压3~4厘米为度,随即松手,胸部将自然回弹,如此反复进行。成人每分钟60~80次,小儿用单手挤压即可,每分钟90~100次,直至患者恢复自主心跳为止。

必要时口对口人工呼吸法和心脏胸外挤压法同时进行。急救者之间密切配合进行。

3. 搬运法

经现场急救处理后,应迅速、安全地将伤员转移到宿舍休息或医院治疗。搬运方法有徒手搬运法、扶持法、托抱法、双人椅托法、三人托抱法、担架法、车辆运送法等。

(三) 休克及其急救

休克是人体遭受体内外各种强烈刺激,如大面积的外伤或严重运动损伤后发生的全身性综合征。表现为微循环或组织代谢障碍和细胞受损的综合征。休克时组织缺氧、代谢紊乱,如不积极抢救,进而致使组织细胞功能衰竭,最终甚至会导致死亡。

1. 原因

运动损伤中并发休克的原因主要是剧烈疼痛,通常伴有一定量的失血,如骨和软组织损伤、脑脊髓损伤、睾丸挫伤等。由于强烈的神经刺激,可引起反射性的中枢抑制,使血管扩张,血液分布的范围增大,造成有效血容量相对减少。其次是大出血,引起血容量突然降低,如腹部挫伤、肝脾破裂时的腹腔内出血,致使有效循环血量不足,也可引起出血性休克。

发生休克的同时,如果患者伴有呼吸障碍、循环功能障碍、疲劳、饥饿、剧痛等情况时可加重休克。

2. 征象

病人早期出现兴奋不安、脉搏稍快、体温和血压可正常或稍高,此时易被忽略。随后病人可能出现意识模糊、表情淡漠、全身软弱无力、面色苍白、口渴、四肢发冷、气促、出冷汗、脉搏细弱、血压下降[收缩压降至10.67千帕(80毫米汞柱)以下,脉压小于2.67千帕(20毫米汞柱)等情况],进而出现昏迷,甚至死亡。

3. 抗休克措施

让病人安静平卧,严重者头部放低,如头部受伤、呼吸困难者,应稍抬高头部、松解衣领、保持呼吸道畅通,并给予安慰和鼓励,以消除伤员思想上的紧张和恐惧。神志清醒又无消化道损伤时,可给以适量的姜糖水、热茶等饮料,以减轻伤员口渴,并应注意保暖。

针对病因进行处理,如因外出血引起的休克,要立即选择适宜的止血法,使出血停止,内出血时可做冷敷。由于外伤、骨折等剧烈疼痛引起的休克,应给以镇痛剂止痛。对骨折者应以夹板或其他方式固定伤肢。如有呼吸障碍,可进行人工呼吸。对于出现意识模糊的休克伤员,可指掐人中穴、涌泉穴,促使其苏醒。

休克是一种严重而危险的病理状态,因此在急救的同时,应迅速请医生来处理。

（四）脱位及其急救

由于暴力作用,使关节面之间失去正常的连接关系,叫作关节脱位。在体育运动中多见的是损伤性脱位,按程度不同,可分为半脱位和全脱位两类。半脱位是关节面部分错位；完全脱位时常伴有关节囊撕裂、关节周围韧带和肌距的损伤,属于严重运动损伤。

1. 原因

（1）直接暴力。暴力冲击致使关节脱位。

（2）间接暴力。运动中发生的关节脱位,大多是由于间接外力所致,如摔倒时直臂手撑地引起的肘关节脱位或肩关节脱位。

2. 征象

脱位时伤员听到关节处有一响声,受伤关节剧烈疼痛并有明显压痛,主要是由于关节位置的改变使神经和软组织受到牵扯和损伤。

由于周围软组织内血管撕裂出血和软组织损伤后出血的炎症反应,导致局部肿胀。若移位较小者,肿胀也较轻,可以清楚地摸出关节的骨性外形；移位大者,肿胀明显。

由于关节正常结构的破坏,失去了枢纽作用及软组织的正常功能。

关节脱位后肢体的轴线有改变,与健侧肢体比较,伤肢有变长或缩短的现象,正常关节隆起处塌陷而塌陷处则隆起突出,整个肢体常呈现一种特殊的姿势。通过X线检查,还可发现脱位的方向、位置及有无骨折存在。

3. 急救

伤后理想措施是立即施以整复手法,病人痛苦少,成功率高,但没有整复技术和经验的人做整复手法会引起更严重的损伤,影响以后功能的恢复。因此,伤后应立即用夹板和绷带把脱位的伤肢以原来的姿势固定。若肩关节脱位时,可取三角巾两条,将三角巾的顶角向底边对折,再对折一次成宽带。一条三角巾用以悬挂前臂,悬臂带斜挎胸背部于健肩上缚结,另一条三角巾绕过伤肢上臂于健侧腋下缚结,尽快送医院处理。

第八章 有氧锻炼

第一节 有氧锻炼概述

一、有氧锻炼的起源与发展

有氧锻炼起源于美国。1968年,美国空军运动研究室的医学博士肯尼思·库珀经过多年的研究、探索,提出了"有氧运动法"及其运动处方,即通过运动增加氧气的消耗量,从而促进血液循环功能的身体调理法。

库珀认为,健康的标准并不是通常人们认为的肌肉发达、外表强壮,只有心肺功能良好才是真正的健康。有氧运动的时间要求大于30分钟,最好在30~60分钟之间,这样可以使血液循环系统、呼吸系统得到充分、有效的刺激,提高心肺功能,从而让全身各组织、器官得到良好的氧气和营养供应,维持最佳的功能状况。

退役后,库珀成立了一家集医疗、科研和健身俱乐部于一体的有氧锻炼中心。目前,在全世界流行的"12分钟跑体能测验""有氧锻炼得分制"等都是由库珀提出的,人们称他为"有氧运动"之父。

有氧运动提出以后,很快得到人们的认可,并传播到世界各地,现在它已成为全民健身运动的有机组成部分。

有氧运动成为改变世界健身趋势的创举。这种通过跑步等增进心肺功能的运动方法迅速在美国乃至全世界风靡开来。

有氧运动的特点是强度低、有节奏、不中断和持续时间长。它是最经济、最方便、最有效的运动方式。国际上公认的最理想的有氧运动是走路或慢跑,此外还包括爬楼梯、跳舞、跳健身操、打太极拳、游泳等。

随着经济的持续发展,人民生活水平的不断提高,健康已成为人们追求高质量生活最关心的问题,越来越多的人开始参与到有氧运动中来。现在,它已成为人们生活中不可缺少的组成部分。

为了更广泛地开展群众性体育活动,增强人民体质,推动我国社会主义现代化建设事业的发展,1995年6月,国务院提出了《全民健身计划纲要》,号召全社会广泛开展全民健身运动。目前,全民健身运动在全国范围内蓬勃发展,具有中国特色的全民健身体系的框架已经初步形成。全民健身运动的开展,有利于提高人民的生活质量,丰富业余文化生活,促进社会进步,有利于加强社会主义精神文明和物质文明建设,提高我国的综合国力,振奋民族精神。

有氧运动不受时间、地点、场地、天气的影响,也不受练习者性别、年龄、体质状况和健康水平的限制。其练习形式纷繁多样,运动量可大可小,动作有难有易,时间亦长亦短,不同的锻炼人群均可以找到适合自己的锻炼内容与方法,是全民健身计划不可缺少的重要组成部分。

二、有氧锻炼的运动价值

(一)有氧锻炼的基本原理

有氧锻炼是指人体在氧气充分供应的情况下进行的体育锻炼。即在运动过程中,人体吸入的氧气与需求相等,达到生理上的平衡状态。简单来说,有氧锻炼是指任何富含韵律性的锻炼,其运动时间较长(约20分钟或以上),运动强度在中等或中上的程度(最大心率之75%~80%)。

是不是"有氧锻炼",衡量的标准叫靶心率。这是判断有氧运动的重要依据。靶心率指运动时需要达到的目标心率,它与年龄有着密切的关联,其计算公式为:靶心率=[(220-年龄)×60%~(220-年龄)×80%]次/分。

有氧锻炼心率有一个特定的范围,一般而言,越接近有氧心率范围的高限,训练效果越好,但需要循序渐进和量力而行,不宜单纯追求心率指标。心率保持在150次/分的运动量为有氧锻炼,因为此时血液可以供给心肌足够的氧气。因此,它的特点是强度低,有节奏,持续时间较长。要求每次锻炼的时间不少于30分钟,每周坚持3~5次。这种锻炼,氧气能充分燃烧(即氧化)体内的糖分,还可消耗体内脂肪,增强和改善心肺功能,预防骨质疏松,调节心理和精神状态,是健身的主要运动方式。

有氧锻炼可提高机体的摄氧量,增进心肺功能,是达到健康效应的最佳方式。有氧锻炼包括步行(散步、快走)、慢跑、打球、游泳、爬山、骑自行车、健身操、太极拳等。与举重、赛跑、跳高、跳远、投掷等具有爆发性的非有氧锻炼相比较,有氧锻炼是一种恒常运动,是持续5分钟以上还有余力的运动。有氧锻炼是提高体质的有效方法,可许多人对有氧锻炼只有一个模糊概念。其实,人体中糖的分解代谢在氧供应充分的情况下,最终生成二氧化碳和水,而在氧供应不充分的情况下,即启动无氧代谢,生成乳酸中间产物,再在有氧的情况下,代谢成水和二氧化碳。有时,运动太剧烈了,氧供应不足,乳酸生成就多。剧烈运动后感到肌肉疼痛就是这个缘故。由此可知,所谓有氧锻炼就是不太剧烈的运动,能保证体内充足氧气供应的运动。究竟有氧锻炼是通过什么方式、怎么样来增强体质的呢?对此,北京体育大学窦文浩教授认为,有氧锻炼是指那些以增强人体吸入、输送氧气,以及以使用氧气能力为目的的耐久性运动。这些活动能有效地改善心、肺与血管的功能,而这些对人的健康是至关重要的。窦教授说,有氧代谢运动的核心概念是平衡,平衡是健康之本,这包括机体动与静的平衡,心理上紧张与松弛的平衡,以及新陈代谢的平衡。

有氧锻炼对体质的改善作用,主要体现在以下几点:第一,增加血液总量。氧气在体内是随血液供应到各部位的,供血量提高,也就相应增强了氧气的输送能力。第二,增强肺功能。有氧代谢使锻炼者的呼吸加快,从而提高肺活量,提高吸入氧气的能力。第三,改善心脏功能,防止心脏病的发生。有氧代谢运动使心肌强壮,每次排出更多的血液,并且提高血液中对冠心病有预防作用的高密度脂蛋白的比例。第四,增加骨骼密度,防止骨质疏松。随着年龄增长,人体骨骼中的钙渐渐减少,因此老年人容易骨折,有氧代谢运动可有效防止钙的损失。第五,减少体内脂肪,预防与肥胖有关的疾病。第六,改善心理状态,增加应付生活中各种压力的能力。一个人在缺少运动时,常感到疲劳、情绪抑郁、记忆力减退,甚至丧失工作兴趣。有氧代谢运动可扭转这种状态,使人情绪饱满,精神放松。

(二)有氧锻炼可改善人体代谢功能

(1)有氧锻炼可使肌肉的功能逐渐适应,表现为肌肉内肌糖原储备增加,线粒体量增加及线粒体有氧代谢酶活性增强,肌肉内毛细血管密度增加,因而肌肉耐力增强。运动时对血氧的摄取及利用能力增强,使动静脉氧差增大,在做同样工作时,对血液循环的需求降低,使心血管的功能储备相对增加。

(2)有氧锻炼可预防肌肉等软组织损伤,还可促进肌肉等软组织损伤的修复。运动时,各肌肉收缩速度慢,肌张力低,用力轻微。这不仅容易使各型肌纤维均衡协调地得到有效刺激锻炼,而且可将损伤降低到最低限度或者不会形成新的损伤。得到有效刺激锻炼的红肌纤维周围毛细血管丰富,所以,也有利于损伤的修复。又因为红肌纤维代谢时不产生乳酸等物质,锻炼之后,不仅不易疲劳,而且没有酸胀、疼痛等不适反应,所以,在轻松锻炼之中能达到健身的目的。

(3)有氧锻炼可控制体重,有减肥和预防高血压的效果。一般运动或剧烈的运动锻炼,需要消耗较大的能量,如不通过增加食欲或者其他方法来补充能量,势必造成人体的能量供应不足;如果补充的能量太多,又可导致人体的能量供应过剩,引起肥胖。长期坚持大的运动量锻炼,必然要保持长期充足的能量供应,如果由于某种原因停止剧烈运动或运动量减少,增大的食欲却一时难以控制,而摄入的物质不能充分消耗,这是导致运动后肥胖并引起一系列临床症状的重要原因。有氧运动锻炼时,活动的强度较小,是一种动作极为缓慢、出力极小甚至感觉不到出力的运动,但能加强肌肉尤其能加强下肢及腰背大肌群的锻炼。且这样习练,虽消耗的能量较多,但劳累疲乏的感觉较少,也不需要像大运动量那样,通过增加更多的食物来补充在运动中所耗的能量,因此在一定程度上可预防肥胖和保持良好的体形。有氧运动锻炼时,心跳、呼吸不快或者加快不明显,且累、困、乏的感觉也不明显,也有利于坚持锻炼。有氧运动有利于下肢肌肉的锻炼,当下肢肌肉内储存的血量较多时,可引血下行、引气下走,有防治高血压的作用。

(4)有氧锻炼是调节肌肉内部各型肌纤维平衡的关键。有氧锻炼主要对力量弱小的红肌纤维进行训练,只有当该肌肉达到一定的力量时,才易达到红肌纤维和白肌纤维之间的调节锻炼,从而使肌肉内部各型肌纤维的肌力实现均衡渐次地增长,使各肌纤维参加的运动达到动态的力学平衡。

但在有氧锻炼中,也存有一个误区,许多人认为,空气中氧含量高,全身循环加快吸入氧气多的运动就是有氧运动。这种认识是片面的。当然,当空气中氧的含量高,大运动量吸入氧气多,局部与全身的循环加快,在机体实现有氧代谢时,有利于机体对氧的所需。但从肌纤维有氧代谢来看,大运动量未必能最大限度地实现有氧代谢供能。如何认识自己所做运动是否是有氧运动,只有在锻炼时观察、分析锻炼时的各种反应及感觉,根据各型肌纤维的生理代谢特点,反复实践论证,才能判定机体组织是否在最大限度地实现有氧(代谢)供能。

(三)有氧锻炼的健身功能与心理健康效应

1. 健身价值

健身的价值在于提高体适能。体适能包括心肺耐力素质、肌肉力量素质、柔韧性素质和身体成分等。体适能的发展是积极从事锻炼的结果,只有规律性的体育锻炼才能达到最佳的体适能。

(1) 提高心肺耐力素质。

心肺耐力是指全身肌肉进行长时间运动的持久能力,是体内心肺系统对身体各细胞的供氧能力。人体的心脏、肺、血管、血液等组织的功能是心肺耐力的基础,它们与氧气和营养物质的输送以及代谢物的清除有关。健全的心肺功能是健康的基本保证。

系统的体育锻炼可以使心肌增厚,收缩力加强,心室容积增大,从而使心脏的泵血功能增强,表现为心排血量增加,使心脏的能力得到提高。

系统的体育锻炼可以促进呼吸系统机能的提高,表现为呼吸肌的力量增强,肺活量、肺通气量明显增加,呼吸系统工作能力提高,以保证对机体供氧的能力。

系统的体育锻炼可以促进心血管系统的形态、机能和调节能力产生良好的适应力,从而提高机体的工作能力。

系统的体育锻炼可以使血液系统产生某些适应性变化,如血容量增加、血黏度下降、红细胞膜弹性增强和红细胞变形能力增强等。

(2) 提高肌肉力量素质。

肌肉力量是指肌肉最大收缩产生的对抗阻力或负荷的能力。肌肉力量只有达到一定的程度,才能克服外界阻力,而克服外界阻力是维持日常生活自理,从事各种劳动和运动的必要前提。

系统的体育锻炼可以提高肌肉的生理横断面积,可以改善神经系统对肌肉收缩的支配功能,还可以提高肌肉内代谢物质的储备量,以有效地提高肌肉质量和肌肉的力量。

(3) 提高柔韧性素质。

柔韧性是指人体各关节的活动幅度,即关节的肌肉、肌腱和韧带等软组织的伸展能力。柔韧性对于保证正常生活质量、维持正常体态、预防损伤发生和减轻损伤程度等方面均起到至关重要的作用。

系统的体育锻炼还可以延缓因年龄因素而导致的柔韧性下降,预防因缺乏运动而导致的关节结构、周围软组织和膝关节肌肉退化,从而使锻炼者的日常生活、劳动和运动等更加充满活力。

(4) 改善身体成分。

身体成分中的脂肪成分增加,肌肉成分必然下降。身体中不具备收缩功能的脂肪组织增加,必然导致身体进行各种活动的能力下降,基础代谢水平降低和肥胖症、冠心病、高血压、糖尿病、高血脂等慢性疾病发病率的提高,因此,身体成分是保证人体健康的重要内容之一。

通过系统的体育锻炼,随着锻炼者体质的增强,热量消耗便随之增加,进而燃烧掉体内多余的脂肪,身体成分得到改善。而身体成分的改善,又可以减少体重对关节可能带来的不利影响,还可以使肥胖者的心理状况得到改善,增强其自尊心和自信心,使其逐步建立起健康的生活方式。

2. 心理健康效应

研究证明,有规律的体育锻炼不但可以使锻炼者增强体质、促进身体健康、预防一些慢性疾病,还可以提高锻炼者的生活满意度和生活质量,对心理健康产生明显的积极影响。体育锻炼的心理健康效应主要表现在以下六个方面。

(1) 改善情绪状态。

研究发现,体育锻炼对人的情绪状态具有显著的短期效应。运动后人们的焦虑、抑郁、紧张和心理紊乱等症状的程度显著减轻,而精力和愉快程度则显著增强。而且这种情绪的迅速变化,与锻炼者个体的健康状况、活动形式和活动强度等有着直接的联系。体育锻炼对人情绪的长期效应有着直接的影响,与不锻炼者相比,有规律的锻炼者在较长时期内很少会产生焦虑、抑郁、紧张和心理紊乱等情绪。

(2) 完善个性行为特征。

人们的行为特征一般可以分为两种类型,用A型行为特征和B型行为特征来表示。A型行为特征主要表现为性情急躁、争强好胜、容易激动、整天忙碌和做事效率高等。B型行为特征主要表现为不好竞争、不易紧张、不赶时间、对人随和、喜欢自由自在等。具有A型行为特征的人由于过度紧张的情绪反应,会引起内分泌失调,增加心脏病发病的概率。目前的一些研究主要集中在体育锻炼对改变A型行为特征的作用方面。研究结果表明,有规律的体育锻炼能明显改变A型行为特征,使其发生显著的积极变化。

(3) 确立良好的自我概念。

自我概念是指个体对自己身体、思想和情感的主观整体评价,它由许多自我认识组成,包括我是什么人、我主张什么和我喜欢什么等。

坚持体育锻炼,可以使锻炼者体格强健、精力充沛、提高驾驭身体的能力,从而改善对自身的满意程度,确立良好的自我概念。

(4) 改变睡眠模式。

根据脑电图的显示,人的睡眠可以分为两种状态,即慢波睡眠状态和快波睡眠状态,前者为浅度睡眠状态,后者为深度睡眠状态。一夜之间两种睡眠状态会交替发生4~5次。

有规律的体育锻炼不仅对慢波睡眠有促进作用,而且能缩短入眠的潜伏期,并延长睡眠的时间。

(5) 改善认知能力。

体育锻炼还能改善人的认知过程,避免反应时间过长、注意力不集中和思维混乱等症状的发生,尤其对老年人的认知能力,改善效果更为明显。

(6) 增加心理治疗效应。

体育锻炼被公认为是一种心理治疗的好方法。目前人群中常见心理疾患是抑郁症和焦虑症。研究发现,体育锻炼是治疗抑郁症的有效手段之一,如抑郁症患者经过有规律的体育锻炼,抑郁症状能显著减轻。

体育锻炼还具有治疗焦虑症的作用,经过有规律的体育锻炼,可以使锻炼者的焦虑症状明显改善。

这里,我们可从中国传统的健身方法得到一些启示。武术习练都首先要求练内家拳和放松功夫,这就是先进行肌纤维中力量弱小部分的功能锻炼,尤其是红肌纤维中力量薄弱部分的练习,并强调这是整个锻炼过程的根基和关键。这就是今天提倡的,可受益终身的有氧运动。如20世纪60年代我国武术家王芗斋总结过这么一席话:凡剧烈运动者,绝少享寿高年。拳术家因锻炼不当而损命残身者,更不知凡几。学拳之道,千头万绪,繁难已极,释其大要亦极简单,学拳之利弊应在用力时,动静之间加意体察,非仅使身体的外形上为多种情形之运动也。练拳时,应用神意,观察全身内外,一举一动是否符合运动健身的三个条件,动为什么?静为什么?结果是什么?中间过程的现象是什么?锻炼时,慢优于快,缓胜于急,动愈微而神愈全,非达舒畅有趣而得劲者不足曰拳。锻炼时要从不动中求速度,从拙笨里求灵巧,从无力中求有力,从平常中求非常,若舍平常而学非常就无异走入了歧途。这席话,可谓具有哲理的有氧健身运动。

目前,大量事实证明,坚持科学的有氧运动锻炼可以改善心、肺及代谢功能,控制血脂及体重,对防止血管硬化及心脑血管疾病,提高远期生存率有重要作用。

第二节　有氧锻炼处方的组成要素

一、有氧锻炼处方概述

锻炼处方是20世纪50年代初美国著名的生理学家卡波维奇提出的概念。1964年,世界卫生组织使用了"锻炼处方"这一术语,从而使这一术语在国际上得到了广泛开展。锻炼处方是以身体练习为手段,针对不同的人的健康状况,为改进、完善、提高、增强身体某一部分或整体的功能,而制定出适合个体状况的运动程序,用处方的形式来确定有针对性的负荷内容与负荷的实施系列练习方法。运动处方的特点是以个体客观存在的问题为依据,运动处方的设计与制定是建立在分析、评价个体测试体质状况基础上,被测试者的指标是通过分析数据与其他正常指标数据相比较而发现异常的。数据经过分析、处理之后,结合个体的具体情况并考虑到个体的兴趣爱好、年龄、身心特点、文化水平、场地、气候等多种因素而制定锻炼处方。

有氧锻炼处方的种类繁多,健身运动处方即是其中之一,其定义可表述为:根据健身体育从事者的身心条件和特点,以处方的形式确定体育锻炼内容、运动强度、持续时间、锻炼频率等,以发展身体、增强体质、增进健康为目的。其特点是:不受年龄、性别、体质强弱的限制,针对性强、收效快;科学性强;有计划性,目的明确,易坚持。运动医学表明,体育运动作为一种应激原可引起机体各器官系统发生明显的适应性改变,但不良作用也时有发生,关键在于适当的运动负荷的选定。适当运动可增强心肺功能、肌肉力量及免疫功能等,达到增强体质、防治疾病的功效。因此,确定适当的运动方式、强度、时间、频率及运动计划进度是制定安全有效运动处方的关键。

二、有氧锻炼处方的主要构成要素

(1) 合理的运动项目:即选择什么运动项目最合适。
(2) 合理的运动强度:即运动的激烈程度应有多大。
(3) 合理的运动时间:即每一次运动应持续多长时间。
(4) 合理的运动频率:即一星期锻炼几次。

三、有氧锻炼处方的主要内容

根据处方对象的个人情况,明确了处方的目的,完成了相应的功能评定之后,就可以开始制定运动处方了。一个完整的运动处方应包括锻炼目标、锻炼内容、运动负荷和注意事项等内容。

1. 有氧锻炼目标

制定运动处方之前,首先应当明确锻炼的目标,或称"近期目标"。耐力处方的锻炼目标,是提高心肺功能、减肥、降血脂,或防治冠心病、高血压、糖尿病等。

力量和柔韧性处方的目标,应当具体到将要进行锻炼的部位,如加大某关节的活动幅度,增强某肌群的力量,等等。力量处方中还需要确定增强何种力量,如动力性力量还是静力性力量,向心力量还是离心力量,以便采用不同的练习方法。

在康复锻炼运动处方中,首先需要考虑康复锻炼的最终目标,或称"远期目标"。如达到可使用轮椅进行活动,或使用拐杖行走,或恢复正常步态,或恢复正常生活能力和劳动能力,或恢复参加运动训练及比赛,等等。在近期目标中,应规定当前康复锻炼的具体目标,如提高某个或某些关节的活动幅度,增强某块肌肉或某组肌群的力量,需要增强何种肌肉力量,等等。

2. 有氧锻炼内容

有氧锻炼内容即锻炼时应采用的手段和方法。为提高全身耐力,多选择有氧训练;肢体功能的锻炼,可采用力量练习、柔韧性练习、医疗体操和功能练习、水中运动等;偏瘫、截瘫和脑瘫患者需按神经发育原则采用相应的治疗方法,并且常常需要采用肢体伤残代偿功能训练、生物反馈训练等。

3. 运动负荷

运动负荷的大小取决于多种因素。以持续运动为主的耐力处方,与力量处方、柔韧性处方的运动负荷有所区别。运动负荷的大小决定因素,综合起来有以下几个方面。

(1) 运动强度。

在有氧运动中,运动强度取决于走或跑的速度、蹬车的功率、爬山时的坡度等。在力量和柔韧性练习中,运动强度取决于给予阻力或阻力的负荷重量。运动强度制定得是否恰当,关系到锻炼的效果及锻炼者的安全。应按照个人特点,规定锻炼时应达到的有效强度和安全界限。

在运动过程中,运动强度过小,则无法达到锻炼的效果;运动强度过大,不仅达不到最佳的锻炼效果,还可能产生一些副作用,甚至出现意外事故。确定运动强度可采用心率简易推测法。

年龄在20岁左右的年轻人,身体健康,能坚持体育锻炼,欲进一步提高自体机能,可取最大心率值(最大心率值 = 220 - 年龄)的65% ~ 85%。

年龄在45岁以下,身体基本健康,有运动习惯者,开始进行健身锻炼,可取最大心率值的65% ~ 80%;没有运动习惯者,开始进行健身锻炼,可取最大心率值的60% ~ 75%。

年龄在45岁以上,身体基本健康,有运动习惯者,开始进行健身锻炼,可取最大心率值的60% ~ 75%。

没有运动习惯者,建议根据自身情况咨询专业人员来指导和确定运动强度。

(2) 持续时间。

运动强度和运动持续时间,决定了一次锻炼的运动量和热量消耗。运动持续时间与运动强度成反比,运动强度大,运动持续时间则相应缩短;运动强度小,则运动持续时间应相应延长。

一般的健身锻炼,运动持续时间以每天20 ~ 60分钟为宜,其中包括准备活动时间、健身锻炼时间和整理活动时间。每次健身锻炼应在20分钟以上,锻炼可一次性完成,也可分段进行,但每段的活动时间应在10分钟以上。

(3) 重复次数、完成组数及间隔时间。

力量处方和柔韧性处方中,应规定每个练习需重复的次数(阶组),一共完成几组以及次与次、组与组之间的间隔时间。不同的锻炼方案将收到不同的锻炼效果。

(4)运动频率。

运动频率指每日及每周锻炼的次数。一般每日只需锻炼一次,每周锻炼3~4次,即隔日锻炼一次。让机体有足够的休息时间,可使机体得到"超量恢复",收到更好的锻炼效果。

第三节 有氧锻炼处方的实施过程

一、有氧锻炼处方实施的基本条件

在欧洲一些发达国家,目前已将有氧运动、平衡膳食和心理平衡作为健身养生的三大核心内容。随着社会的进步和机械化程度的提高,不但繁重的体力劳动在逐渐减少,而且劳动的强度也在逐渐减弱,而脑力劳动却越来越多。从生理上讲,脑力劳动的主要特点是,以一些习惯性的固定姿势和动作为主,尤以坐姿居多,活动的强度不大。这些姿势或动作用力的肌纤维,应以红肌纤维为主,这样的运动应是有氧运动。所以,在进行运动健身时,随时随地进行姿势或动作的合理调整,就可达到有氧运动的目的。据说,英国办公室里电脑屏幕、键盘、鼠标的摆放与每位员工是否合适,坐姿是否正确,均有特定的监督人员定期(每年多次)监察执行,且每工作1小时必须离开电脑座位,活动5分钟左右方能继续工作,如此指导人们如何保持工作姿势和运动健身,所有这些均已列入了英国的法律,实际上,也是指导人们在工作中实现有氧运动。这就充分体现了他们注重健康的工作理念。这些看似简单却对人们健康十分有益的养生方法,是值得我们借鉴的。

从解剖生理学和运动的平衡原理可以看出,要达到随时随处实现有氧运动健身的目的,应满足如下基本条件:

(1)运动所需的能量必须得到充足供应,也即能量物质的产生、来源必须充足或者循环代谢必须通畅,运动的代谢产物可及时得以处理或排泄。因这些能量物质的产生与代谢产物的处理主要是由内脏器官完成的,所以,支配内脏的神经调节必须协调均衡。

(2)躯干尤其是脊柱随时能维持良好的姿势,脑、脊髓、脊神经及周围神经的循环能够顺畅,神经系统不受异常的挤压、牵拉等刺激,使各神经细胞完成其正常活动有坚实的物质基础,促进各种相关功能的正常甚至超常发挥。

(3)在日常生活、工作、娱乐及锻炼中,纠正不良习惯姿势,重点加强腰背及下肢肌力的练习,防止关节的损伤。

(4)控制体重,减轻运动的负荷,有减肥和预防高血压的效果。

(5)改善末梢循环,延缓退化衰老速度。

二、有氧锻炼前的准备活动

准备活动是指在正式运动之前进行的有目的的身体练习。做好充分的准备活动,可以缩短机体进入最佳状态的时间,同时还可以预防运动损伤的发生,为机体发挥最大的工作效率做好功能上的准备。

(一)准备活动的作用

1. 提高中枢神经系统的兴奋状态

(1)使大脑反应速度加快,参加活动的运动中枢神经间相互协调。

(2)为正式运动时生理机能达到适宜程度提前做好准备。

2. 提高机体代谢水平

（1）准备活动可以使锻炼者体温升高，降低肌肉黏滞性，使肌肉的伸展性、柔韧性和弹性增强，从而有效预防运动损伤的发生。

（2）准备活动可以增强体内代谢酶的活性，使物质代谢水平提高，以保证运动时有较充分的能量供应。

3. 克服内脏器官的生理惰性

（1）准备活动可以提高心血管系统和呼吸系统的机能水平，使肺通气量及心排血量增加。

（2）可以使心肌和骨骼肌的毛细血管扩张，使其工作肌获得更多的氧，从而克服内脏器官的生理惰性，使之尽快达到最佳状态。

4. 增加皮肤毛细血管的血流量

准备活动可以使皮肤毛细血管的血流量增加，运动后毛细血管扩张，有利于散热，降低体温，有效防止开始正式活动时由于体温过高而影响运动能力。

（二）准备活动的要求

1. 准备活动的时间

（1）准备活动的时间可以根据运动项目的具体情况确定，一般以 10~30 分钟为宜。

（2）准备活动与正式运动的间隔时间，一般以不超过 15 分钟为宜，可以在做完准备活动后立刻进行正式运动。

2. 准备活动的强度

（1）准备活动的强度和量应比正式运动小，以免引起不必要的疲劳。

（2）准备活动的量可以由心率来决定，心率以 100~120 次/分为宜。

3. 准备活动的内容

（1）一般性准备活动。一般性准备活动的内容多以伸展运动开始，然后进行一般性的跑步、徒手体操等活动。

（2）专门性准备活动。专门性准备活动的动作方法、节奏和强度等与正式锻炼相似，目的是使人体主要肌群在运动前得到动员，为正式锻炼做好准备。

三、有氧锻炼的实施内容

有氧锻炼一般不受时间、地点、场地、天气的影响，也不受练习者性别、年龄、体质状况和健康水平的限制。其练习形式纷繁多样，运动量可大可小，动作有难有易，时间可长可短，其锻炼方法多种多样，完成难度较小，容易组织与开展，对大学生的健身、减肥等都有效果，深受大学生的喜爱。这是主要介绍一些简单易学、便于锻炼的项目，供大学生学习。

（一）健步走

健步走是一项以促进身心健康为目的，讲究姿势、速度和时间的步行运动。健步走不受年龄、时间和场地的限制，不同年龄的人群可以根据自己的时间随时随地进行锻炼。运动装备简单，不易发生运动伤害。健步走包括散步走、倒步走和快步走等。

1. 散步走

散步走是指闲散、从容地行走。通过散步走，全身关节得到适度的运动，持之以恒，能起到强健身体、延年益寿的作用。散步走包括普通散步、手臂背向散步、摆臂散步和摩腹散步等。

（1）普通散步要求。躯干伸直，收腹、挺胸、抬头、收臀，保持脊柱呈一直线；肘关节自然弯曲，以肘关节为轴，自然前后摆臂，同时腿向前迈，脚跟先着地，过渡到前脚掌，上下肢协调运动，并配合均匀的呼吸；两肩放松，手臂自然下垂。

（2）手臂背向散步要求。躯干伸直，收腹、挺胸、抬头、收臀，保持脊柱呈一直线，两手放于背后，自然交叉，同时腿向前迈，脚跟先着地，过渡到前脚掌，然后推离地面。

（3）摆臂散步要求。躯干伸直，收腹、挺胸、抬头，两臂随步伐做较大幅度摆动，同时腿向前迈，脚跟先着地，过渡到前脚掌，然后推离地面，身体保持自然正直，两臂前后摆动，两手自然握拳。

（4）摩腹散步要求。躯干伸直，收腹、挺胸、抬头，行走时两手旋转按摩腹部，每走一步按摩一周，正反方向交替进行；身体保持自然正直，抬头、挺胸、收腹、收臀，保持脊柱呈一直线。

2. 倒步走

倒步走即反向行进，倒着走步。其动作简单，容易掌握，不论年龄大小、男女老少，都可以进行锻炼。经常进行倒步走，有利于肢体骨骼的保养。

倒步走要求：两腿交替向后迈步，右腿支撑，左腿屈膝，后摆下落，前脚掌先着地，再过渡到全脚掌着地，身体重心随之移至左腿，右腿屈膝，后摆下落，前脚掌先着地，再过渡到全脚掌着地；全身放松，身体直立，胸部挺起，膝关节不要弯曲，两臂协同两腿前后自然摆动。上体保持自然直立，目光平视，后退时，支撑腿用力挺直，膝盖不能弯曲；倒步走时，练习者对空间的知觉能力明显下降，容易发生向各个方向的跌倒，因此，练习时步速不应太快，走步过程中要掌握好方向。

3. 快步走

快步走是一种步幅适中、步速较快（130～150 米/分）、运动量略大的走步运动。经常练习可以提高练习者身体的协调性。

快步走的要求：两臂配合两腿协同摆动，前摆时肘部呈 90°，手臂高度不高于胸，两臂在体侧自然摆动，摆幅随步幅的变化而变化；两腿交换频率快，步幅尽量稳定，前摆腿的脚跟着地后迅速滚动至前脚掌，后脚随之离地；二脚以脚内侧为准，沿直线进行，臀部随迈步动作略转动，但不宜过大；步速均匀，也可以变速走；身体适度前倾 3°～5°，抬头、挺胸、收腹、收臀；步幅适当，提高速度主要靠加快步频，速度以 5～7 千米/小时，快走 30 分钟左右，脉搏控制在 120～150 次/分为宜；冬天快步走之前，应先慢步走，走至脚发热后再进行快步走。

（二）健身跑

健身跑的强度大于步行，属于中等强度的运动方法。其运动量容易控制，不受性别、场地、时间的制约，是一种理想的有氧锻炼健身方式。健身跑包括小步跑和长距离慢跑等。

1. 小步跑

小步跑是指在跑步过程中，步频较快、步幅较小的一种跑步方式。小步跑练习可以提高呼吸系统和心血管系统的功能。

小步跑的要求：上体正直或略前倾，身体不要后仰，重心抬高，骨盆前挺，全身舒展；膝关节放松，两腿交替屈膝抬起后，迅速放松下落，小腿顺势前摆，用前脚掌着地，完成"扒"地动作，并迅速伸直腿和膝、髋关节；两臂屈肘，肩部放松，配合两腿动作前后摆动。脚不要抬高，脚尖离地面 15～20 厘米；开始锻炼时，应以较慢的速度或接近快步走的速度进行跑，这样运动负荷小，锻炼后恢复也较快。

2. 长距离慢跑

长距离慢跑是指在跑步过程中,步频较慢、步幅适中的一种跑步方式。长距离慢跑练习,可以改善新陈代谢,锻炼心肺功能,提高有氧运动耐力。

长距离慢跑的要求:身体略前倾(约5°左右)或呈正直,躯干不要左右摇摆,头部与上体呈一直线,面部和颈部的肌肉放松,目视前方;在大腿前摆的过程中,小腿保持放松和自然下垂,当后蹬结束时,摆动腿的小腿和蹬地的大腿近于平行;大腿再向前抬起时,应快速下压,小腿做前摆动作;大腿开始下落时,膝关节自然伸直;脚与地面接触之后,落地腿的膝关节略弯曲,再向前摆动时,应略向内偏。每次慢跑控制在30~50分钟,每周至少3次,心率控制在110~150次/分;跑步时应注意呼吸的节奏,可以两步一呼、两步一吸,或者三步一呼、三步一吸,应尽量采用腹式深呼吸。

(三)室内实用器械锻炼

器械锻炼已经越来越受到大学生的青睐,它具有其他体育项目不可替代的作用。通过系统、科学、持久地进行器械锻炼,可以增强体质、改善形体。实用器械的出现,使人们在室内就可以健体强身。

多功能跑步机的特点是一机多用,占地面积小,上下兼顾,既能满足练习者全面锻炼的需求,又避免了单一运动方式的枯燥。多功能跑步机运动包括跑步运动、点跳、引体向上、转腰运动、挺腰运动、坐卧推举、仰卧起坐和腿部运动等。

1. 跑步

跑步运动是指在跑步机上跑步进行身体锻炼,它能够加速周身血液循环,调整全身血液分布,消除瘀血现象。

锻炼方法:两手抓握扶手,上体略前倾,两腿交替前移,在跑步带上进行跑步或行走练习,体会动作要领。注意应掌握好步幅和步频。

2. 点跳

点跳是指练习者两手扶在跑步机两侧的扶手上,两脚交替进行弹跳,它可以提高下肢的灵活性,增强下肢力量。

锻炼方法:两手撑握扶手,蹬地向上跳起,前腿屈膝尽量高抬,后腿小腿向上弯举,与大腿约呈90°。蹬地时向上用力,动作幅度要大,两腿衔接自然。

3. 引体向上

引体向上是指在跑步机上做引体向上的锻炼活动。通过练习,上肢的肌肉耐力和爆发力可得到增强。

锻炼方法:仰卧跑步带上,两腿并拢伸直,两手抓握扶手,屈臂做引体向上。两臂缓慢伸直,躯干不得弯曲。

4. 转腰运动

转腰运动是指在跑步机上通过转腰锻炼,提高腰部的灵活性。

锻炼方法:两脚并拢,直立在转盘上,两手握住扶手或叉腰,用腰部力量向左、右转动至极限。动作应缓慢进行,身体保持直立。

5. 挺腰运动

挺腰运动是指在跑步机上通过挺腰锻炼,增强腰腹部的力量。

锻炼方法:两脚蹬在跑步机上,两手抓握扶手,用挺腰的力量使身体慢慢直立。还原动作时要慢,背肌要充分伸展。

6. 坐卧推举

坐卧推举是指通过手臂进行推举运动,有效地增强上肢力量和肩关节的灵活性。

锻炼方法:靠坐在座椅上,两腿屈膝,两脚放在前端横梁上,两手各持握把,向上推举。注意腰部靠在椅背上要正;背部要紧贴在斜板上,不能抬起。

7. 仰卧起坐

仰卧起坐是指在跑步机上做仰卧起坐练习。经常练习,可以增强腹肌力量,消耗腹部的脂肪。

锻炼方法:身体仰卧,两手抱头,两腿屈膝,用脚钩住前端横梁,上体向上弯起,至腹肌充分收缩,略停,再慢慢直背向后落下还原。向上起时略快,下落时略慢,幅度要大;用腰部发力,腿部尽量不用力,不能靠勾脚的力量抬起上体。

8. 腿部运动

腿部运动是指在跑步机上进行腿部锻炼,以增强腿部肌肉力量和膝关节的灵活性。

锻炼方法:两脚踏在脚踏板上,两手握住把手,两腿依次做伸屈运动。上体要保持直立,身体要协调;根据实际能力,调节阻力旋钮来改变运动强度。注意练习时易出现负荷过大等问题。因此,应根据实际能力,按负荷由小到大进行。

(四)有氧操

有氧操属于有氧锻炼的一种。它的活动时间长,强度适中,对人体心肺功能、耐力水平的提高有很大的促进作用,并能有效地控制体重,提高练习者的各项身体素质。有氧操有很多种,这是主要介绍健身健美操、踏板操、绳操和棍操。

1. 健身健美操

健身健美操是一种崭新理念的健身运动。它能锻炼心肺功能,使心血管更有效、快速地把氧输送到人体的各个部位。而且健身操的趣味性强,动作简单易学,音乐节奏鲜明,有较强的愉悦身心和强身健体的效果。长期练习者可以增加肺活量,促进体内血红细胞氧化代谢功能,全面提高练习者的身体耐力水平。

2. 踏板操

踏板操是将体能测试中的台阶练习与健美操的步伐相结合,在特定的踏板上进行练习的运动。跳板操可以通过调节跳板下的垫板高度,来调节运动强度。练习者可以根据自身的身体状况和锻炼目的,来选择不同高度的跳板进行练习。

3. 绳操

绳操是我国普及开展的传统性体育运动项目之一。通过各种绳操练习,能够增强练习者的腿部力量,发展弹跳力、灵敏性和耐力等,对于促进运动器官和心脑血管系统功能有重要作用。绳操包括上肢运动、四肢运动、扩胸运动、腿部运动、体侧运动、体转运动、全身运动和跳跃运动等。

4. 棍操

棍操是轻器械运动的有氧操项目之一。体操棍是一种硬器械,为木质棍棒,大学生用棍可略短。没有专用棍时,可用与体操棍规格相近的竹竿或树枝代替。为增加运动负荷,也可用相同长度和直径的铁棍做练习。在徒手体操的基础上,以体操棍为限制物,可以增加关节的柔韧性、灵活性和完成动作时对肌肉的控制能力。棍操包括上肢运动、下肢运动、四肢运动、护胸运动、体转运动、体侧运动、全身运动和跳跃运动等。

四、有氧锻炼后的放松

运动后放松是指运动之后所进行的一些能够加速机体功能恢复的、较轻松的身体活动。与运动前准备活动相反，其目的是使锻炼者的生理机能水平逐步得到恢复。

1. 运动性手段

（1）运动结束后，锻炼者可采用变换运动部位的方法来消除疲劳。例如，上肢出现疲劳时，可做一些慢跑运动；下肢出现疲劳时，可做一些上肢运动。

（2）转换运动类型也是一种不错的放松方法，如打羽毛球出现疲劳时，可从事瑜伽运动来达到放松的目的。

（3）还可以用调整运动强度的方法来缓解疲劳，如可以在放松过程中，采用小强度的轻微运动方法等。

2. 整理活动

（1）整理活动是指运动后所做的一些能够加速机体功能恢复的身体活动，如剧烈运动后进行3~5分钟慢跑或其他整理活动，使身体机能得以恢复。

（2）剧烈运动后如不做整理活动而骤然停止动作，会影响氧气的补充和静脉血的回流，使机体血压降低，引起不良反应。

五、有氧锻炼后的自我养护

锻炼后，锻炼者感觉身体疲劳是一种正常的生理现象，是体育锻炼过程中的正常反应，随着体育锻炼时间的延长，疲劳症状会自然消失。运动性疲劳出现后，锻炼者如果采用一些自我养护措施，可以加速身体机能的恢复，尽快消除疲劳，提高锻炼效果。常见的自我养护方法主要包括运动后休息、合理的营养和物理手段三种。

（一）运动后休息

1. 静止性休息

（1）静止性休息是指锻炼者运动后保持机体相对的静止状态，促进身体机能的恢复，尽快消除疲劳。

（2）静止性休息的最佳方式是睡眠，特别是刚开始从事锻炼者，身体不适应或疲劳症状明显时，更应该保证足够的睡眠，否则，锻炼者虽然积极参加了体育锻炼，但收效甚微，甚至会导致过度疲劳症状的发生。

（3）静止性休息更适合于消除全身运动导致的整体疲劳症状。

2. 积极性休息

（1）积极性休息更适合由于少量肌肉群参与工作而导致的局部疲劳，或运动强度较大而导致的快速疲劳。

（2）积极性休息可以加速血液循环，有利于代谢物排出体外，对促进身体机能的恢复具有明显的效果。

（二）合理的营养

小强度、长时间的运动形式，主要靠糖原的有氧代谢提供能量。运动后应及时补充淀粉类食物，如面粉、大米等，以促进消耗糖原的合成。随着人民生活水平的提高，在饮食结构中，肉类食品的比重不断增加，而淀粉类食品的比重逐渐减少，这一现象应当引起人们的注意，特别是老年人参加体育锻炼，更应注意对淀粉类食物的补充。

强度较大,时间又相对较长的运动形式,主要靠糖原的无氧代谢提供能量。这样,糖原无氧代谢产物——乳酸便会在体内大量堆积。因此,运动后应多补充蔬菜、水果等碱性食品,以加速乳酸的清除,达到尽快消除疲劳的目的。

（三）物理手段

1. 按摩与牵引

（1）通过刺激神经末梢、皮肤结缔组织和毛细血管的按摩方法,紧张的肌肉得以放松,从而改善局部组织和全身的血液循环,达到促进身体机能恢复的目的,这种方法可以在锻炼后马上进行。

（2）此外,还可以采取缓慢牵拉肌肉的方法,使收缩的肌肉得到充分的伸展和放松。

2. 水疗与电疗

（1）水疗包括芬兰式蒸汽浴、热水浴和桑拿浴等多种形式,主要作用是通过提高体温,促进血液循环,清除代谢物,以达到尽快消除疲劳、恢复体力的目的。

（2）水疗的时间一般以不超过30分钟为宜,如果时间过长,会进一步消耗体力,严重时甚至会出现暂时性脑缺血现象。

（3）如果条件允许,还可对疲劳的肌肉进行低频治疗。低频治疗仪的原理是模拟针灸疗法,使用时将电极用不干胶对称地粘贴在运动部位表皮上。这种疗法可以促进局部血液循环,改善组织代谢,缓解肌肉酸痛,消除疲劳。

第四节　有氧锻炼注意事项

（1）不要忽视准备活动。在每次运动前要做好准备运动,避免肌肉、关节受伤。

（2）循序渐进。根据自己的情况,慢慢加大运动量。特别是刚开始的时候,不要求自己一下子就达到四、五级标准,在开始的16周时间里也不要求每周达到7次的运动量。要让身体有一个重新适应、恢复阶段。

（3）持之以恒。如果有氧运动不能坚持下去,是难以达到预期效果的。美国人甚至偏激地认为,如果你不能坚持锻炼,那你还不如不锻炼好。有氧运动要求每周最好运动4~6次,每周至少4次。如果低于这个标准,就收不到锻炼的效果了。

（4）锻炼不要过劳。运动量过大就会造成过度疲劳,此时就应调整、休息。不然,过度疲劳就会适得其反,加重身体的负担。

（5）有心脏病、高血压病史等不适合慢跑疾病的病人,要经过医生的检查,控制病情后在医生的指导下才能开始有氧运动。

（6）运动后要有一个放松阶段。运动后不能立即停止,要有一个整理、放松阶段。运动后立即停止,或进入暖房(或蒸汽浴室),就容易出现昏迷,这是经过实验证明的。在美国也出现过悲惨的教训,要切记。

（7）在进行整理活动时动作应缓慢、放松,运动量不要过大,否则会引起新的疲劳。

（8）在进行整理活动时,应当保持心情舒畅、精神愉快。

第九章 健美锻炼

第一节 健美锻炼概述

健美英文意思为身体建设,是通过徒手和运用各种器械,通过专门的动作方式和方法进行锻炼,并根据人类遗传学、运动解剖学、运动生理学、运动保健学、营养学、运动医学、美学等学科原理,以锻炼身体、增强体质、发达肌肉、修塑体形、陶冶情操、促进身体健美为目的的体育运动。

一、健美运动的历史

人类对身体美的认识,可以追溯到古希腊和古罗马时代。为了炫耀力量和展示美的人体,在每4年一次举行的古代奥林匹克运动会上,凡参加比赛的青年都必须赤身裸体。19世纪50年代,最初的"健美"运动是以发展肌肉力量为主要目标,其次才是塑造健美体格。后来法国大力士路易·杜拉邱在周游欧洲各国期间,不仅表演与众不同的健美特技,还宣传如何发达、健美体格的训练方法,德国著名体育家尤金·山道受其影响,开始悉心研究锻炼健美体格的理论与方法,并于1901年创办了世界健美体格比赛。

公元前6世纪,古希腊就已盛行"赤身运动",喜欢欣赏裸体的力量,健康、活泼的形体和姿态。他们认为:"健美的人体应具有宽敞的胸部、灵活而强壮的脖子、虎背熊腰的躯干和块块隆起的肌肉。"古希腊人主要是通过体育运动来塑造和发展健美人体的。4年一届的古代奥林匹克运动会,就是展示力量和人体健美的场所。

在艺术上(如绘画和雕塑)则注重塑造健、力、美结合的人体。

公元130年—200年,古罗马的著名医生盖伦将运动分为臂部、躯干和腿部运动,并倡导开展一些运动项目,如搬动和高举重物、爬绳、鹤嘴锄挖掘等。到了18世纪,德国著名的体育活动家艾绎伦(1792—1846年)开设了培训体育师资的课程,开创了哑铃、吊环等运动。这些锻炼形式,既是现代竞技举重的起源,也是现代健美运动的起源。那时从事锻炼的人们,主要追求力量的增长,而在形体上并无特殊的要求。

从19世纪起,大力士们的体形逐渐有了改变。德国大力士山道(Sandow)是健美运动的创始人,他集健、力、美于一身,既是体育家,又是表演家、艺术家。他开设体育学校,创立健身函授班,向世界各地的健美爱好者传播健身训练方法,并著《体力养成法》等著作。1901年,他在英国伦敦皇家阿勃特剧院组织了世界首届健美大力士比赛,晚年创办了世界第一所健美运动学校。由于山道为创建和发展现代健美运动做出了卓越的贡献,被后人公认为现代健美运动的开山鼻祖。

20世纪初期,健美运动在英美等国得到了广泛的开展,相继出版了各种健身健美杂志,美国的麦克法登,一人就著有健身健美著作五十余种。1903年,他在纽约举行了"世界体格最完美人"的比赛;1928年,在他的倡导下举行了全美首届男子健美大赛,故被称为"美国健美之父"。20世纪30年代中期,加拿大健美运动的创始人本·韦德和乔·韦德兄弟创办了《您的体格》等杂志,在世界范围内积极推广和宣传健美运动。并于1946年,发起创建了国际健美联合会(IFBB),总部设在加拿大的蒙特利尔,制定了健美比赛的国际规则,并开始举行正式的国际业余健美锦标赛。由于本·韦德的卓越贡献,他被推举为该组织的终身主席而名垂青史。

1947年,美国人鲍勃·霍夫曼的约克杠铃俱乐部,借世界举重锦标赛在美国举行之际,举行了首届以"环球先生"为称号的国际健美比赛。20世纪60年代,职业健美运动开始崛起,并与业余健美运动共同发展。1965年,开始举行每年一度的世界水平最高的由职业运动员参加的"奥林匹亚先生"大赛。1971年,国际健美联合会开始举行"环球先生"世界业余健美锦标赛。1980年,开始正式举行每年一度的"奥林匹亚小姐"大赛。1995年,开始举行每年一度的"奥林匹亚健身小姐"大赛。不论是职业选手还是业余选手比赛,美国一直占据世界领先地位。

世界女子健美起步较晚。20世纪40年代,女子只着游泳衣进行"选美"比赛,主要比身段、体姿和容貌,冠军可获"××小姐"或"××皇后"称号。20世纪50年代开始,女子进行肌肉训练,并已被越来越多的人所接受。到了20世纪60年代,美国的一些大学开始把女子健美作为体育选修课内容之一。1977年10月,在美国俄亥俄州举行了世界第一届穿"比基尼"三点装的比赛。1980年,国际健美组织正式成立妇女委员会。至今,女子健美已风靡全球,水平仍属美国最高。

同时,"健身先生""健身小姐"竞赛也受到了广大年轻人的欢迎,它源于健美又有别于健美,是国际健美联合会新设的项目,它是展示人体通过健身锻炼而获得的健美体格的竞赛,该项赛事源于1993年,由阿诺·施瓦辛格发起,到今天已成为与肌肉健美等量齐观并备受推崇的运动项目之一。

1998年1月31日,在日本长野召开的国际奥委会执委会会议上正式承认国际健美联合会,接纳健美运动为奥林匹克大家庭的一员。从此,翻开了世界健美史上崭新的一页。

中华民族具有较高医疗和保健价值的导引养生术,各种民间体育健身游戏一直为世人所推崇。同时,我们的祖先也是崇尚健美、崇尚力量、崇尚英武的。流传上千年的金刚形象,就是健和力的象征,每当我们踏进千年古庙时,迎面而望四大金刚的英武形象,会令我们肃然起敬。

古代劳动生活的特点需要有强健的体魄,频繁的部落征战更需要有强壮有力的身体。所以,我国古代早就将健、力、美三者结合在一起而予以提倡。举鼎、翘关(提举城门杠)、举石等健身活动,已有几千年的历史,至今山海关还保留着古代时候军队习武用的重达50千克的大铁刀。北京故宫现存有一块重达250千克的方石,两侧刻有凹处以便于提拉,原来这是清朝用来考武举的工具。我国民间流传已久的石担、石锁,是今天杠铃和壶铃的雏形。由此,可以看出我国健身健美锻炼的悠久历史。

现代健美运动是一项较年轻的体育运动项目,虽然20世纪30年代才在我国正式诞生,但20世纪初,欧美等国健美运动的信息就已传入中国。1917年4月,毛泽东曾在《体育之研究》一文中介绍过德国的山道(当时译为孙棠),毛泽东把山道(孙棠)誉为由柔弱变为强健的世界体育家。到20世纪20年代前后,国外的健美函授学校甚为活跃,并于20年代末影响我国,最初仅在上海、广州等沿海城市兴起。1924年,上海沪江大学学生赵竹光为了寻求健身之道,参加了由美国人举办的健身函授科,开始进行自抗力的锻炼,进而使用杠铃和哑铃来发达肌肉和改善体形,因效果卓著,吸引了大量爱好者参加练习。1930年经学校批准,成立了"沪江大学健美会"。到1940年5月,赵竹光和他的学生曾维琪一起创办了"上海健身学院",为我国健美运动的发展培养了一批骨干力量。赵竹光还积极宣传健身健美运动,他先后翻译并出版了《体格锻炼大全》等著作,并主办过《健力美》杂志。1942年,曾维琪也在上海成立了"现代体育馆",培养了中国历史上第一名健美冠军柳恩庵,并主办过《现代体育》期刊。赵竹光、曾维琪为推动我国的健美运动做出了巨大贡献。当时,上海的娄琢玉、胡维予等人也相继在上海中华基督教青年会和精武体育会开展健美运动,并利用业余时间担任教练员。

广州南洋归国华侨谭文彪创办了"谭氏健身学院",吸引了不少学员。北京体操界比较有名的林仲英先生还专程到上海取经,从曾维琪先生处借来一副模具,翻制了北京的第一副铁杠铃,并凭借它在北京青年会的地下室开办了健美举重班。后来,他成为中华人民共和国第一名举重运动健将。此外,在苏州有李钧祥开展的健美活动,在南京还有戴毅创立的"首都健身院"等。

1944年,在上海举行了我国第一届男子健美比赛。柳恩庵获得这次比赛的全场冠军。参加裁判工作的有我国著名体育家梁兆安、赵竹光、曾维琪和著名雕塑家张充仁等人。

在中华人民共和国成立前,我国的健美运动开展很不普遍,这是和广大劳动人民的生活状况分不开的,人民的衣食温饱问题尚得不到解决,就更没有精力搞健美运动了。加之,社会对健美运动存在片面的看法,所以,中华人民共和国成立前健美运动技术水平不高。

1949年,中华人民共和国成立后,健美运动曾一度被作为"资产阶级的体育观点和唯美思想"加以批判,一时间各健美场所都转向专搞竞技举重,不少健美运动员也随之转项,健美运动的发展停滞近三十年。直到粉碎"四人帮",健美运动才得以恢复和发展。

1980年,上海、广州、北京、武汉等地先后恢复了健美运动。1981年开始,《健与美》等杂志相继问世,很多体育场馆和大专院校开办了健美训练班。全国部分专业体育院校和国际关系学院、武汉教育学院(现合并为江汉大学)、北方交通大学(现改为北京交通大学)、深圳大学等高校率先开设了健美选修课。到了20世纪90年代,国家教委更明文规定在各大学体育课中增加深受学生欢迎的健美教材内容,使健美运动迅速在大学、中学得到了积极的开展。

1983年6月2日—4日,在国际健美协会主席本·韦德的热情帮助和上海市体委及举重协会的积极支持下,娄琢玉在上海筹备并组织了全国第1届"力士杯"健美邀请赛。

1985年11月,在瑞典歌德堡举行的第39届国际健美联合会年会上,正式接纳我国为国际健美联合会(IFBB)的第128个会员国。1986年10月,由国家体委主持,正式选举产生了"中国举重协会健美委员会"。

1986年,在深圳举行的第4届"力士杯"健美邀请赛上,正式增加了女子个人和男女混双比赛。女运动员第一次按照《国际健美比赛规则》的规定,着"比基尼"泳装参赛。四川选手陈静成为中国第一位女子健美全场冠军。

从 1987 年 10 月在安徽屯溪市举行的第五届全国健美比赛开始,国家体委将"力士杯"改为"锦标赛",并分别在全国各地举办了"健美精英表演赛""健美锦标赛""健美冠军赛""奥林匹克先生赛""全国健身俱乐部公开赛暨会员风采大赛"等,健美运动技术水平逐年提高。

1988 年 10 月,我国首次派出何天珊、孙伟毅参加了在澳大利亚举行的第 42 届世界男子业余健美锦标赛。同年 12 月,应《中国体育》杂志社的邀请,由美国、英国、荷兰和加拿大等国的 10 名职业健美明星来华巡回表演,有力地促进了中国健美运动的发展。

1989 年 9 月 20 日,中国健美协会正式加入亚洲健美联合会,并参加了当年的亚洲健美锦标赛。

1993 年,"中国健美协会"(CBBA)正式成立。

1994 年,我国在上海成功举办了第 48 届世界男子业余健美锦标赛;我国第一位亚洲男子健美冠军是山东运动员秦承勇,他于 1995 年在重庆举行的第 31 届亚洲男子健美锦标赛上,为中国队夺得了 75 千克级的金牌。目前,我国男子健美水平在亚洲处于中下游水平,特别是高级别运动员与国际先进水平差距较大。而女子健美水平则在亚洲名列前茅,上海马拉松运动员出身的张平成为六连冠"亚洲小姐";1990 年,在新加坡举行的第 7 届亚洲女子健美锦标赛上,她因获得了 52 千克级金牌,而成为我国第一位亚洲女子健美冠军。

随着世界健美运动的高速发展和普及,我国于 20 世纪 90 年代中期开始与国际健身竞赛机制接轨,开设了中国的"健身小姐"大赛项目,随之"健身先生"竞赛也逐渐加入。

北京体育大学的刘令妹在 1996 年"信华杯"首届中国健身小姐大赛上夺得冠军,成为我国第一位健身小姐冠军。此外,我国选手程丹彤于 2001 年 9 月在韩国釜山举行的第 3 届亚洲健身小姐锦标赛上夺得 1.60 米以上组桂冠,成为我国第一位亚洲健身小姐冠军。

2000 年,中国健美协会开始着手进行全国等级健身指导员的培训工作。到目前为止,共举办全国性的等级健身指导员培训班几十期(不包括各省市级培训),为我国健身健美运动培养和造就了一大批既具有开拓、创新精神又具有健身健美理论与实践指导能力的应用型高、中型专门人才和骨干力量。

健美作为大众易于接受的体育项目,随着国内及城市间经济的联动作用而异常火爆,市场前景相当看好。健美赛事在中国也发展较快,近几年全国各城市已搞过不下数百场,但全国以俱乐部形式直接组织参与的赛事却并不多见。

二、健美运动的特点

健美运动是一项发展肌肉和增强体力的体育运动,但在塑造人体、美化形体和陶冶性格方面,却表现出以人体自身为对象,以身体训练为内容,以艺术创造为手段,以健美体格为目标等个性特点,并兼备体育、艺术和教育所共有的综合特征。因此,健美运动与其他体育活动的不同之处,即在于它的动作简单易学,便于因地制宜开展,既可锻炼身体、增进健康,又可陶冶情操、美化身心。特别在表现人体美方面,由于符合人类爱美之心,无论是用于竞技表演还是用于普及大众锻炼,都能有效地把健、力、美融为一体,因而深受青年们的欢迎。

三、健美运动的功效

(一)健壮身体

健美锻炼对发展肌肉和提高力量的效果是十分明显的。为获得上述效果而采取的负重练习,又必然影响骨骼、关节和韧带等运动器官,并促使神经、呼吸和消化系统功能得到改善。例如,负重可以提高骨骼的抗压能力,加固关节和韧带,使心肌增强、心腔容量增大、血管弹性增强;有利于增加呼吸的深度、气体交换量和呼吸系统的功能储备;改善神经功能,加强肌肉对内脏器官的按摩,促进肠胃蠕动和消化吸收能力的提高,最终使身体达到既健又壮的效果。

（二）美化人体

健美运动按照人体美的合理比例,通过协调发展不同部位的肌肉,使身体匀称、和谐和平衡。为了充分体现发达肌肉的优美线条,健美运动强调艺术造型所起的烘托作用,即通过各种富有表现力的姿态变化,把力与美有机结合起来,最终使人体的形态、姿态和神态达到和谐与统一。但根据健美运动对不同性别的审美标准,要求男子主要以健壮的体格表露美的造型,女子则主要以美的造型体现健康的身体。

（三）发达肌肉、增强肌肉力

人体的骨骼肌共有600余块,其重量,男子约占体重的45%,女子约占体重的35%。肌肉、骨骼、关节和韧带等共同组成了人体的运动器官,使我们的机体得以进行各种各样复杂精细的运动。而一切运动的原动力就是那些大大小小的肌肉。正是依靠骨骼肌肉的收缩、紧张和放松,才使人体产生各种复杂的运动。人体的各器官系统也是按照生物界的"用进废退"的自然规律变化发展的。

健美运动中的许多动作,特别是那些用哑铃、杠铃、综合器械等进行练习的动作,都是直接对肌肉进行锻炼的一种方法。健美运动者通过长期的、系统的、科学的锻炼就能够使运动器官,特别是肌肉产生适应性增强,使肌肉明显发达,肌力显著增强。经常进行健美锻炼,就能够使肌纤维增粗,使肌肉中的毛细血管网增多,从而使肌肉的生理横断面增大,使肌肉变得丰满而发达。同时,上述的这些变化,再加上中枢神经系统调节机能的改善,就能导致肌肉力量的强度显著增大。

不仅如此,健美运动还能促进骨骼的新陈代谢,提高骨骼的抗拉、抗压、抗扭转等机械性能,促进骨骼的生长发育。同时,还能对关节韧带的生长发育起到良好的促进作用。总之,健美运动对运动器官,特别对肌肉的良好影响是显而易见的。

（四）改善与提高循环系统、呼吸系统和消化系统等内脏器官的机能水平

循环系统由心脏和血管组成。血管又分动脉、静脉和毛细血管。它们互相连接,遍布全身,从而构成了一个密封的管道系统。其中充满了血液,昼夜流动不息。血液把从肺获得的氧气和消化器官获得的营养物质输送到人体各部,供给细胞组织活动的需要,同时,又把细胞组织活动过程中所产生的代谢产物和二氧化碳等废物运送至肺脏、肾、皮肤等处,排出体外。

经常进行健美锻炼可使心肌增强,心腔的容量增大,血管的弹性增强,进而提高心脏的收缩力和血管的舒张能力,使心脏搏动有力,心脏的排血量增加。一般人的心跳为70～80次/分,而经常进行健美锻炼的人为60次/分,甚至更少。心脏跳动次数少了,心脏休息的时间也就增多了,从而出现了节省化的现象。同时,这也标志着心脏功能的储备能力得到了提高,使它能承受更大的负担量,进而提高人体的活动能力。

经常进行健美锻炼,还能使血液中的红细胞、白细胞和血红蛋白增加,从而提高身体的营养水平、代谢能力和对疾病的抵抗能力。

呼吸系统由肺脏和呼吸道(鼻、咽、喉、气管、支气管)构成。它的主要机能是完成人体与

外界的气体交换,即吸进新鲜氧气,呼出二氧化碳,人们称之为呼吸。肺是呼吸系统最重要的器官,位于胸腔内,左右各一叶。肺由支气管树、血管和肺小叶构成。每个肺小叶上有千百个肺泡,人的肺共有5亿~7亿个肺泡。气体交换就在肺泡和它周围的毛细血管之间进行。一般成年人在安静的状态下,每分钟呼吸12~18次,吸进的氧气为0.25~0.3升。这样的工作量,大约二十分之一的肺泡张开便足以完成。

进行健美锻炼时,由于活动量增加了,细胞组织的新陈代谢增强了,也就要求供应更多的氧气,同时排出大量的二氧化碳。这就要求呼吸肌更加有力地收缩,以便使更多的肺泡张开,从而扩大与血液的接触面,吸进更多的氧气,呼出更多的二氧化碳。而且健美运动对呼吸机能的影响,着重提高的是呼吸深度,其次才是呼吸频率。这样,就使每次呼吸的气体交换量得到增加,这样既有利于呼吸肌肉的休息,又可提高呼吸系统的功能储备,从而保证在激烈运动时,满足气体交换的需要,提高人体的机能水平。

消化系统由消化道(口腔、咽、食管、胃、肠、肛门)和消化腺(肝、胆、胰、唾液腺和消化管壁内的小腺体)构成。在人体生命活动的过程中,所需要的营养素(如糖、脂肪、蛋白质、维生素、无机盐和水)大多包含在食物中。食物进入消化管后,在消化腺中所分泌出的消化液(即消化酶和其他化学物质)的作用下,就产生分解过程,这就是吸收。吸收主要在胃和肠中进行,小肠尤其重要。通过吸收过程进入血液的各种营养成分,就随血液循环而供应全身各部细胞组织活动的需要。

健美运动对提高消化系统的机能起着良好的作用。因为,肌肉在活动时,需要消耗大量的营养物质(尤其是能源物质),这就需要及时的补充。同时,肌肉的活动可促使肠胃的蠕动增强,消化液分泌增多,使消化和吸收能力得到提高,这些都会使食欲增加。

(五)提高中枢神经系统的机能水平

中枢神经系统由脑和脊髓构成,而其最高指挥机关则是大脑皮层。它一方面担负着管理和调节人体内部各器官系统的活动,保持人体内环境的平衡;另一方面,则维持人体与外部环境的平衡。

健美运动和其他体育运动一样,都是在中枢神经系统的支配和调节下进行的;反过来,健美运动也能提高中枢神经系统的机能水平。经常进行健美锻炼,可以提高神经过程的强度、均衡性和灵活性,从而提高机体对内外环境的适应能力。例如,在对健美爱好者的锻炼统计中,有98%的训练者经过健美锻炼后,他(她)们的睡眠比过去睡得深而沉,普遍反映入睡快、睡得深。以前,有神经衰弱的人,经过健美锻炼后,不但恢复了神经的正常,而且在其工作和学习中精力更加集中了。以上事例充分说明,健美运动可以提高中枢神经系统的机能水平。

(六)调节心理活动,陶冶美好情操

人的心理活动的本质乃是人脑对外界客观事物的反映。体力和脑力劳动之后,身体一定会产生疲劳的感觉,现代生活节奏紧张,也会产生压抑感以及一些不良的情绪,而经常进行健美锻炼,则可以起到调节心理活动的作用,从而产生积极的心理影响,同时,也可以陶冶人们美好的高尚情操,使人产生积极向上、追求美好未来的健康情绪。

(七)矫正畸形

正因为健美运动的许多动作能够给予身体某些相应部位以巨大影响,所以,当一个人的体形、体态已经出现某些缺陷的时候,就可以选择某些适当的动作进行健美锻炼,以达到矫正畸形的作用。例如,对含胸驼背的人,尤其是年轻人,经常练习仰卧推举,或者扩胸动作,如"仰卧飞鸟",经过稍长一段时间的健美锻炼,胸廓自然就会前提,胸部的肌肉就会丰满充实起来。有些男生的肩膀过窄,不够魁梧健美,就可以多练习一些哑铃、壶铃中的两手侧平举或者综合器械上的相应动作,这样,就可以使斜方肌特别是三角肌发达起来,从而使肩膀增宽。由于健美运动的这一作用,某些相应的动作还被进一步运用于医疗体育上,以达到恢复肢体某些功能的作用。

四、健美锻炼的分类

健美锻炼包括各种徒手练习,如各种徒手健美(身)操、韵律操、形体操和各种舞蹈及自抗力练习;也可以用各种不同的运动器械进行练习,如哑铃、杠铃、壶铃等举重器械,单杠、双杠、绳、杆等体操器械;还可以采用弹簧拉力器、滑轮拉力器、橡筋带和各种特制的综合力量练习架等力量训练器械,以及功率自行车、台阶器、平跑机、划船器等有氧训练器械来达到上述目的。人们在进行健美运动时,还应该常常辅之以自然力锻炼(如日光、空气、水),并坚持良好的生活习惯和卫生制度(如饮食、衣着和睡眠)。

第二节 健美锻炼的动作与锻炼方法

一、健美锻炼的目标

练健美首先必须要有明确的目标。若是为了满足生长发育的需要,应重在把瘦弱的身体练得肌肉发达,使肥胖的体形变得匀称;若是为了健美身心,则还必须领悟表现身体艺术的奥秘,达到自我美化身体的目的。

二、健美锻炼的动作要求

练健美要因人而异,既要体现健美本身的特点,又必须符合练习者的实际水平和需要,不可盲目追求"肌肉块"的效果。

1. 男子健美

按健美锻炼的总体要求,男子健美在很大程度上取决于肌肉和脂肪附着骨架的比例。为达此目的,通常要求通过发达肌肉显示男性体形的健美。但人的体形又有力量型、体能型、姿态型和适应型等多种不同类型,它们又与身高和体重的比例直接有关。由于大学生正处于青春发育后期,受先天遗传和后天营养的影响,他们的个体差异主要表现在身材瘦长和过于肥胖两个方面,这就要求健美锻炼者有计划地弥补缺陷与不足。例如,身材瘦长者应以发达肌肉为主,设法提高力量和增加体重;身材肥胖者则需结合其他有氧运动,消耗多余的脂肪;大腿粗壮臃肿者应多采取自己肌肉最大力量的25%～50%进行健美锻炼,并配合中长跑、游泳、自行车、滑冰等锻炼方式;有驼背、"八"字脚、"X"或"O"形腿等轻微畸形的,则应多利用健美锻炼中的矫形动作。总之,先要结合自身形体的特点,重点解决全身协调发展的问题,对发达肌肉的要求应切合实际,不可盲目把"肌肉块"放在首位。

2. 女子健美

按女性生理、解剖特点,对女子健美的要求与男子有所不同。尽管对现代女性何为健美的认识至今仍不统一,但根据国际健美联合会的规定,仍主张把保持健康、匀称、四肢比例适合的体形美放在最基本的位置,其中也相当强调肌肉发达、线条清晰、举止优美、气质高雅对女性健美的重要意义。但仅就青少年而言,无论年龄特征、基础水平、锻炼条件及身心发育,都尚不具备完美发达肌肉的内外环境(因为女性发达肌肉要比男性付出更大的代价),对她们进行健美锻炼的要求,必须符合青少年对美的认识标准,且有助于身心的全面发展。因此,中等负荷的力量练习,结合形体、姿态美的训练,使女性青少年多在胸、腹、臀部肌肉线条方面着意修饰,不仅有助于她们未来承担母亲的特殊任务,还不失表现女性生理曲线美的特色。至于总体锻炼模式,建议更多采用拉长、伸展及动态表现肌肉力量的手段与方法。通过健美操舞蹈动作的造型训练,女性能达到形体、姿态、神态美的和谐与统一。

三、健美锻炼的动作特点

健美锻炼既不同于举重练习,也有别于单纯发展力量素质,其特点主要表现在以下几个方面:

第一,健美锻炼是通过规定动作与造型,以表现肌肉发达、匀称,塑造完美体形,展示人体艺术美为目的。

第二,健美锻炼要求采取中、小强度练习,多以本人局部肌肉最大力量的40%~60%或60%~80%的负荷进行锻炼。

第三,健美锻炼的用力方式很少表现快速,凡是发达肌肉块的练习,完成动作平稳稍慢,时间为4~6秒,有时需8~10秒,通常具有收缩快、伸展慢,或收缩慢、伸展也慢,甚至稍有停顿的特点。

第四,健美锻炼每做一个动作,都必须使技术达到有效发达某一肌肉群的规范要求。

第五,健美锻炼有其特殊的呼吸方式,通常为肌肉伸展时呼气,收缩时吸气,但有时也可相反。

第六,健美锻炼为了使肌肉线条清晰,也可采取强度大、重量轻、次数多的重复循环练习。

四、健美锻炼的指导思想

(一)锻炼阶段

初学者为了科学安排训练,应遵循体育锻炼的基本法则,按发达肌肉的生理学规律,把整个锻炼过程划分为三个阶段。

1. 初级阶段

初级阶段是为了给后续锻炼打好基础,主要任务是掌握健美锻炼的知识和基本动作,全面发达身体各部位肌肉,使初学者的体形、体态初步得到改善。大约用6个月的时间,每周锻炼3次,每次1~1.5小时,通常每次锻炼安排6~8个部位,每个部位肌肉各选1~2个动作,每个动作做2~3组,总组数为18~20组。根据体力的恢复情况,可逐月适当增加重点肌肉的动作数量以及每个动作的练习组数。

2. 中级阶段

中级阶段在健美锻炼中至为关键,主要任务是巩固和进一步发达各部位肌肉,初步收到健美体形的效果。用1~1.5年时间,每周锻炼3~4次,每次1.5~2小时,通常每次锻炼4~5个部位,每个部位肌肉各选2~3个动作,每个动作做3~4组,重点部位肌肉可酌情增加练习,但最多不超过4组,总组数为30~35组。

3. 高级阶段

高级阶段是高水平运动员为参加比赛,旨在提高健美水平的锻炼阶段。主要任务是,在保持原有健美体形的基础上,使各部位肌肉线条更加清晰、粗壮和结实。由于这个阶段锻炼的周期较长,每周训练次数需达6~8次,甚至更多,无论对器材设备、负荷强度、恢复营养都有很高的要求,普通大学生很难有条件达到,故仅做一般性介绍。

(二)锻炼原则

健美作为一项塑造人体的艺术,主要通过各种力量练习发达肌肉,使体形变得匀称。为了获得上述效果,锻炼中必须遵循科学性、系统性和全面性原则。

1. 科学性原则

为了有效控制锻炼过程,应遵循人体运动促使肌肉发达的生理解剖学原理,科学选择锻炼手段、方法与确定负荷,循序渐进地使动作由易到难、重量由轻至重、次数和组数由少增多、时间由短到长、密度与强度由小到大,有区别地根据自己的实际水平、体形现状、锻炼条件及学习时间安排,合理制订锻炼计划。

2. 系统性原则

在健美锻炼中,根据一般锻炼的普遍性规律,人体在接受运动负荷之后,都必须有个适应过程,才能产生良好的生理学反应,在积累中达到超量恢复的效果。因此,锻炼必须长期、持续、不间断地进行,既不能时断时续,也不能单凭一时兴趣搞突击锻炼。总之,要经初级、中级、高级这样一个不断发展的过程。

3. 全面性原则

健美锻炼不仅是为了发达肌肉,还要考虑体形和对机体的健康价值问题。究竟采用何种器械进行锻炼,怎样对不同动作进行选择与安排,都必须围绕一个中心,就是使身体各部位肌肉群全面协调发展,并有利于提高各器官系统的功能水平。

五、健美锻炼的方法与手段

用于健美锻炼的手段难以计数,但需根据不同部位肌肉的解剖学原理,按肌肉受力的基本特征进行设计。杠铃、哑铃、单杠和双杠等常见器械组合,可以发达不同部位肌肉。下面介绍这些练习动作,供锻炼时选择,或由自己创编。

(一)发展胸部肌肉

胸部肌肉是构成人体健美的重要部位,主要包括胸大肌和胸小肌,但选编动作应注意胸大肌上、下、内、外侧的全面发展,有时也涉及臂肌和肩带肌。发达胸部肌肉不仅可以优美体形,而且对扩大胸廓,以及肋骨、胸骨和脊柱都有良好的作用。

1. 臂屈伸

方法:双肘外展下沉,身体尽量向下,大腿置于体前,撑起时双肘固定,保持抬头、伸下巴(图9-1)。

效果:全面发展胸肌,以距杠55~77厘米的效果为最好,窄距使肱三头肌活动增加,宽距对胸肌上部有效。

2. 仰卧推举

方法:仰卧在平的卧推凳上,两脚平踏在地上,两手向上握住横杠,两手间距略比肩宽,两臂伸直支撑住,杠铃位于胸的上部;两臂向两侧张开,慢慢弯曲,使杠铃垂直落下,直至横杠接触到胸部(大约接近乳头线上方),然后向上推举杠铃至起始位置。反复进行此动作练习(图9-2)。

技术要点:尽量以掌根部支撑杠铃,以免手腕过度用力或压迫手腕。

图9-1 臂屈伸

在胸部关节、韧带充分活动后,可先选择重量较轻的杠铃进行练习。待基本掌握动作要领后,再逐渐增加杠铃的重量,以能够完成推举 20 次左右为宜。每次练习时完成 3～4 组,每组完成 10 次左右。

初学者在练习时必须有他人在旁保护,以免发生危险。

效果:全面发展胸肌,头高脚低斜卧推举对发展胸肌上部有利,头低脚高斜卧推举则可发展胸大肌下部。

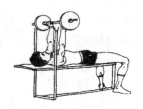

图 9-2　仰卧推举

3. 仰卧飞鸟

方法:仰卧凳上,双脚踏地,背部尽量伸直,手持轻哑铃上举,然后慢慢下放于体侧,肘部始终微屈(图 9-3)。

技术要点:刚开始练习时,先进行徒手模仿练习,然后选用重量比较轻的哑铃,逐渐增加哑铃的重量。在整个过程中,腕、肘、肩关节基本保持在同一平面内。

图 9-3　仰卧飞鸟

仰卧飞鸟可在上斜和平板的卧推凳上完成,分别练习胸大肌的上部和中部。

此动作与杠铃卧推相似,但利用哑铃可使胸大肌活动范围增大。

效果:上斜仰卧对发展胸肌上部有利,但超过 40°将使三角肌前部受压;下斜仰卧则发展胸大肌下部,如果再与宽握卧推结合效果更好。主要锻炼胸大肌、三角肌和肱三头肌。哑铃推举比杠铃推举的动作幅度更大,对胸大肌的牵拉更充分。

(二)发展背部肌肉

背部肌肉浅层有斜方肌、背阔肌、肩提肌和菱形肌;深层有背长肌和背短肌。发展背部肌肉,可使上体挺拔,背部呈倒三角形,不致产生含胸、弓背等不良体姿。

1. 单杠引体向上

方法:两手正握,两臂伸直,小腿交叉屈膝,用力将单杠拉引至胸前锁骨处。

效果:加大两手握杠宽度,采取将身体拉引至颈后,或在腰、腿部负重,则练习效果更好(图 9-4)。

图 9-4　单杠引体向上

2. 直腿硬拉

方法:两腿平行开立,与肩同宽,直腿将杠铃提起至全身伸直,双手握杠,距离为 90～110 厘米(图 9-5)。

效果:主要发展背肌,也涉及腰肌。例如,背部两边肌肉发展不对称,则可采取单手按椅俯身提铃,对薄弱一侧肌肉进行重点加工。

图 9-5　直腿硬拉

3. 俯卧直臂展体

方法:俯卧于跳箱或高凳,两脚固定,双手持哑铃或实心球,由身体前屈开始,两臂伸直,身体伸向后展(图 9-6)。

效果:主要发展背阔肌,对大腿前部伸肌和肩带肌也有影响。

图 9-6　俯卧直臂展体

(三)发展肩、臂肌肉

肩部肌肉主要包括三角肌前、中、后三个部分,臂部肌肉有肱二头肌、肱三头肌、肢肌和前臂肌群。发展肩、臂肌肉,可以增加该部肌肉的围度和提高上肢力量。

1. 颈后推举

方法：持杠铃置于颈后，双手肩外正握横杠，肘外展与肩平，用力推至双手伸直（图9-7）。

效果：对发展三角肌有利，背靠椅背，挺直上举效果更好。

2. 侧平举

图9-7　颈后推举　　图9-8　侧平举

方法：两脚自然开立，双手各持哑铃，掌心相对置于大腿前或体侧，两臂自然伸直，屈肘120°侧举至上臂与肩平行，或略高于肩（图9-8）。

效果：全面发展三角肌，也可俯卧于凳上，将哑铃举至齐耳高度，使三角肌后部也得到锻炼。

3. 直立推举

方法：以适中握距将杠铃提至肩部，推举到头顶上方（图9-9）。

效果：对发展肩部和增强臂部肌肉的力量都极有帮助。

4. 哑铃前平举

哑铃前平举是指两手持一个哑铃，或两手各持一个哑铃，经体前将哑铃举起，主要锻炼三角肌前束。

图9-9　直立推举

方法：两腿直立，挺胸、收腹，两手背向前持哑铃，下垂于腿前；吸气，直臂持哑铃经体前向上抬起，至略高于肩部；略停1~2秒，然后呼气，再直臂慢慢放下，还原至腿前。

反复练习，也可左右两臂交替抬起，连续交替做。

技术要点：掌握呼吸方法，上举时吸气，下落时呼气。上举和下落时，全身保持直立，两臂伸直，意念集中在三角肌。

初级阶段主要以适应性练习为主，先进行徒手模仿练习，然后选择能够完成20次左右的哑铃进行练习。每次练习时应完成2~4组，每组完成10次左右，组间休息30~60秒，隔天练习一次，至少要持续2~4周。适应两周后，可逐渐增加练习的组数和每组完成的次数，缩短休息时间，但不宜增加得过多。

中级阶段随着肌肉力量的增加，逐渐增加练习的重量、组数和每组完成的次数。选择能够完成15次左右的哑铃进行练习。每次练习时应完成3~6组，每组完成8~10次，组间休息90~120秒。具体增加多少应根据自己的身体状况而定，以练习后感觉有些疲劳，但第二天精力充沛为宜。

5. 坐（站）姿哑铃肩上推举

主要用于锻炼三角肌中束和肱三头肌。

方法：身体坐在椅子上（初学者），两脚自然打开，控制身体的稳定性，腰部收紧，不要贴住椅子的靠背，收腹、挺胸，两手持哑铃的中间位置，将哑铃置于两耳外侧略前方，保持上臂和前臂的夹角为90°，上臂应与地面平行，手心朝向正前方。深吸气，将哑铃从头两侧同时向上推起，手心朝前，至两臂大约平行时停止，然后慢慢下落至起点，下落时吸气，反复进行练习。也可采用站姿哑铃推举，主要锻炼三角肌中前束，动作方法与坐姿哑铃肩上推举相同。

技术要点：运动前要进行适当的热身，微微出汗，重点牵拉肩关节韧带。控制速度，撑起时的速度不要太快,下落时的速度应慢于撑起时的速度。初级阶段主要以适应性练习为主,先进行徒手模仿练习,然后选择能够完成20次左右的哑铃进行练习。每次练习时应完成2~4组,每组完成10次左右,组间休息30~60秒,隔天练习一次,至少要持续2~4周。适应两周后,可逐渐增加练习的组数和每组完成的次数,缩短休息时间,但不宜增加得过多。

中级阶段随着肌肉力量的增加,逐渐增加练习的重量、组数和每组完成的次数。选择能够完成15次左右的哑铃进行练习。每次练习时应完成3~6组,每组完成8~10次,组间休息90~120秒。具体增加多少应根据自己的身体状况而定,以练习后感觉有些疲劳,但第二天精力充沛为宜。

6. 站(坐)姿哑铃弯举

方法:身体直立,两脚自然开立,两手持哑铃垂于身体两侧,90°向前;上臂贴住身体,前臂弯曲举起哑铃,收缩时肘部保持不动,至上臂与前臂夹角小于90°,略做停留,再缓缓下落,在手臂没有完全伸直前进行下一次动作。

技术要点:练习时肘部不要前后移动,上体保持正直,不要前后摆动,下落时速度要慢。在整个过程中,手腕与前臂始终在一条直线上,不要随意晃动。上举时吸气,静止时呼气,下降时吸气,完全落下时呼气,注意不要憋气。

练习前要进行热身活动,重点牵拉手臂内侧的韧带(右臂在身体右侧伸直,前臂内侧贴靠固定物,右脚向前迈一步,上体也随之慢慢前移,感觉肱二头肌被拉伸,坚持一会儿换左臂,进行同样动作)。

初级阶段主要以适应性练习为主,先进行徒手模仿练习,然后选择能够完成25次左右的哑铃进行练习。每次练习时应完成2~4组,每组完成10次左右,组间休息30~60秒,隔天练习一次,至少要持续2~4周。适应两周后,可逐渐增加练习的组数和每组完成的次数,缩短休息时间,但不宜增加得太多。

中级阶段随着肌肉力量的增加,逐渐增加练习的重量、组数和每组完成的次数。选择能够完成15~20次的哑铃进行练习。每次练习时应完成3~6组,每组完成10~12次,组间休息90~120秒。运动负荷的增加应根据自己的身体反应而定,以练习后感觉有些疲劳,但第二天精力充沛为宜。

坚持练习5~6周后,如果完成上面的运动量感觉越来越轻松,可以适当增加哑铃的重量。选择能够完成12~14次的哑铃进行练习。每次练习时应完成5~6组,每组完成8~10次。

7. 俯身(跪撑)单臂划船

方法:一只手持哑铃,虎口朝前,垂于肘关节下方,右肩略下沉,两腿略屈,另一只手撑在同侧腿膝盖前方的长凳上,或跪在长凳上,手撑在凳面上,稳定身体;屈肘,将哑铃向腰腹部提拉,前臂与上臂保持大于90°的夹角,同时翻起,提肘至高于肩部时,略停2~3秒,身体姿态保持不变,背肌充分收缩;控制性地缓慢还原,下落时充分伸展背肌。反复进行此动作练习,然后换另一侧。

技术要点:保持上体与地面基本平行,挺胸、紧腰,略抬头。初级阶段,主要以适应性练习为主,先活动肘关节和腰关节,然后进行两侧徒手模仿练习,以达到热身和体会动作的目的。开始正式练习时,应选择重量较轻的哑铃,每次练习时应完成2~3组,每组完成10次左右,组间休息30~60秒,隔天练习一次。适应两周后,可逐渐增加练习组数(最多达到5

组)和每组完成的次数(最多不超过15次),此运动量应至少再持续2周。

中级阶段随着肌肉力量的增加,可以逐渐增加哑铃的重量、练习的组数和每组完成的次数。但重量的增加不宜过大,应循序渐进,以免出现受伤或过度疲劳的现象。每次练习时应完成5~7组,每组完成10~15次,组间休息90~120秒。此运动量应持续4~5周左右,然后再逐渐增加哑铃的重量,但运动负荷的增加应根据自己的身体反应而定,以练习后感觉有些疲劳,但第二天精力充沛为宜。

(四)发展腿部肌肉

腿部肌肉主要有股四头肌、缝匠机、股二头肌、胫骨前肌、小腿三头肌。发展腿部肌肉有利于提高下肢支撑力量,使人的行动更加自如和敏捷。

1. 深蹲

方法:在杠铃架下,将杠铃置于颈后斜方肌及肩部,两手于肩侧握住横杠,然后向前跨出将杠铃移出杠铃架。两脚与肩同宽,脚尖向前,身体直立,挺胸,紧腰,屈膝慢慢下蹲后站起(图9-10)。

图9-10 深蹲

效果:当低于水平面时,应以股四头肌的收缩力蹬地并匀速站起,使腿部的受力时间延长,则效果更好。

2. 提踵

方法:将杠铃放在颈后肩上,身体直立,用力将脚跟向上提起。

效果:当提至最高点时,应静止1~2秒,然后慢慢将脚跟降至开始位置,可提高锻炼效果(图9-11)。

3. 屈踝

方法:坐于高度能使双脚离地的凳上,在前脚面系一重物,用力将踝关节屈起至极点(图9-12)。

图9-11 提踵

图9-12 屈踝

效果:静止1~2秒,然后慢慢放松,将踝关节伸直,可增加末端关节的受力负荷。

4. 弓箭步蹲起

方法:两脚并立,两手叉腰;先使左脚向前跨出一大步,慢慢下蹲,左膝前屈,至大、小腿夹角呈90°,右腿挺直下沉,将身体重心放在两腿之间;然后使两腿同时向上伸直,右脚向前收回,向左脚靠拢并立,再使左脚向前跨出一大步下蹲。

反复进行此动作练习。

技术要点:在下蹲起立至四分之三或还有一段短距离到腿即将伸直时,主要以股四头肌用力收缩。

初级阶段先进行膝关节的活动,然后进行模仿练习。开始正式练习时,幅度可以小一些,每次练习时应完成2~4组,每组每条腿完成蹲起10次左右,逐渐加大幅度,组间休息30~60秒,隔天练习一次,至少要持续2~4周。适应两周后,可逐渐增加练习组数和每组完成的次数,缩短休息时间,但不宜增加得太多。

中级阶段随着肌肉力量的增加,逐渐增加练习的组数和每组完成的次数。这一阶段两手可以试着持哑铃,以增加负重。开始时哑铃的重量不宜过大,每次练习时应完成3~6组,每组完成10~12次,组间休息90~120秒,逐渐增加哑铃的重量。运动负荷的增加应根据自己的身体反应而定,以练习后感觉有些疲劳,但第二天精力充沛为宜。

5. 站立单、双腿提踵

方法：单腿提踵，一只手持哑铃，一只手扶固定物，持哑铃一侧脚的前脚掌站在垫木上；脚跟尽量下降至最低点，然后慢慢提起脚后跟，另一条腿保持屈膝；小腿肌用力收缩，使脚后跟至最高点，略停，然后缓慢还原，两腿交替进行。双腿提踵与单腿提踵的动作基本相同，只是两手持哑铃，两脚前脚掌站在垫木上，同时提前脚掌站在垫木上，同时提踵。

技术要点：初级阶段先活动踝关节，并牵拉跟腱，然后进行徒手单、双腿提踵练习，以达到热身和体会动作的目的。开始正式练习时，哑铃的重量不宜太重，每次练习时应完成 2~3 组，每组完成提踵 10 次左右，组间休息 30~60 秒，隔天练习一次。适应两周后，可逐渐增加练习组数（最多达到 5 组）和每组完成的次数（最多不超过 15 次）。初级阶段至少应持续 2 周。

中级阶段随着肌肉力量的增加，应逐渐增加哑铃的重量、组数和每组完成的次数。但重量不宜增加得过大，应循序渐进，以免出现受伤或过度疲劳的现象。每次练习时应完成 5~7 组，每组完成蹲起 10~15 次，组间休息 90~120 秒。此运动量应持续 4~5 周左右，然后再逐渐增加哑铃重量，但运动负荷的增加应根据自己的身体反应而定，以练习后感觉有些疲劳，但第二天精力充沛为宜。

纠正错误：练习时易出现身体重心不稳，提踵和下落速度太快等问题。因此，应在提踵时身体正直，头部上顶，下落时小腿肌肉保持紧张，可以适当把持固定物。

（五）发展腹部肌肉

腹部肌肉主要有腹直肌、腹外斜肌、腹内斜肌。发展腹部肌肉有利于加固脊柱的支撑能力，使上、下肢肌肉力量得以贯通。

1. 仰卧起坐

方法：仰卧在平垫上，屈膝，大腿与小腿成 90°，双脚勾住滚动轴，双手屈抱于头后。收缩腹部肌肉，以髋关节为轴，使上体向上抬起，直到两肘触及膝部，然后放松腹直肌，将上体逐渐回至开始位置（图 9-13）。

图 9-13 仰卧起坐

效果：如上体背部不触及地面（与垫面大约 10 厘米高度），或采用斜板完成，脚部垫高，头后抱一重物，则效果更好。

2. 仰卧举腿

方法：仰卧斜板上，双手握住头顶固定物，身体伸直。收缩腹部肌肉，以髋关节为轴，将双腿并拢伸直向上举起，直到髋屈到最大程度，然后放松腹直肌，慢慢将腿放至开始位置（图 9-14）。

效果：腿放回时如不触及斜板，使脚部离板 10 厘米高，或采取悬重举腿，则效果更好。

图 9-14 仰卧举腿

（六）锻炼安排

大学生的主要任务是学习，加之锻炼水平和条件有限，不可能像运动员那样进行全面、系统的锻炼，但只要做到相对持之以恒，根据实际情况，把握一些基本规律，灵活安排锻炼，则仍能收到良好的效果。

1. 每周安排几次锻炼为宜

负重练习是健美锻炼的主要手段，根据运动生理学实验，一次大运动负荷引起的肌肉疲劳,至少需48小时才能恢复,否则非但不能发达肌肉,还极易造成过度疲劳。因此,初练健美者应隔天锻炼1次,即两周安排7次锻炼,力求提高每次锻炼的质量。

2. 怎样进行体格分部锻炼

体格分部锻炼是指把全身肌肉分成几个部分,每次锻炼只集中锻炼其中一部分,在1周或2周时间内依次逐步轮换。对肌肉分部的方法很多,最简单的就是把全身各肌群分为上肢、下肢,在每周4次锻炼中交替进行,即按第一次上肢、第二次下肢、第三次上肢、第四次下肢的顺序安排锻炼。

3. 怎样进行动作编排

动作编排要考虑大、小肌肉群的相互搭配,先练大肌肉群,后练小肌肉群,先上肢、后下肢。通常一次锻炼,大肌肉群安排3~4个动作,小肌肉群安排2~3个动作。每个动作练3~5组,几个动作的综合组数:大肌肉群12~16组,小肌肉群8~10组,约在1.5小时练完,可根据锻炼水平和具体时间灵活掌握。

4. 选择什么锻炼方法为好

健美锻炼的方法很多,其中最适合初练者的是循环负重锻炼法。锻炼时可把相同性质或不同性质的动作编排在一个练习组内,按一定的顺序组成环状网络,依次轮换练习。每做完一个动作可稍事休息30秒,每个循环可休息2~3分钟。主要增加练习者的力量和耐力,为后续锻炼打好基础。达到一定锻炼水平后,可采取超负荷的其他锻炼方法,即让身体接受超过已习惯的强度刺激,以达到超补偿作用,使肌肉体积能够增大。

5. 怎样确立运动负荷

健美锻炼的运动负荷是根据肌肉克服阻力同自身体力的关系来划分的。由于不同对象存在着个体差异,并没有恒定的界限。一般把最大限度完成1~5次的重量称大负荷,把完成6~10次的重量称中负荷,把能完成11次以上的重量叫小负荷。三种负荷各有不同作用,大负荷主要用于提高力量素质,中负荷侧重于发达肌肉的体积,小负荷则对发展力量耐力有效。健美锻炼应大、中、小负荷相互搭配,但以中等负荷的锻炼为主。

6. 哪些器械可进行健美锻炼

健美锻炼主要通过克服器械重量和由它产生的阻力,从而达到发达肌肉的目的。因此,无论是杠铃、哑铃、壶铃、橡皮筋、弹簧拉力器、实心球等中小型器械,还是各种多功能大型联合力量器械,乃至单杠、双杠、倒立架、体操棍、沙袋、沙包、沙背心等简易器械,都可加以利用,并组编成练习动作供健美锻炼所用。

(七)体力恢复与营养补充

根据"疲劳与恢复""消耗与补充"的均衡性原则,人体在承受锻炼负荷后,必须进行营养补充和体力恢复,也即按"锻炼、营养、恢复、再锻炼"的规律循环,才能使力量锻炼卓有成效。

1. 体力恢复

就某种意义而言,初练者按自己的锻炼水平,把握好体力恢复这个环节,甚至比追求锻炼负荷更为重要。因为锻炼负荷即便稍有不足,只要体力恢复良好,力量水平仍有望得到稳步提高;反之,若在体力未恢复情况下继续锻炼,就极易导致过度疲劳,使肌肉处于停止增长状态。

体力恢复最理想的办法是休息,锻炼后采取的各种伸展性整理活动、局部或全身按摩、沐浴、散步等措施,都属于积极性休息;保证充足的睡眠则属于消极性休息,其目的都是为了放松肌肉和恢复体力。体力恢复的时间长短因负荷大小和各人承受能力而异,一般以下次锻炼处于精力充沛、肌肉稍有酸胀感的状态为适宜判断标准。按通常规律,两次锻炼间的间隔在 48~72 小时,才能使体力得到恢复。因此,为了避免肌肉过度疲劳,凡锻炼某一部位肌肉群,隔天或隔两天练习一次比较合适。

2. 营养补充

力量锻炼中消耗的能量,常需要动用体内的脂肪和蛋白质。如果总是入不敷出,非但力量无法增长,身体健康还要受到损害。因此,在力量锻炼期间,除生活要有规律,养成有规律的进食习惯,保证良好的消化吸收功能外,还应适当增加食物营养。根据力量锻炼自身消耗的需要,青年大学生应特别注意多吃富含动、植物蛋白和脂肪的食品,以便使这种构成肌肉和皮肤基础成分的营养物质及时得到补充。

 第三节 影响健美锻炼效果的因素

一、健美锻炼效果测量与评价的意义

科学的健美锻炼,有赖于对其效果的测量与评价。健美的终极目标,是使身体发生由弱趋强、由病转康的变化,从而达到愉悦身心、健美形体、益寿延年之效。但它是由每个锻炼单元(若干个锻炼日)逐渐积累而成的,只有各个锻炼单元中都能取得良好的锻炼效果,则锻炼的积累效果才有保证。因此,健美效果的测量和评价有助于克服健美的盲目性,对获得最佳身体锻炼效果、克服伤病等不良反应均具有重要的意义。具体说来,其意义表现在以下几个方面:

(1) 在系统地进行身体锻炼之前进行的身体检查,可以预先了解身体是否患病,明确身体锻炼的禁忌证,从而有针对性地采取必要的医疗保健措施,克服盲目锻炼所造成的不良后果。

(2) 在各个锻炼阶段(如三个月、半年或一年)前进行的身体状况的测量和评价,可以明确锻炼者在身体各机能、各种身体素质和运动能力及形态方面的基础条件,以便科学地确定锻炼的内容、方法和负荷量度,并为阶段性身体锻炼结束后评价健美效果提供基础指标。

(3) 健美过程中或结束后进行的测量和评价,有利于分析锻炼时身体受到刺激的程度和"一时性"锻炼效果,为锻炼过程的负荷控制积累资料。

(4) 健美效果测量与评价中的良性结果,有助于调动锻炼者的积极性和兴趣,不良效果则为改进锻炼手段和方法敲起了警钟。因此,它为促使健美运动的科学化和提高锻炼效益提供了保证。

二、健美锻炼效果测量与评价的种类

健美效果的测评有多种多样的方法,可根据不同的需要加以选用。

(一) 自我测评与他人测评

自我测评多采用主观感觉、观察进行定性检查和评价,也可采用较为简易的定量测评方法。这是健美锻炼最常用的方法,其特点是方法简单、及时,方便操作,但主观成分较大。

他人测评是根据特定要求进行的,它需要一定的设备和仪器,客观性较好,比较规范,但

要有一定的组织工作。

（二）主观测评与客观测评

主观测评即评价人根据观察、感觉和个人经验等来评价健美锻炼效果，可以由锻炼者个人进行，也可由他人进行。该法不需要仪器设备，简便易行，缺点是客观性较差。

客观测评是借助于测试仪器设备，用规范的方法获得精确的数据，用一定的方法评价锻炼效果。

（三）单一指标测评与多指标综合测评

单一指标测评是指选择一个指标对身体锻炼的某一方面效果进行测评，如健美锻炼中对某个部位采用围度测评法，减肥锻炼中采用体重测评法，等等。这种测评方式较为简便，针对性强，能较灵敏地反映身体锻炼者某一方面机能和能力以及形态的改善情况。要使单一指标测评更为有效，重要的是选择合理有效的测评指标和进行科学的测定。

多指标综合测评是根据锻炼者体质和身体锻炼的特定需要出发，精选若干个测定指标，组成一个测定体系，对锻炼对象进行测定，再利用一定的权重关系对锻炼者身体锻炼情况做出综合评判，如我国的"国家体育锻炼标准""中国成人体质测定标准"等。多指标综合测评的具体方法很多，可以有定性评价，但以定量评价为主。在定量测评的若干因素中，可以采用单项评分累加法、平均法、标准化加权法、相关法、指数法等。选用各类指标时要尽可能全面反映身体锻炼不同方面的效果，避免同类指标的重复。

（四）对个体的测评与对群体的测评

对个体的测评是以某个人作为测定评价对象，运用有关手段和方法进行测定评价的方法。

对群体的测评是在对个体进行测评的基础上，对某一特定群体的身体状况和健美效果进行测评，如对某个学校学生或社区健美锻炼者进行的整体评价。有了对不同群体的身体状况和健美锻炼的测评结果，就可以进行不同群体之间的比较分析，而个体也可以用群体指标作为参照系，评价自身的身体状况，并对体育健身过程加以综合分析。

三、影响健美锻炼效果的因素

健美锻炼是一个由低级阶段向高级阶段、由低水平向高水平纵向发展的过程，在健美训练过程中，要想取得好的锻炼效果，主要取决以下几个因素。

（一）健美锻炼的重量、次数和组数

根据健美训练的特征，其实质就是大学生在一次训练课或一个动作训练中严格按照规定的强度（重量、组数、次数、密度等）给予机体的刺激量。从刺激和反应的生物学规律来看，大学生在训练中所承受的运动负荷，实际上就是给予大学生机体承担一定强度，重量越大，刺激越大，机体反应也越大，经过恢复，效果也就越大。但是，在锻炼过程中过于强调对机体的刺激强度或刺激频率，不仅不能构成对机体更大的反应，反而会使反应减小，甚至引起运动性的过度疲劳，造成运动损伤，影响正常的锻炼。因此，坚持大运动负荷训练，应根据运动员的年龄、性别、体质、训练而有所区别，尽量把运动负荷安排在接近运动员机体承受的负荷极限，以达到刺激肌肉的目的。总之，在运动负荷的刺激下，如果运动员的生理机能反应良好，运动成绩提高得快，这样的运动负荷就是科学的、合理的，离开这一点单纯地研究运动负荷问题是毫无意义的。

1. 组数

组数是指每个动作重复练习的组数,大学生从提起杠铃或(其他器械)做动作到放下杠铃休息,叫作一组,每个动作可以重复练习若干组,组数不同,运动负荷大小也不同。

2. 次数

次数是指每组练习中重复上举的次数,一组练习中可以用不同的强度上举1次,也可以上举8~10次,根据特殊需要,甚至上举16次以上,次数不同,运动负荷也不同。

3. 单个动作的上举次数

单个动作的上举次数是指一个动作的上举总次数,它是一个动作中各组练习上举次数相加之和。

4. 单个动作的上举重量

单个动作的上举重量是指一个动作的上举总重量,它是一个动作中各组练习上举重量相加之和,而每组的上举重量则等于器械重量乘以次数。

5. 单个动作的平均重量

单个动作的平均重量是指一个动作中每次上举的平均重量,平均重量 = 上举重量/上举次数。

6. 动作数

动作数是指一次训练课中的动作个数。

7. 总组数

总组数是指一次训练课中所有动作练习的总组数。它往往成为衡量一次训练课运动负荷大小的一个简易指标。

8. 总上举次数

总上举次数是指一次训练课内所有动作练习时的总上举次数,它也是衡量一次训练课运动负荷大小的一个简易指标。

9. 总重量

总重量是指一次训练课内所有动作练习时上举的总重,它也是衡量一次训练课的运动负荷大小的一个简易指标。

10. 总平均重量

总平均重量是指一次训练课过程中所有动作每次上举的总平均重量,总平均重量 = 总重量 ÷ 总上举次数。

(二) 健美锻炼的强度

一般是指单位时间内所做的功或者指单位时间内的生理负荷量。但是,在健美训练中,某一个动作的速度与上举高度是相对稳定的,运动员之间在这方面的差异也不大。教练员、运动员更不能从这方面去变换运动量,因此,时间和距离在计算运动负荷的强度时意义不大。所以,在健美锻炼中,强度主要是由单位次数中所举的重量大小决定的,为了进行比较,而用单位次数中所举重量与个人最高成绩的百分比来表示。训练中可以采用下面三个指标来衡量强度大小。

1. 单个动作每次的强度

这是衡量一次上举的强度指标,是指某一动作中,一次上举所举重量占该项最高成绩的百分比,即单个动作每次的强度除以一次上举所举重量等于该项最高成绩。

2. 单个动作的平均强度

这是衡量一个动作的强度指标,是指某一动作中,每次上举平均重量占该项最高成绩的百分比。例如,卧推60%×12次,70%×10次×2组,80%×8次×2组,90%×6次×2组;卧推最高成绩为100千克,总重量为4 480千克,总次数为60次,平均重量为4 480千克/60次=74.7千克,单个动作的平均强度则为74.7/100×100%=74.7%。

3. 总平均强度

这是衡量一次训练课中运动负荷的强度指标。

(三)健美锻炼的时间

时间因素是指训练中完成单个动作的时间、总训练时间以及间隙时间等。它是构成不同锻炼效果的因素之一,训练中可以用下列一些时间指标。

1. 单个动作训练时间

单个动作训练时间是指一个动作的练习时间。这里所说的训练时间,包括实际锻炼时间和组与组之间的间隙时间,用这一指标可以比较不同动作的训练时间长短。

2. 总训练时间

总训练时间是指一次训练课的总时间,它是衡量一次训练课运动量大小的一个简易指标。

3. 间隙时间

间隙时间是指两组练习之间的休息时间,通常采用大强度训练发展肌肉的绝对力量的间隙时间为2～3分钟,采用中等强度发达肌肉围度的间隙时间为1～1.5分钟,采用小强度降脂的间隙时间为30～60秒。

(四)健美锻炼的密度

密度是指单位时间内重复练习的量,体现了训练中时间和数量之间的关系,反映出训练课的紧凑性,在一定程度上也影响着运动量。一般可以分为单个动作的密度和一次训练课的总密度,可以用下列指标来表示密度的大小。

1. 单位时间重复组数

单位时间重复组数是指每分钟内重复练习的组数,以训练时间除组数所得的商数来表示(可分单个动作和训练课两种)。

2. 单位时间重复次数

单位时间重复次数是指每分钟内重复练习的次数,以训练时间除上举次数所得的商数来表示(可分单个动作和训练课两种)。

(五)健美锻炼完成动作的质量

动作的质量,主要是指在健美训练时,完成动作的准确性、节奏性和速度等。完成动作质量的好与差,也是直接影响训练效果的因素之一。

1. 动作的准确性

准确性是指在完成动作时,动作要做"到位"。所谓动作"到位",就是动作要做彻底。当肌肉收缩时,要做到尽力收缩;肌肉放松时,要做到充分放松。例如,在完成单杠引体向上,当向上引体时,两臂肌群和背阔肌要竭力收缩使身体上引;当身体下落时,两臂要充分伸直,然后再重复下次动作。又如,用杠铃或哑铃做弯举动作时,要充分使肱二头肌收缩;放松时,要充分伸直两臂后,再做下次动作。

动作的准确性,还要求在训练某肌肉群时,其他部位的肌肉群不应参与活动。例如,在做卧推动作时,不要做"拱腰"的动作;在练习弯举动作时,不应摆动身体、加速助力等。

2. 动作的节奏性

节奏性是指在完成动作时,动作要有节奏,不要忽快忽慢或突然发力。尤其在进行大重量动作训练时,更要注意动作的节奏。在完成某些动作时,节奏应该放慢些。例如,在完成杠铃卧推、上举、深蹲等动作时,若动作没有节奏,就容易失去平衡,还会发生伤害事故。

动作的节奏性,主要靠自我进行控制。动作完成有节奏,不仅可使动作完成得充分而准确,提高动作的质量;而且还可保证训练安全进行,减少和避免伤害事故。

3. 动作的速度

速度是指完成动作时位移的快慢。对完成动作速度的快慢,有人研究认为,快速对发展爆发力有利,而慢速和中速则对发达肌肉有利。

完成动作速度的快慢与训练的负荷轻重有关。一般来讲,训练负荷重时,动作速度相对慢些;训练负荷轻时,动作速度相对快些。总之,无论动作速度的快慢,还是训练负荷的轻重,目的都是为了有效地刺激肌肉,使肌肉在各种负荷作用下达到饱和状态。

(六) 器械与动作的选择

在健美锻炼中,练习的器械和动作较多。例如,训练的器械有杠铃、哑铃、壶铃、单杠、双杠、拉力器、握力器、棍、棒、剑和健身球等。训练的动作有徒手练习(如各种徒手健美、健身操);有持器械的动作练习(如持杠铃、哑铃等);还有在各种器械上的练习动作(如在单杠、双杠、卧推架和腿举架上练习等)。

由于每个人的年龄、性别、身体健康、素质和体形等情况各不相同,各种器械和动作的结构、特点和练习方法也不相同,因此,一定要根据个人的实际情况,选择适合自己训练的器械和动作。一般讲,男子喜欢采用较重的、动作幅度大的器械和动作进行练习(如杠铃、单杠、双杠等);女子喜欢采用柔韧性和节奏感较强的动作进行练习(如各种健美操);而中老年人则喜欢采用重量较轻的器械和动作缓慢地进行练习(如小哑铃、棍、剑、健身球等)。

(七) 健美锻炼的呼吸方法

在健美训练过程中,正确掌握呼吸的方法,对增加肌肉力量和发达肌肉都有十分重要的意义。呼吸的目的,是使机体能够摄取更多的氧气,保证所需的吸氧量,同时排出相应的二氧化碳。一般常用的呼吸方法是:在完成动作、肌肉收缩前,应先吸气,接着做动作,肌肉用力收缩;当动作结束、肌肉放松时,才充分呼气,再重复下次动作。

憋气是健美训练中常用的一种特殊呼吸方法,也是为了适应力量练习产生的一种生理现象。憋气是指在或深或浅的吸气之后,紧闭声门,尽力做呼气的运动。在健美训练时,凡是做两臂前屈、外展、外旋、扩胸、提肩和展体动作时,几乎都采用了憋气。大量的研究已证明,憋气方法在健美训练中具有以下良好作用。

(1) 憋气可以反射性地引起肌肉张力加强。也就是说,憋气可以使人的力量增大。据威尔·塞尔韦(Val Salva)研究证明,人的臂力和握力在憋气时最大,呼气时次之,吸气时最小。在完成卧推、上举、弯举、上拉、抓举和深蹲等动作时,其表现尤其明显。

(2) 憋气可以为有关的运动环节创造最有效的收缩条件。例如,在做卧推练习时,憋气后可控制胸廓的起伏,获得相对稳定的支撑点,以配合两臂更有效地完成动作。又如,在深蹲练习时,憋气后可使胸廓隆起,固定腰部,配合两腿完成动作。

（3）憋气可以在进行大重量、超重量或每组练习到最后几次时，发挥身体的最大潜力，促使每次训练达到饱和状态，并获得较理想的训练效果。

（4）憋气可以提高人体心肺功能，提高肌肉的力量和耐力，促进肌肉发达。

但是，憋气对人体也会产生一些不良的影响。例如，憋气可压迫胸腔，使胸膜腔内压上升，造成静脉血液回心困难，胸腔血流降低，导致心肌、脑细胞和视网膜贫血，并产生头晕、恶心、耳鸣以及眼冒金花等现象。憋气结束后，还会出现反射性深吸气，使心肌过度伸展，血压猛增。这对于心血管功能较差者，特别是对儿童和中老年人十分不利。

上述憋气对身体有利有弊。但对于每个健美运动员和健康的人来讲，不能视憋气为畏途。而应该了解憋气对人体的生理作用和影响，应遵守循序渐进的训练原则，逐步适应并充分利用憋气对人体的有利条件，在训练中广泛、合理使用憋气。另外，要求呼吸与动作要有节奏地协调配合。否则，容易造成气喘、缺氧、肌肉无力和过早疲劳等。

就以上各因素来讲，一方面是因人因地而异的；另一方面又是相互联系、相互影响的。影响健美训练效果的还有其他因素，如气候、场地、时间、心理因素等。这些问题有待于继续研究和探讨。

第四节　健美锻炼注意事项

健美锻炼是一项意在提高人体全面健康水平的运动。它是以肌肉力量锻炼为主，有氧锻炼为辅的运动。它包含内容丰富，是一门系统性人体训练肌肉科学。实际上许多大学生在锻炼时往往没有认识到这一点，总想急于求成，总希望能在很短的时间内达到满意的效果，一味片面地追求练习的量，结果事半功倍，不能达到预期的锻炼效果。根据健美锻炼的原则，得出影响大学生健美锻炼的效果的几个因素及建议，希望能对坚持参加健美锻炼的大学生起方向性引导作用。

一、充分做好准备活动

在健美训练中，首先要做好准备活动，准备活动是指在正式运动之前进行的有目的的身体练习。做好充分的准备活动，可以缩短机体进入最佳状态的时间，同时还可以预防运动损伤的发生，为机体发挥最大的工作效率做好功能上的准备。准备活动分两种：一种是全身性的，即慢跑、跳绳之类；还有一种是针对性的热身，同时要把热身和牵拉韧带结合来完成。

在正式练习前，首先要进行全身性热身，然后就要牵拉本次练习部位的韧带，充分牵拉后，还要进行针对性热身。例如，要练习卧推，除了进行前面所说的全身性热身和牵拉韧带外，还要用俯卧撑使胸大肌、肱三头肌充分地热起来，或用轻些的重量完成，采用能够完成20次左右的重量，然后加重一些完成15次。接下来才能开始正式的多组练习。

二、遵循正确的训练原则

在健美运动中的训练应该遵循一定的原则，包括循序渐进原则、全面均衡性原则、孤立训练原则和持续紧张训练原则等。

（一）循序渐进原则

循序渐进是人体适应外界环境的基本规律。人体对环境的适应是一个缓慢的由量变到质变的过程，健美训练也如此。在健美训练的过程中，练习动作应由易到难，训练方法应由简到繁,器械重量应由轻到重,连续动作的次数和组数应由少到多,训练强度和密度应由小到大,时间应由短到长,这样才能使内脏器官、肌肉、韧带、关节等逐渐适应新的刺激,从而不断地提高训练水平。对于某个重量、次数和组数,应先进行适应性训练 1~2 周,然后再循序渐进地增加运动员荷。

（二）全面均衡性原则

健美训练应根据人体的生理特点,采用各种有效的训练方法,使身体各部位肌肉、各器官的机能和身体素质得到全面均衡的发展。在健美训练中,有些人往往只注意胸部或肩部肌肉的训练,而忽视下肢训练,造成头重脚轻;有些人只注重下肢训练,而忽视上肢训练,造成上细下粗;有些人只注重大肌肉群训练,而忽略了小肌肉群训练,使全身肌肉不匀称;等等。因此,我们在训练过程中必须遵循全面均衡的训练原则。

（三）孤立训练原则

在完成动作的过程中,每一块肌肉都有各自的用力作用,并且总有一块肌肉群是起主要作用,而其他肌肉则有的起协同作用,有的起相对稳定作用,也有的起对抗作用。如果想最大限度地单独发展某一部位的肌肉,就要尽可能地使主要起作用的肌肉与其他肌肉活动分开。例如,练肱二头肌,就应尽量不让腰肌和腿部肌肉参与用力。

（四）持续紧张训练原则

人们总是有一些误区,把健美训练等同于爆发力训练,其实它们是完全不同的两种训练方法。在健美训练中,对动作速度的控制是关键,不仅上升时要控制速度,不要太快,下落时更要控制速度,比上升时还要慢。如果动作做得很快或依靠摇摆的惯性把重量举起来,就会减少肌肉收缩的效果。在整个动作过程中,肌肉始终保持张紧的收缩状态。

三、把握好重量选择

不同年龄、性别,不同身体状况的人在进行肌肉训练的过程中,目标是不同的。

如果目标是减脂和增加肌肉耐力与弹性,那么就应该采用能够完成 30 次左右的重量来进行练习,每次练习要超过 25 次。同时,这一运动强度也适用于初级练习者。

如果想达到增强肌肉耐力与力量,或者说使自己在生活中长时间做某件事而不感觉疲劳,那么,可以选择完成 14~15 次开始感觉疲劳的重量,完成 20 次左右再进行抗阻训练。

如果目标不仅是增加肌肉耐力与力量,还想练出健美体形,就应该选择最多能够重复完成 10~14 次的重量,每组完成 8~10 次,进行多组练习。

在这里必须提醒大家,不管健美的目标是什么,都不能越过初级阶段直接进行中级或高级阶段练习,必须要循序渐进地进行。

四、注意呼吸的方法和节奏

健美训练的呼吸方法很重要,采用正确的方法,可以在完成动作时感觉比较轻松,同时不产生憋气现象。特别是对于年龄略大一些的人,憋气就更加危险,所以一定要注意掌握呼吸方法。呼吸方法有两种,一种是用力时吸气,一种是用力时呼气。小重量时无论哪种都可以。如果做较大重量(能够完成 10~12 次左右的重量)练习,就一定要按照本书中每个动作的呼吸方法来完成。

五、加强柔韧性练习

在进行健美训练时,还要加强身体柔韧性的训练。柔韧性是指使肢体能够做出的最大动作幅度。皮肤、结缔组织和关节内部条件会限制动作的幅度,当肢体的动作超出了正常的幅度就会引起损伤,而提高柔韧性能够降低这种潜在的危险性。

在剧烈运动之前,略做些准备活动,然后再做伸展练习效果最好。训练后,在整理活动中做一些伸展练习,有助于减轻因训练产生的肌肉酸痛。

当进行力量或耐力训练时,柔韧性练习也十分重要。它可以保持动作幅度,使动作准确到位。

六、做好运动后的放松

运动后放松是指运动之后所进行的一些能够加速机体功能恢复的、较轻松的身体活动。与运动前准备活动相反,其目的是使锻炼者的生理机能水平逐步得到恢复。

七、注意营养的补充和休息

随着健美锻炼和比赛水平的不断提高,人们对营养的补充和休息时间的安排也越来越重视。因为补充丰富的营养物质和合理安排休息的时间,其共同的目的都是使身体尽快地消除在锻炼中产生的疲劳,恢复机能,提供机体所需要的能量物质,从而为以后的锻炼准备充足的体力和精力,保证锻炼系统顺利地进行。

所以,营养的补充和足够的休息已成为取得良好锻炼效果的重要物质条件,应该引起高度重视。

(一)健美锻炼的营养补充问题

在食物中,营养成分通常分为七大类,即蛋白质、碳水化合物、脂肪、维生素、矿物质(无机盐)、水和膳食纤维。其中,前三类较为重要,因为它们能产生能量,是身体在活动中不可缺少的成分。

对于一个健美爱好者来讲,要想增加体重和发达肌肉,如何安排好自己的饮食,是一个很重要的问题。在西方健美运动界有句俗语:"一半靠练,一半靠吃。""练"是指要练得有法;"吃"是指要吃得有方。有的人练得非常刻苦,方法也得当,只因吃得不当,导致最终未达到可能达到的最高水平或预定目标。由于健美锻炼属于大强度运动,锻炼时能量消耗较大,机体除了摄入正常的热量之外,每天还必须多摄入 2 090～4 180 焦的热量。因此,在每次锻炼之后,必须补充足够的高质量的蛋白质和碳水化合物。

每人每天摄入的热量中,大约有 58% 是碳水化合物,12% 是蛋白质,30% 是脂肪。而健美运动员每天摄入食物的比例是:碳水化合物 55%,蛋白质 25%,脂肪 20%。碳水化合物分为两类:一类是由蔬菜、水果和果汁等组成的简单食物;另一类则是由面包、土豆、麦谷等组成的复杂食物。高蛋白食物包括蛋类、鸡、瘦肉、鱼、牛奶、牛肉以及各种奶制品、豆制品等。

健美锻炼最理想的饮食是:含量高的碳水化合物+适量的蛋白质+低脂肪的食物。含量高的碳水化合物,要求每天多吃一些蔬菜和水果。适量的蛋白,是指每餐摄入的蛋白质量不超过 35 克。因为人体在 3 小时内只能吸收和消耗 20～30 克蛋白质,超过这个数量范围,就会变成多余的废物被排泄掉。低脂肪的食物,是指每天摄入的脂肪应少于 20%。脂肪不可多吃,但又不可不吃。因为脂肪对关节的活动和产生必需的脂肪酸以保持皮肤的健美都是不可缺少的。另外,补充矿物质和维生素,维生素 B 需求量不大,每天在饮食中都能得到足够的补充。水的补充应该不受限制,出汗多,水就要多补充。平时多吃富含膳食纤维的食物,如胡萝卜、黄豆、玉米、燕麦、大麦等。

国际健美协会主席、著名健美营养专家本·韦德认为,在健美饮食中,每天至少要吃

50%的水果和蔬菜,而且品种要多样化,最好吃生的。土豆是一种很好的食物,可连皮一起吃。大米和面包占10%的能量,最好吃混合米。蛋白质的补充十分重要,40%的能量来源于蛋白质。运动量大,蛋白质的补充要相应增多。总之,要十分注意饮食,要多吃自然食物。吃是为了得到营养,健壮身体。

长期以来,我国人民的饮食习惯与国外的饮食习惯是有区别的。我国健美运动员的营养情况与国外健美运动员的营养情况也是有区别的。从我国人民生活习惯的状况来看,碳水化合物和脂肪的补充是不成问题的,而蛋白质的补充却不足,尤其是蛋类、瘦肉类的摄入量较少。水果和蔬菜在某些地区也较缺乏,摄入不够。这些对健美锻炼的营养补充都是不利的,应当引起健美爱好者的充分注意。

在饮食次数方面,我国一般是每日3餐,而国外是每日5~6餐,每隔3、4小时1餐。在健美锻炼中,如果要增大肌肉、增加体重,最好每天吃5~6餐。若不能达到这个要求,也可在第1、2餐之间和第2、3餐之间或第3餐后,摄入一些高碳水化合蛋白质和其他饮料来代替。这样,在有效的时间间隔内就能吸收更多的蛋白质和其他营养物质。这对机体的恢复和增长肌肉都有重要的影响。

补充营养物质时,应该注意以下两点:

第一,要根据本人的体重、运动量的大小和所消耗的能量情况补充营养物质。体重较重、运动量较大、消耗也大时,补充的营养物质要多些;反之,则少些。那种不根据实际情况,过分的补充营养物质是不必要的。

第二,在饮食中,要克服偏食的习惯,偏食的结果会造成营养不良。应该做到饮食科学搭配,适当补充,少食多餐,使补充的营养真正有助于锻炼的效果。

(二)健美锻炼的休息问题

就一般人来讲,休息是必要的。对健美锻炼者来讲,休息就更有必要。多方面的实验已经证明,睡眠对于精力的恢复比饮食还要重要。由于健美锻炼是一种力量性的练习,每次练习的时间较长(优秀健美运动员可达3小时以上),运动量较大,体力和精力消耗也很大。通过睡眠,可以使消耗的体力和精力得到补偿。在睡眠时机体的新陈代谢降低,呼吸和心脏跳动缓慢,消化系统工作减轻,大脑不再受外界的刺激,其活动减少至最低限度,整个身体都处于弥补和恢复之中。经过足够的休息,使体力和精力又得到充分的恢复,从而保证了有充沛的体力进行以后的锻炼。

休息的时间必须符合恢复和超量恢复的原则。休息时间过长或休息不够,对锻炼的效果都会产生不利的影响。因此,每次锻炼后,应该保证有8小时的睡眠时间,同时要做到生活有规律,合理安排好休息时间。休息情况的好与差,主要靠自我感觉和自我控制。

第十章 塑身锻炼

第一节 塑身锻炼概述

一、塑身锻炼的概念

塑身锻炼,是人们为达到形体健美的目的,运用徒手或器械等专门手段和锻炼方法,矫正身体某些部位缺陷,塑造优美身体形态的一种锻炼系统。从性质上说,塑身锻炼既不同于一般的舞蹈、体操或医疗体操,也不同于单纯的健美运动,而是兼有体操、舞蹈、健美和医疗特质的综合体育运动锻炼。

塑身锻炼可大体分为四类,第一类,是以端正身体站、坐、卧等基本姿态为内容的身体锻炼;第二类,是以塑造身体线条,培养良好体形为主要目标的形体锻炼;第三类,是以改变身体局部过胖为主要目标的塑形锻炼;第四类,是矫正和重塑某些不良体形和姿态为主要目标的矫形锻炼。四者在身体均匀和体态协调的总目标下达到最充分的一致。为达到上述四种目标所采用的锻炼系统,可以统称为塑身锻炼。

二、塑身锻炼的主要作用

1. 增进健康,增强体质

塑身锻炼作为体育运动的一个分支,具有体育运动的最普遍的作用,即提高机体的新陈代谢水平,改善身体各器官的机能,提高机体对外界环境的适应力以及对疾病的抵抗力和免疫力。尤其重要的是,由于塑身锻炼特别强调肢体的伸展与运动,可以使肌肉力量增强,肌肉体积增大,弹性提高,并使骨骼、关节、韧带得到良好的刺激,使软骨组织、肌腱组织、韧带组织更富有弹性,有助于人的生长发育,骨骼更加致密结实。

2. 塑造体形,培养体态

人的体形是以肌肉、关节、骨骼为基架所构成的人体外观形态。研究认为,塑身锻炼能使肌肉体积增大、脂肪减少、肌肉内结缔组织增多,从而使肌肉线条更加明显。由于骨组织的新陈代谢加强,可使骨密质增厚,骨径变粗,使骨在形态上更加趋于理想化。因此,长期进行塑身锻炼,能塑造人的健美体形和体态。

3. 培养气质,改善风度

尽管人的气质受遗传因素的影响较大,但后天环境和锻炼因素对其影响也是十分明显的。人们在进行塑身锻炼的过程中,常伴有优雅美妙的音乐和明快的节律,从而使塑身锻炼的动作富有韵律和美感。因而,长期进行塑身锻炼的人,也具有优雅的气质和良好的风度。

4. 陶冶心灵,提高自信

社会体育中的塑身锻炼,其对象是广大的居民群众,而且大多数是在集体活动中进行的,能有效地培养人们的参与意识,激发出人的表现和竞争欲望,并在活动过程中逐渐体验人生的真谛,对陶冶人的心灵具有一定的作用。同时,形体作为人的外部标志,对其心理状态也具有一定的影响。经过长期塑身锻炼所塑造的优雅的体形体貌,也能够提高人的自信心、自尊心,激发起人的社会责任感,从而积极地投入社会生活。

三、塑身锻炼的指导要点

(一)确立塑身锻炼以健康为本的理念

一些塑身健美锻炼者十分重视身体外部形态的塑造,而对与人体健康有直接关系的内脏器官的机能锻炼却重视不够,行为显然就有失偏颇。其实,塑身锻炼应以健康身体为本,只有健康的机体才能谈得上形体美的存在。同时,形体美也要以内在气质和精神为依托,一个无精打采的人是不能称为形体美的。这就要求树立整体的观点,强调内外统一,身心俱练才有效果。此外,着装穿戴对于塑造形体的美感有着一定的作用,但应以不妨碍肢体行动,不影响身体健康为原则,饰缀化妆更以身体和卫生健康为前提。

(二)正确理解塑身健美的基本含义

人的形体美的观念是经过几千年的演进逐渐形成的,尽管它不断地受到社会经济、政治、生活和人们的思想文化观念的深刻影响,但形体美本身亦有自身的特点和规律。有人将其基本特点归结为:第一,均衡,即身体各部分要达到恰当的比例关系,而这种比例关系应符合同族同类同龄人的基本特征。第二,对称,即左右对称,从正面看和后面看达到左右两侧的平衡发展。第三,对比,即达到性别对比效果,肢体各部位围径的对比效果,以及身体各部分色泽的对比效果。第四,曲线,即做到轮廓流畅、鲜明、简洁,线条起伏恰到好处,并具有性别特征,以取得曲线美的感觉效果。同时,还应强调姿态美、动作美、风度美、行为美。只有这样的美,才是自然美和艺术美的结合,才是最富社会价值的美。

(三)考虑不同年龄、性别塑身锻炼者的需求,采用有效的手段和方法

少年儿童时期的身体各器官系统较为柔嫩,均未发育成熟,是进行塑身锻炼的最好时机。抓好青少年学生的塑身教学与锻炼,对于改善中华民族成员的体形体态具有根本性的意义,要不失时机抓好这一时期。同时,研究也表明,任何年龄阶段进行塑身锻炼都能产生积极的效果。青少年时期的塑身锻炼目标较为集中,其方法和手段针对性强。而到了中老年时期,由于身体的老化和身体各部分的个别差异,就有必要把塑身锻炼与体育健身、治疗疾病以及减肥等多元目标结合起来,塑身锻炼的方法和手段也更加综合化。总之,只有考虑不同年龄、性别塑身锻炼者的需求,遵循塑身锻炼的规律,采用有效的方法和手段,安排好塑身锻炼的负荷量,才能收到明显的效果。

第二节　身姿锻炼

一、保持良好身体姿势的必要性

身姿即身体姿态,人的身体姿态是通过人体的运动和静止来体现的。人的形体通过不同的身体姿态来表达。身姿对人的影响是很明显的。

首先，身姿影响人的精神状态。姿势如果端正、挺拔，精神就显得振作；反之，姿势如果不正确，精神就显得萎靡不振。人们常有这样的感觉，当心旷神怡时，胸部也会舒展挺起；而当情绪不佳时，胸部也会向下耷拉，两肩下垂（即"垂头丧气"），思路变窄，考虑问题也容易小肚鸡肠。

其次，身姿影响人的身体健康。如果上体姿势不正，脊柱前弯形成驼背，就会使心、肺、肠、胃等内脏器官活动受到限制。脊柱里有一条脊髓神经，直通大脑，支配所有内脏和全身肌肉的活动。如果姿势不正，脊柱弯曲，就会压迫或妨碍神经的活动，也势必影响内脏和肌肉的活动，其害处也是明显的。

人的最基本的身姿包括立、坐、走三种，以下分别对其内涵和培养加以说明。

二、正确站姿及其培养

（一）正确站姿

站姿是生活中的静止造型动作。优美正确的站姿是发展不同质感动态美的起点和基础。正确的站姿应当是：

1. 重心

从正面看，身体重心线应由两条腿中间向上穿过脊柱及头部，在正步站立时把握正中重心线，防止出现重心偏左或偏右的毛病。身体重心要尽量提高，可给人以激越、挺拔的感觉。站立时两腿不要分得过开，腰背不要弯曲。

2. 脊柱

人有与其他动物不同的脊柱生理弯曲，人在站立时，要做到微收下颌、微挺前胸、微塌下腰，使这些生理弯曲表现出来。在保持直立时，颈部后群肌肉、腰背肌肉、臀部肌肉和大小腿前群肌肉要保持适度的紧张状态。

3. 肩与髋

人在站立时，双肩与双髋应处于水平走向。因锁骨的远端承受着较大的上肢重量和其他负荷，锁骨的位置很容易发生改变，如长期受向下的力量牵引，易形成"斜肩""溜肩"；如长期向前受力，会使人含胸驼背。骨盆后倾，会引起重心的后移和下降，直接破坏站立的正确姿势。

4. 下肢

在站立时下肢髋关节、膝关节、踝关节均处于不同站姿的固定位置。日常生活中的站姿可通过下肢位置的变换来调整姿势，减少身体对下肢的压力，重心必须要落在使躯干垂直、肩膀基本水平的位置。支撑腿的膝关节必须伸直。

5. 肌肉

站立时后伸脊柱的主要是骶棘肌；腹部肌肉稍收缩以防止腰椎的过伸；肩部肌肉放松，防止前屈和后伸；支撑腿的臀部肌肉收缩上提，股四头肌、比目鱼肌保持紧张状态。

（二）正确站姿的培养

1. 基本站姿的训练

（1）立正姿势。要求两眼平视，下颌微收，挺胸、收腹、两腿并拢，脚跟相靠，两脚夹角呈60°，双肩保持水平，两臂自然下垂，中指靠近裤缝。青少年的肌肉力量、耐力均较差，练习中应穿插一些姿势变换或身体活动的练习。

（2）稍息姿势。头颈部要求同立正姿势的练习，一侧腿分为支撑腿，另一侧腿可向侧或前、后少许分开,向后时以前脚掌触地,膝关节稍屈曲。练习时可左右两腿轮换交替进行。要注意在练习中身体重心移动要落在支撑腿上。

2. 不良站姿的纠正

站立练习时可做背靠墙的伸展直立,加强伸头颈和脊柱的练习。进行增强背部肌肉的力量训练。站立练习时注意股四头肌收缩上提,安排一些增强股四头肌的力量练习。注意收腹、提胸、伸脊的练习,配合胸式呼吸进行。站立练习时两臂自然下垂,加以水平位置的标记,注意髋、腰部位肌肉的紧张,膝关节的伸直。在培养青少年站姿时,时间不宜过长,以免造成肌肉疲劳而产生防御型的不良姿势。

三、正确坐姿及其培养

坐姿是一种可以维持时间较长的姿势,正确的坐姿应时时保持上半身挺直的姿势,也就是颈、胸、腰都要保持平直。

(一) 正确坐姿

(1) 入座时要轻而稳,走到座位前,转身后,轻稳地坐下。女子入座时,若是裙装,应用手将裙摆稍稍拢一下,不要坐下后再站起来整理衣服。

(2) 面带笑容,双目平视,嘴唇微闭,微收下颌。

(3) 双肩平正放松,两臂自然弯曲放在膝上,也可放在椅子或沙发扶手上。

(4) 立腰、挺胸,上体自然挺直。

(5) 双膝自然并拢,双腿正放或侧放。

(6) 至少坐满椅子的2/3,脊背轻靠椅背。

(7) 起立时,右脚向后收半步而后起立。

(8) 谈话时,可以侧坐,此时上体与腿同时转向一侧。

(9) 男士坐姿:双腿并拢,上身挺直坐正,两脚略向前伸,两手分别放在双膝上。

(10) 女士坐姿:坐正,上身挺直,两腿并拢,两脚同时向左或向右放,两手叠放,置于左腿或右腿上。

(二) 正确坐姿的培养

良好的坐姿是:脊柱端直,写字时头不过分前倾,不耸肩、不歪头,两肩的连线与桌缘平行,前胸不受压迫,大腿处于水平位置,两足着地(或踏板),保持一个均衡稳固而又不易产生疲劳的体位。

在椅子上就座,要注意臀部着椅的部位,如用臀尖着椅边,上体正直,就显得拘谨恭顺,而上体后仰、两腿前伸,就显得有些随便甚至放纵。一般来讲,应坐在椅座的中后部,无靠背的要腰背挺直、头部略前倾(20°),有靠背的腰背自然地靠在椅背上。在较严肃的场合要正襟危坐,而较轻松的场合可以坐得比较舒展,还可以经常调换姿势。

在矮凳子上就座,因无靠背,上体需保持正直或稍前倾,双脚不宜过于前伸,在无桌子或其他物具做前支撑的情况下,可以肘撑膝,手托下巴,要注意自己的身体不要在"无意识"中逐渐放松下落。

正确的坐姿的培养训练应从学龄前开始,按照基本正确坐姿的要求逐步进行,但应采取短时间多次数的练习方式,以免产生疲劳,随着年龄的增长和习惯的形成逐渐增加练习时间。练习期间辅以自然放松的坐姿的调整练习,如双腿、单腿的前后位移,上体挺伸和背部肌肉的放松等。

四、正确走姿及其培养

（一）正确走姿

正确的走姿要做到轻、灵、巧，男子要稳定、矫健，女子要轻盈、优雅。走路动作的口诀是：以胸带动肩轴摆，提髋提膝小腿迈，跟落掌接趾推送，双眼平视臂放松。每一个单步的步幅要根据自己的腿长和腿力而定，一般年轻人为 70 厘米左右，摆臂幅度为 30°，步频为每分钟 100~120 个单步。

（二）正确走姿的培养

走的练习方法很多。练习开始以正确的站姿为准备，走步的重心应和正确站姿的重心要求一样，万万不可在走步中使身体重心偏后。女子在行走时身体重心稍微前移 1~3 厘米，这样利于挺胸、梗颈、收腹，并能使腿部肌肉、韧带拉长而得到锻炼。行走轨迹是脚正对前方所形成的直线，不能在行走中偏离直线而向外撇或内偏。

行走中脚触地的顺序应是脚跟先触地、脚掌紧相随、脚趾来收尾的不断向前滚动。步行的步幅应以自己的一脚加 10 厘米的距离为宜。

练习中要注意动作的准确，按照要求和方法可分段进行，首先从步态要求做起，然后再按躯干、肩、颈、头、两臂顺序依次进行。如纠正"八"字步可采用在事先找好的直线上练习行走，强调足跟—前脚掌—全脚着地的慢步练习。双臂摆动可先做原地练习，逐步进入行进间练习。背部屈曲可借其他伸脊柱练习，配合练习中的挺胸收腹进行。肩线不平、左右摇晃等均可用加以限制的方法练习克服。初学阶段的练习应以短时间、多次数的方法安排练习。随着练习水平的提高和年龄的增长，逐渐加长练习的时间。

第三节　形体锻炼

一、充分了解自己的身体

1. 世界卫生组织推荐的标准体重计算方法

（1）公式一。

男性：[身高（厘米）-80]×70% = 标准体重（千克）

女性：[身高（厘米）-70]×60% = 标准体重（千克）

标准体重 ±10% 为正常体重。

标准体重 ±（10%~20%）为体重过重或过轻。

标准体重 ±20% 以上为肥胖或体重不足。

（2）公式二。

标准体重 = 身高（米）×身高（米）×标准系数（标准系数女性 20，男性 22）

（3）公式三。

标准体重（千克）= 身高（米）-105

（4）BMI 指数：是用体重（千克）除以身高（米）的平方得出的数字，是目前国际上常用的衡量人体胖瘦程度以及是否健康的一个标准，正常范围为 18.5~24。

（5）WHR 指数：腰臀比，即腰围和臀围的比例，是用以判断中心性肥胖的重要指标。女性理想的腰臀比例为 0.67~0.80，男性这一比例为 0.85~0.95。

2. 基础代谢

基础代谢是个体在清醒状况下,维持生命功能的最低代谢率。

3. 静息代谢率

静息代谢率代表个体没有任何体力活动,在舒适环境中休息时的平均能量代谢率。

4. 体形

人的体形在胚胎的时候就已经定型,分成三类:

(1) 瘦型体质:神经系统和皮肤优势。

外胚胎体形(瘦型体质:神经系统和皮肤占优势):这种人瘦骨嶙峋,几乎没有皮下脂肪的覆盖,肌肉不发达,就是怎么吃都不胖的那种。瘦型体质的人很容易出现甲状腺功能亢进,新陈代谢较快,所以他们需要消耗大量热量来维持体重。因此,为了增强体质,一方面需要经常锻炼,另一方面需要摄入富含蛋白质的均衡营养。瘦型体质的人容易出现肌肉松弛,易患上脊柱病变。例如,脊柱后凸、前凸、侧凸等疾病。此外,瘦型体质的腹肌非常薄弱,较易导致内脏下垂。因此,瘦型体质的人的体形训练目标在于,不断增加肌肉力量,适当增加体重。

(2) 体育型体质:肌肉和骨骼占优势。

中胚胎体形(体育型体质:肌肉和骨骼占优势):这种人肌肉和骨骼都比较发达,给人强壮的感觉,即肌肉多、脂肪少、强壮。他们最突出的特点是肢体的远端肌肉发达,小腿和前臂粗壮有力。体育型体质的人通常喜爱运动并善于运动,且受先天激素水平的影响,男性的肌肉发育较女性更有优势。体育型体质的人的体型训练目标在于,中度训练以保持良好的体形,合理饮食以防止营养过剩。

(3) 肥胖型体质:消化系统占优势。

内胚胎体形(肥胖型体质:消化系统占优势):这种人脂肪较多,身体外形丰满、圆滑柔软、骨性标志不明显。骨骼不发达,四肢多呈火腿形,大腿和上臂明显比小腿和前臂粗壮。肥胖型体质的人的消化系统非常发达,吸收功能旺盛,因此腰部较粗,表现为人们常说的"苹果"身材。与瘦型体质的人相比,肥胖型体质的人甲状腺不活跃,新陈代谢较慢,脊柱呈圆柱形,很少患背部疾病,但容易患膝关节疾病。肥胖型体质的人的体形训练目标在于,有规律锻炼,控制饮食摄入量,以保持身材。

二、形体美的标准

人类对于形体美的追求是在生存需要得到相对满足的基础上逐渐发展起来的。在历史的进程中形体美的标准是随着时代变化而不断变化的。生活水平的提高,人们对审美的动力和尺度不断改变,但"人体以它生动、柔和的线条和轮廓,有力的体魄和匀称的形态,滋润、光泽、透明的色彩成为大自然中最完美的一部分,标志着我们这个星球上最高级生命的尊严"。朱光潜先生的这段话,表达出审美境界的深刻与生动。

(一) 形态美的标准

人体形态美的基本要素包括均衡、对称、对比、曲线。身体各部分要有恰当的比例;左右两侧平衡发展;躯干与四肢,上下肢,肌肉与关节的对比必须符合对比美的规律;形态曲线流畅鲜明,起伏对比恰到好处。

(1) 男性标准体重(千克) = [身高(厘米) - 100] × 0.9

女性标准体重(千克) = [身高(厘米) - 100] × 0.95

肥胖度(%) = (实际体重 - 标准体重)/标准体重×100%

肥胖度(%)±10%为正常,10.1%~20%为过重,超过20.1%即为中度肥胖。

(2) 男性以股骨大转子为中心,上下身长相等;女性以肚脐为界,上下身比例为5∶8。

(3) 男女两肩的宽度等于1/4身高。

(4) 男女两臂侧举时的长度等于身高。

(5) 男女大腿长等于1/4身高(女性两腿腿长加上足高应大于1/2身高)。

(6) 男性胸围约等于1/2身高加5厘米;女性胸围不小于1/2身高。

(7) 男性腰围约小于胸围18厘米;女性腰围不大于1/2身高。

(8) 男性臀围等于胸围;女性臀围大于胸围2~3厘米。

(9) 男性大腿围约小于胸围22厘米;女性大腿围小于腰围8~10厘米。

(10) 男性小腿围约小于大腿围18厘米;女性小腿围小于大腿围18~20厘米。

(11) 男性脚踝围约小于小腿围12厘米,上臂围约等于1/2大腿围,前臂围约小于上臂围5厘米,颈围等于小腿围。

(二) 形体美的各部位标准

(1) 骨骼发育正常,关节灵活自然,不显粗大凸起,体态丰满而不显肥胖臃肿,身材匀称。

(2) 肌肉均衡发达,皮下脂肪适当。

(3) 五官端正,身体与头部配合协调。

(4) 双肩对称,男性肩部宽阔,女性肩部圆浑,肩部无脂肪沉积,略外展下沉。

(5) 脊柱正位垂直,曲度正常。

(6) 男性胸廓隆起厚实,正面与背部均略成"V"字形;女性胸部丰满不下坠,侧视有明显曲线。

(7) 腰细而结实,微成圆柱形,腹部扁平,腰部比胸部略细1/3。男性有腹肌垒块隐现。

(8) 臀部圆满适度,略上翘,有弹性。

(9) 两腿修长,腿部线条柔和,小腿肌肉突出,跟腱长,正侧观看有曲线感。

(10) 踝细,足弓较高。

第四节 塑形锻炼

塑形锻炼的基本意义在于改变身体局部过胖的状况,使体形变得优美。人体多余的能量通常以脂肪的形式储存在身体的腰、腹、臀等部位,采用科学的综合训练与饮食调控等方法,特别是在有氧训练的基础上,进行针对性的训练,每个练习坚持数周或数月,就可达到减肥的目的。

一、腹部过胖的塑形锻炼

1. 仰卧起坐(20次×4)

动作方法:屈膝仰卧在垫子上,曲臂交叉抱肩(也可双手抱头或两臂在头后上方伸直),慢慢抬起上体成坐姿(图10-1),如此重复练习。坐起时两脚不离地,也可由同伴用双手压住脚背。

图10-1 仰卧起坐

2. 仰卧腿屈伸(15 次×2)

动作方法:仰卧在垫子上,两臂在头上方伸直,双手抓住床架或其他固定物体;收腹举腿与躯干成直角;屈膝大腿贴胸;双腿下伸还原成开始姿势(图10-2)。重复进行。

3. 收腹提膝(8 次×2)

动作方法:直立,两臂侧平举;左脚起跳,收腹,右膝触左肘;右腿放下,同时右脚起跳,收腹,左膝触右肘(图10-3)。左右两腿交替练习。

4. 屈膝两头起(8 次×3)

动作方法:仰卧在垫子上,两臂在头上方伸直;收腹起坐,同时屈膝,两臂前摆至膝部两侧(图10-4);还原成开始姿势。

图 10-2　仰卧腿屈伸

图 10-3　收腹提膝

图 10-4　屈膝两头起

5. 全蹲跳转(15 次×3)

动作方法:屈膝全蹲,脚跟抬起,两臂侧上举;上体不动,膝腿向左右方向转动或跳起向左右方向转动(图10-5)。

6. 仰卧并腿环绕(15 次×2)

动作方法:仰卧在垫子上,两腿并拢伸直,两臂放于体侧,掌心朝下;两腿微抬起,由左侧经头部向右侧至原位(图10-6)。

7. 直立转体(20 次×4)

动作方法:两腿微开立,左右间距 10 厘米,两臂平举;下肢站稳不动,以腰部为轴左右转动,两脚跟不离地(图10-7)。

8. 仰卧交替举腿(15 次×2)

动作方法:仰卧在垫子上,两手抓住固定物体,两腿并拢伸直;一腿上举,与躯干成直角,放下时脚跟不触垫(图10-8);另一腿做同样练习。左右两腿交替练习。

图 10-5　全蹲跳转

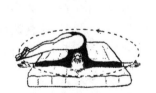
图 10-6　仰卧并腿环绕

图 10-7　直立转体

图 10-8　仰卧交替举腿

二、腰部过胖的塑形锻炼

1. 俯卧两头起(15 次×2)

动作方法:俯卧在垫子上,两臂在头前伸直;抬头挺胸,两臂后振,同时两腿向上方摆动,使胸部和下腹同时离垫(图10-9);还原成开始姿势,再重复练习。

2. 胸腰波浪(15次×3)

动作方法:跪撑在垫子上、低头、弓背、肩后缩;屈肘、塌腰,胸轻微触垫向前滑动,然后伸直手臂,抬头、挺胸(图10-10);弓身向后滑动成开始姿势,再重复练习。

图10-9 俯卧两头起

1
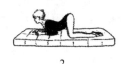
2
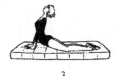
3

图10-10 胸腰波浪

3. 仰卧转体(15次×4)

动作方法:俯卧在垫子上,两臂屈肘于胸前,两腿屈膝,大小腿折叠,脚尖稍抬起;两脚并拢向左转,尽量让两脚根部触底,同时上体带动两臂向右扭转(图10-11);上下肢换一个方向扭转一次。

图10-11 仰卧转体

4. 左右侧屈(20次×3)

动作方法:两脚左右开立,与肩同宽,上体正直,两臂下垂放于体侧;上体右侧屈,保持身体不前倾,右手尽量下伸摸右膝外侧下方(图10-12);换一个方向,上体左侧屈,左手尽量下伸摸左膝外侧下方。左右方向交替练习。

5. 上体绕环(15次×2)

动作方法:坐在垫子上,两脚并拢伸直固定,两臂伸直上举;上体前倾由右向后、向左、向前匀速做绕环运动(图10-13);换一个方向再做一次。顺、逆时针方向交替练习。

图10-12 左右侧屈

6. 俯身侧起(15次×2)

动作方法:俯卧在垫子上,腹部贴紧长凳或跳箱上,两脚用绳带固定或由同伴按住固定,躯干和头下垂;上体边抬边转,眼向上看(图10-14);还原后,换一个方向再做一次。左右方向交替练习。

7. 侧卧抬腿(15次×2)

动作方法:侧卧在垫子上,两臂向前平伸,两腿重叠伸直。用力抬起双腿向上举,稍停(图10-15);还原成开始姿势,再重复练习。练完一侧规定次数后,再换另一侧练习。

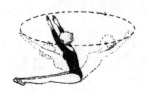
图10-13 上体绕环

图10-14 俯身侧起
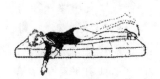
图10-15 侧卧抬腿

8. 左右体前屈(20次×2)

动作方法:两脚左右开立,与肩同宽,两臂侧平举;先向左侧腿做一次体前屈,尽量使双手触地或触脚趾(图10-16);还原成开始姿势,再向右侧腿做一次体前屈。左右两腿交替练习。

三、腿部过胖的塑形锻炼

1. 并膝提踵(15次×2)

图10-16 左右体前屈

动作方法:坐在凳子上,两腿并拢屈膝,脚踏在地上,两手压住膝盖。提踵,两脚趾用力抵地,两膝用力靠在一起(图10-17);两踵轻轻放下,但不完全着地,自然放松。再重复练习。

2. 俯卧抬腿(8次×2)

动作方法:俯卧在垫子上,头枕双臂;两腿抬起离地15厘米左右,稍停;屈膝大小腿成90°,停3~5秒;腿伸直,然后慢慢放下(图10-18)。再重复练习。

图10-17 并膝提踵

3. 两膝挤球(15次×4)

动作方法:坐正,两脚踏实,两膝夹住一个柔软的橡皮球;两膝挤压橡皮球(图10-19);匀速地松开,挤压,再松开,再挤压。重复练习。

4. 屈膝触胸(15次×4)

动作方法:侧卧平躺在垫子上,两腿伸直,屈右膝触胸,左大腿外展;向上伸小腿,绷直,然后轻轻放下,不着地(图10-20)。重复练习15次后,换左腿,按右腿的动作方法练习。

5. 脚背屈伸(15次×2)

动作方法:直背坐在凳子上,两臂伸直至凳子边(图10-21);直腿抬平勾腿尖;直腿绷脚背向上抬10厘米左右;放下成开始姿势;大腿与躯干成直角。左腿练习完后练习右腿。

图10-18 俯卧抬腿

图10-19 两膝挤球

图10-20 屈膝触胸

图10-21 脚背屈伸

6. 站立提踵(15次×4)

动作方法:直立,双腿并拢,两手在背后握住椅背或其他物体;双腿提踵,脚趾用力抵地稍停;两踵轻轻放下,离地3~5厘米(图10-22)。再重复练习。

7. 屈膝伸腿(8次×4)

动作方法:半躺在垫子上,两臂屈肘放于体侧支撑上体,屈膝,两脚置地平放;两膝分开,比肩稍宽,两脚尖指向身体外侧,一腿屈膝靠向胸部中间(图10-23),然后外展,弧形伸直,还原成开始姿势。另一脚重复同样的动作。

8. 大腿侧抬(4次×4)

动作方法:直立,两臂侧平举,两肩放松,两脚跟并拢,两脚尖向外;左膝抬至左肘,体不前倾,还原成开始姿势;左腿直腿侧抬,脚或踝触手(图10-24)。右腿重复左腿练习,动作先慢后快。

图 10-22　站立提踵　　　图 10-23　屈膝伸腿　　　图 10-24　大腿侧抬

第五节　矫形锻炼

身体出现问题了,就意味着身体的恢复能力已经下降了。睡很长时间后依然不能感到身体轻松,仍觉疲倦,稍微动一下就喘大气,眼睛发涩,肩膀硬邦邦的,头很沉重,控制饮食甚至只喝水还是不断长肉,身体虚脱、无力。我们身体变成这样的原因有：压力、不好的姿势和生活习惯。

一、激活脊柱和膝盖的腹部运动——打造背部迷人线条

部分女性因为担心产生僵硬的肌肉而忌讳肌肉耐久力训练,如果想维持身体平衡,那么力量和肌肉耐久力是一定要具备的。尤其对脊柱、骨盆,还有大腿和腹肌来说,尤为重要。

1. 后背着地躺下,抬起上身,腿向下落

准备：

① 后背着地躺着,双脚像搭在椅子上似的,两只膝盖成直角弯曲。

② 小腿保持和地面平行,脚尖往下压。

③ 双手托住头后部,像把胳膊当枕头一样,将头和肩膀抬起,让重力落在两个肩胛骨间。

④ 收紧腹部,做好准备。

练习：

① 呼气,一条腿落下,让脚尖着地,再慢慢回到准备姿势。

② 以相同的方法,进行另一条腿的训练。

③ 做满重复次数后,两个膝盖弯曲,向躯干一侧拉,然后将头部和肩膀落到地面上。

重点：做动作时保持腰椎前弯。

提示：左右交替进行 8～12 次腹内斜肌、腹外斜肌、腹横肌练习。

2. 后背着地躺下,大腿成直角举起,双腿交替伸直

准备：

① 后背着地躺着,双脚像搭在椅子上似的,两只膝盖成直角弯曲,脚尖往下压。

② 双手环抱住膝盖,将头和肩膀抬起,让重力落在两个肩胛骨间。

③ 收缩腹部,做好准备。

练习：

① 呼气,一条腿呈射线状伸出,双腿交替进行。

②双手在弯曲的膝盖上来回移动。

③做满重复次数后,两个膝盖弯曲,向躯干一侧拉,然后将头部和肩膀落到地面上。

重点:膝盖不要握得过紧,脚尖往下压。

提示:左右交替进行8～12次腹横肌、腹直肌、腹内斜肌、腹外斜肌练习。

3. 后背贴在地面上躺着,抬起上身,伸展两只脚

准备:

①后背贴在地面上躺着,双脚像搭在椅子上似的,两只膝盖成直角弯曲,脚尖往下压。

②双手环抱住膝盖,将头和肩膀抬起,让重力落在两个肩胛骨间。

③收缩腹部,做好准备。

练习:

①呼气,双腿同时像延伸射线一样伸开,两条胳膊像画圆一样向脑袋上方伸展,一直带到两耳朵侧。

②吸气,两条胳膊画圆向下落回到膝盖处。

③做满重复次数后,两只膝盖弯曲,向躯干一侧拉,然后将头和肩膀落到地面上。

重点:上身不要移动,仅移动胳膊。

提示:做8～12次腹横肌、腹内斜肌、腹外斜肌、肱二头肌、大腿内侧肌肉练习。

4. 扭转上身交替伸直大腿

准备:

①后背贴在地面上躺着,双脚像搭在椅子上似的,两只膝盖成直角弯曲,脚尖往下压。

②双手托住头后部,像把胳膊当枕头一样,将头和肩膀抬起,让重力落在两个肩胛骨间。

③收紧腹部,做好准备。

练习:

①吸气,双腿交替像射线一样伸直开,与此同时扭转上身,让与伸出的大腿同侧的胳膊肘贴近弯曲的膝盖。

②双脚望着另一只胳膊肘。

③做满重复次数后,两只膝盖弯曲,向躯干一侧拉,然后将头和肩膀落到地面上。

重点:像让胳膊肘与方向相反的膝盖相见一样,交叉转动。

提示:做8～12次腹内斜肌、腹外斜肌练习。

5. 后背着地躺下,举起双臂,让上身坐起来

准备:

①后背着地躺下,双腿展开,与肩同宽。

②双臂展开,指向天顶的方向,手掌相对。

练习:

①吸气,上身由头部开始向上抬起,贴在地面的脊柱骨,感觉一节一节脱离地面,慢慢坐起来。

②吸气、呼气,慢慢恢复到原位,感觉脊柱骨又一节一节贴到地面上,慢慢落下身体。

重点:后背都伸直开的话,膝盖可以稍微弯曲。

提示:做6～8次竖脊肌、多裂肌、腹肌、脊柱各节练习。

二、激活肩膀和脖子的背部运动——远离颈肩疼痛

1. 双手撑地趴着,抬起上身

准备:

① 将肚子贴在地面上趴着。

② 弯曲胳膊肘,两只手放在胸两侧,双脚和双腿并拢伸直。

③ 不要将脖子向后仰,要向下拽下巴,额头冲着地面。

练习:

① 呼气,胳膊肘向骨盆外拽,像用鼻尖顶小球一样,慢慢抬起头。

② 抬起上身时注意脖子不要向后仰,直到肋骨末端抬起。

提示:做6~8次肱三头肌、前锯肌、腹内斜肌、腹外斜肌练习。

重点:做动作时抬起下巴,但注意脖子不要向后仰。

2. 像猫一样趴着,后背和腰弓起来,再落下

准备:

① 膝盖贴在地面上,像猫一样趴下,双眼注视着地面。

② 双手同肩膀和手腕在一条直线上,撑在双肩正下方的地面上。

③ 膝盖位于骨盆正下方,做好准备。

练习:

① 吸气,像发怒的猫一样,弓起后背直到尾骨成一个圆形,双眼注视着膝盖之间。

② 呼气,伸长尾骨,展开弓着的背,胸部推出去后,直视前方。

提示:做6~8次多裂肌、腹肌、肱三头肌、前锯肌练习。

重点:腹肌起到支撑腰部的作用,尽量让腹部扁平。

3. 趴下,大腿向后折踢两次,抬起上身

准备:

① 腹部贴着地面趴下,额头贴在地面上,双手手指交叉放在腰部。

② 双腿聚拢,膝盖弯曲竖起成直角。

③ 膝盖微微抬起离开地面,脚尖向天顶方向展开。

练习:

① 折起脚腕,脚后跟向臀部方向踢两次。

② 双腿和交叉的双手向后伸展开,抬起下巴和头,像弓一样抬起上身。

③ 重新回到准备姿势。

提示:做6~8次菱形肌、肱三头肌、股四头肌、大腿内侧肌肉、腹肌练习。

重点:两只膝盖微微抬起,不要着地。

4. 趴着游泳

准备:

① 腹部贴着地面趴下,双手向头部前方伸展开,伸直脖子。

② 双腿向下伸展开,张开的宽度略窄于双肩的宽度,做好准备。

练习:

① 呼气,伸直胳膊和腿,抬起落下。

② 胳膊和腿成对角线配合抬起、落下,同时抬起左胳膊和右腿,再左右互换。像游泳似

的交叉抬起、落下。

提示：做8~12次腹内斜肌、腹外斜肌、腹直肌、臀大肌练习。

重点：做动作时,注意抬起下巴,但脖子不要向后仰。

5. 坐在地面上,扭转上身

准备：

① 端正坐在地面上。

② 双臂展开同肩膀成一条直线。

③ 双脚展开同肩膀等宽,脚尖下压,双腿向前伸直。

练习：

① 呼气,向一个方向转动上身,双眼望着同向的手指尖。

② 吸气,回到原位后,以同样的方法向另一侧转动身体。

③ 左右交替做动作,做满重复次数。

提示：做背阔肌、腹内斜肌、腹外斜肌、竖脊肌、腹直肌练习,左右交替进行6~8次。

重点：坐骨触地坐着,注意骨盆不要跟着转动。

第十一章 减肥锻炼

第一节 身体成分与身体密度

身体成分指的是身体脂肪组织和非脂肪组织的含量在体重中所占的百分比。通常状况下,人的身体主要由水、蛋白质、脂肪、无机物四种成分构成,普通成年人的正常比例是:水占55%,蛋白质占20%,体脂肪占20%,无机物占5%。也可以说,这是实现人体成分均衡和维持身体健康状况的一个最基本的条件。定期监测身体成分,密切观察自己身体构成的变化,明确脂肪、肌肉在体内的分布情况,可以针对薄弱部位,塑造完美身材。

身体密度是身体质量与身体体积之比。身体密度计算脂肪百分比的公式为

$$脂肪(\%) = (4.95/身体密度 - 4.50) \times 100\%$$

$$身体密度 = 1.04314 + 0.00904 \times [身高(厘米)/体重(千克)]$$

因此,只要测得身高、体重,代入上述公式就可以求出身体密度,并进而可由表11-1很快查出脂肪百分比。例如,测得某一男青年身高为172.7厘米,体重为69.5千克,根据上述回归方程,其身体密度 = $1.04314 + 0.00904(172.7/69.5) = 1.0656$ 克/厘米^3。由表11-1查得脂肪百分比为14.35%。

表11-1 身体密度与脂肪百分比换算表

密度	脂肪百分比	密度	脂肪百分比	密度	脂肪百分比	密度	脂肪百分比
1.000	45.00	1.010	40.10	1.020	35.29	1.030	30.58
1.001	44.51	1.011	39.61	1.021	34.82	1.031	30.12
1.002	44.01	1.012	39.13	1.022	34.34	1.032	29.65
1.003	43.52	1.013	38.65	1.023	33.87	1.033	29.19
1.004	43.03	1.014	38.17	1.024	33.40	1.034	28.72
1.005	42.54	1.015	37.68	1.025	32.93	1.035	28.26
1.006	42.05	1.016	37.20	1.026	32.46	1.036	27.80
1.007	41.56	1.017	36.73	1.027	31.99	1.037	27.34
1.008	41.07	1.018	36.25	1.028	31.52	1.038	26.88
1.009	40.58	1.019	35.77	1.029	31.05	1.039	26.42

续表

密度	脂肪百分比	密度	脂肪百分比	密度	脂肪百分比	密度	脂肪百分比
1.040	25.96	1.055	19.19	1.070	12.62	1.085	6.22
1.041	25.50	1.056	18.75	1.071	12.18	1.086	5.80
1.042	25.05	1.057	18.31	1.072	11.75	1.087	5.38
1.043	24.59	1.058	17.86	1.073	11.32	1.088	4.96
1.044	24.14	1.059	17.42	1.074	10.89	1.089	4.55
1.045	23.68	1.060	16.98	1.075	10.47	1.090	4.13
1.046	23.23	1.061	16.54	1.076	10.04	1.091	3.71
1.047	22.78	1.062	16.10	1.077	9.61	1.092	3.30
1.048	22.33	1.063	15.66	1.078	9.18	1.093	2.88
1.049	21.88	1.064	15.23	1.079	8.76	1.094	2.47
1.050	21.43	1.065	14.79	1.080	8.33	1.095	2.05
1.051	20.98	1.066	14.35	1.081	7.91	1.096	1.64
1.052	20.53	1.067	13.92	1.082	7.49	1.097	1.23
1.053	20.09	1.068	13.48	1.083	7.06	1.098	0.82
1.054	19.64	1.069	13.05	1.084	6.64		

第二节 肥胖及其危害

肥胖是体内脂肪积聚过多的疾病,是由于遗传和环境因素所致能量摄入多于消耗的结果。过去肥胖症的临床重要性一直未受到普遍的重视,作为一种独立的疾病和多个慢性非传染性疾病的相关危险因素,已逐渐成为危害人类健康的重要公共卫生问题,现正受到人们普遍关注。流行病学调查表明,肥胖症的发病率不断上升,因此充分认识肥胖及其相关疾病的危害,从而调整生活方式,加强防治措施,就成为实施人群干预的一项重要任务。

目前临床用体重指数(BMI)来评价:BMI 指数(Body Mass Index),也称为体重指数或身体质量指数,反映体重与身高的关系,是与人体成分密切相关的判定人体胖瘦程度的一项重要指标。体重指数 $<18.5 \text{ kg} \cdot \text{m}^{-2}$ 者为体重过低,$18.5 \sim 23.9 \text{ kg} \cdot \text{m}^{-2}$ 为正常范围,$24 \sim 27.9 \text{ kg} \cdot \text{m}^{-2}$ 为超重;$\geqslant 28 \text{ kg} \cdot \text{m}^{-2}$ 为肥胖。但应该注意,有些 BMI 增高的患者不是脂肪增多,而是肌肉或者其他组织增多。

肥胖症以体脂过多或分布异常为其显著临床特征,可引起肌体结构、神经系统和内环境的适应性变化。研究表明,脂肪不仅是能量储存库,更是一重要的内分泌组织,其分泌的激素、细胞因子和血管活性肽等可溶性生物学信号物质,通过自分泌、旁分泌、内分泌调整机体能量代谢、细胞信号转导以及基因表达,产生脂肪毒性效应,其涉及疾病谱较广(表 11-2)。

表 11-2　肥胖症发生的疾病

Ⅱ型糖尿病	冠心病	癌症（子宫内膜癌、大肠癌以及绝经后妇女的乳腺癌）
胆囊疾病	高血压	性激素分泌异常
血脂异常	骨关节炎（膝关节和髋关节）	多发性卵巢囊肿综合征
代谢综合征	高尿酸血症和痛风	不育
呼吸困难		腰背痛
睡眠呼吸暂停		增加麻醉危险性 母亲肥胖引起胎儿缺陷

第三节　肥胖产生的原因与减肥的机理

一、肥胖产生的原因

肥胖作为一种病已经引起了世界各国的关注和研究，但直到目前，各国科学家还没有形成一种有效的治疗方法。研究表明，造成肥胖的原因很多，而且比较复杂，一般认为肥胖是由遗传因素、环境因素、社会因素、与运动有关的因素、饮食因素、精神因素等多种因素引起的。

1. 有家族肥胖史

动物试验和人类流行病学表明，单纯性肥胖有一定的家庭倾向，肥胖的父母常有肥胖的子女。父母体重正常，子女肥胖概率约10%；父母仅一方肥胖，子女肥胖概率约为40%；父母双方肥胖，子女肥胖概率为60%~70%。遗传型肥胖者跟家族遗传有很大关系，但不是绝对的，近十几年来肥胖症快速增长，这种现象说明肥胖并不仅仅是遗传基因的变故，而是因为越来越多的人的不良生活方式所致，主要表现是吃得多而动得少。

2. 生活环境的过于优裕

社会环境改变和肥胖有一定的关系。以前由于生活水平低，肥胖发生率较低，现在随着生活的改善，肥胖发生率急剧增加。特别是现在的独生子女，从小就受到大人们的过分溺爱，养成不良饮食习惯，缺乏必要的体育锻炼。现已公认，儿童时期营养过度是造成儿童及成年后肥胖的主要原因。

3. 工作竞争激烈、压力大

研究表明，工作压力、职场上的激烈竞争等社会因素与人们的肥胖密切相关。在职场中，上班族通常都承受着很大的工作压力，巨大的压力一方面容易导致内分泌错乱，造成人体新陈代谢趋缓；另一方面也会导致肾上腺皮质醇指数居高不下，增加人的食欲，尤其是提高对碳水化合物的需求。

特别是上班族交际应酬多，进餐量失控，尤其是丰富的晚餐、消夜，摄入过度，无法被身体利用，形成能量剩余，因而容易肥胖。

4. 活动量过少

现代人以车代步，活动明显减少。上网打游戏，一坐就是半天，有的所谓"宅男""宅女"

窝在家里,甚至一天或几天不活动。办公室的白领们白天工作,晚上加班,业余时间或者看电视,或者网游,身体运动或体力活动也大大减少,能量消耗低,而未消耗的能量以脂肪的形式储存于全身脂肪库中。

5. 饮食不节

吃东西没有节制,长期进食过多,通过对小肠的刺激产生过多的肠抑胃肽,肠抑胃肽刺激胰岛 B 细胞释放胰岛素,促进脂肪合成。长此以往,甲状腺功能、性腺功能趋于低下,脂肪代谢发生紊乱,体内脂肪分解减慢,而合成增多,使脂肪堆积。特别是长期嗜食"洋快餐"这种具有高热量、高脂肪、高盐分和低矿物质、低纤维特点的"垃圾食品",已成为人们特别是儿童肥胖的发源地。

二、减肥机理

(一) 药物减肥机理

现将常用于减肥的三类药物作用机理介绍如下。

1. 食欲抑制剂

食欲抑制剂主要为苯丙胺类药物。医学研究表明,人的食欲是由下丘脑腹内侧的饱食中枢与腹外侧的摄食中枢共同调节的。苯丙胺类药物通过兴奋饱食中枢,产生厌食反应,使食欲下降,容易接受饮食控制。此类药物品种较多,但由于其具有兴奋作用,使睡眠减少,消耗增加,带来失眠、不安、心悸、血压升高与成瘾性等严重副作用,因而不能用于减肥。只有氟苯丙胺副作用较小,效果可靠,可用于减肥治疗,但必须在医生指导下服用。

2. 激素类药物(亦称代谢刺激剂)

以甲状腺素为代表。能提高机体的新陈代谢,增加脂肪的分解,从而减轻体重。但此类药物若超过正常生理剂量,可对心血管系统产生不利影响。需要在医生指导下慎重使用。

3. 双胍类降血糖药

增加肌肉组织的无氧糖酵解,增加葡萄糖的利用并减少其在肠道的吸收,从而降低血糖。此类药物在治疗糖尿病时,常引起病人厌食而致体重减轻。利用这一副反应,可用于减肥治疗。双胍类降血糖药对正常人的血糖没有影响。因此,没有糖尿病的肥胖病人,同样可以在医生指导下服用。

(二) 针灸治疗肥胖的机理

针灸治疗肥胖症是以针灸刺激人体有关穴位,通过中枢神经系统,来调节人体的内分泌以及食欲中枢等,达到标本同治的疗效。《素问·至真要大论》中"诸湿肿满,皆属于脾",说明肥胖的发病,脾是基础。因此,加强脾胃的功能,使脾得健运,水湿痰饮得以运化转输代谢,成为肥胖的治疗中极为重要的环节。从现代医学角度来讲,除脾胃外,还涉及胆汁对脂肪的消化和吸收的重要作用。脾属土,土可生万物。

胃经属阳明经,阳明经多气多血,中医认为,"胃者水谷之海""后天之本""脾胃为气血生化之源""脾胃久虚则气血不足"。肝的疏泄功能有助于脾胃的升降和胆汁的分泌,以保持正常的消化、吸收功能。肝是人体最强的排毒系统,又是滋养女人全身系统的器官。《黄帝内经》用将军比喻肝脏性情刚烈,一旦遇到伤害就会肝气郁结。疏肝气,使全身气机疏通畅达,在中医理论中,肝主疏泄,司职全身气机的畅通,调节人体精、气、神、血、水的正常运转。《素问·灵兰秘典论》说:"肝者,将军之官,谋虑出焉。"《素问·六节脏象论》说:"肝者,罢极之本,魂之居也。"清代著名医学家叶天士提出的"女子以肝为先天"一直为近代名医所尊崇。针灸调节肝脾胃经,不仅能健脾养胃、疏肝理气、活血化瘀,更重要的是可以调养全身气血,促进代谢。故临床治疗中多选用足太阴脾经、足厥阴肝经、足阳明胃经等穴位。

综上所述,肝脾胃经在针灸减肥中具有重要的临床意义。脾与胃,纳运协调,升降相因,燥湿相济,得以维持食物的消化和水谷精微的吸收、输送的功能活动。肝的疏泄功能正常,则调畅全身气机,促进全身气血水液运行,促进脾胃消化,分泌胆汁和调畅情志。

(三) 运动减肥机理

1. 人体运动时主要能源来自糖和脂肪的有氧代谢

肌肉收缩活动初期能源为糖,当持续运动达120分钟以上时,游离脂肪酸供能达50%~70%,因此肌肉对血中游离脂肪酸和葡萄糖的摄取和利用增多,导致细胞释放大量的游离脂肪酸,使脂细胞瘦小,同时使多余的血糖被消耗而不能转化为脂肪,结果体内脂肪减少,体重下降。

2. 运动能减少体脂,增加肌肉重量

肌肉细胞分子学研究资料提示,运动可以增加肌肉线粒体的数目及线粒体的密度,使成年人或动物肌原纤维变粗,直径增大。人类及动物减肥实验也证明,运动不仅降低体重和体脂,也克服了节食法削弱肌肉组织的弊病。

3. 运动能改善脂质代谢

运动时肾上腺素、去甲肾上腺素分泌量增加,可提高脂蛋白酶的活性,加速富含甘油三酯的乳糜和低密度脂蛋白的分解,降低血脂而使高密度脂蛋白升高。经常从事耐力运动的人的外围组织,尤其是肌细胞膜上的胰岛素受体敏感性提高,与胰岛素结合能力增强。胰岛素对脂肪分解有很强的抑制作用,它的减少伴有儿茶酚胺生长激素等的升高,最终加快游离脂肪酸的释放。

4. 运动使机体的代谢水平提高

肥胖者安静时的代谢率低、耗能少,经过系统的运动锻炼,能使机体代谢水平提高。特别是心功能的增强、内分泌调节的改善,使肥胖者在静息时的代谢水平提高、耗能增大。

5. 适宜强度的运动能使机体能量出现负平衡

肥胖者进行适宜强度的运动训练后,常发生正常的食欲下降、摄食量减少,从而限制热量的摄入,使机体能量出现负平衡,引起体脂的减少。另外,运动后食物的特殊动力作用增强,有利于能量物质的分解。

第四节 减肥锻炼的实施过程

一、改变膳食结构和进餐方式

饮食调配的目的是使能量摄入低于实际消耗量,从而逐渐去除脂肪,达到减肥目的。因此对高糖、高脂肪、高热量的食物要尽量减少,可适当补充一些容易消化吸收的动物性蛋白质食物,吃一些低热量食物和减肥食物,低热量食物如大米、豆制品、鲜豆类、蔬菜类、动物瘦肉、鱼等。减肥食物如黄瓜,含有抑制糖类转化为脂肪的丙醇二酸。木瓜含有木瓜蛋白酶,对脂肪有很强的分解能力。白萝卜含芥子油等物质,能促进体内脂肪的代谢,防止皮下脂肪的堆积。同时改变进餐方式,如慢食,提前进餐,吃流食,分食(不能同时吃某些食物,如在吃高脂肪高蛋白的荤菜时,不能喝啤酒,吃面食、马铃薯等碳水化合物)及吃蔬果餐(特别是不含或少含糖分的),晚上一餐简单少量。具体做法:

(1) 适当减低膳食热量。摄入热量低于消耗热量,负平衡时体脂逐步分解,体重逐步下降。

(2) 用低热值食品代替高热值食品,用家禽肉、瘦肉代替肥肉,用鸡蛋、牛奶、豆制品代替糖多、油多的点心。巧克力、奶油冰激凌、糖果不吃。

(3) 在减少糖多、油多、热值高的食品的同时,增加蔬菜、豆类、豆制品等。茎类蔬菜如芹菜、油菜、小白菜,瓜类蔬菜如冬瓜、西葫芦等。

(4) 优先考虑消减主食。主食和肥肉一样吃得过多,都会引起单纯性肥胖。

(5) 逐步减少糖多、油多、营养价值不高的食品,如甜点心、油炸小吃、西式快餐、甜饮料等。

(6) 补充各种维生素。不边看电视边吃东西,不饮酒。

二、药物疗法

(1) 食欲抑制药物。此类药物可降低食欲,减少食物摄入,从而达到减肥目的。主要的食欲抑制剂有两类:一类是去甲肾上腺素。通过去甲肾上腺素的释放,来刺激儿茶酚胺神经递质的合成和释放,达到抑制食欲的作用。此类药物的作用机理可以减轻饥饿感,减少进餐次数。此类药物如酚氟拉明、D-酚氟拉明盐酸苯丙醇胺等,但此类药对心脏瓣膜有损害。另一类是去甲肾上腺素的拮抗剂5-羟色胺类药,5-羟色胺类药物主要通过减少食物摄入量的碳水化合物的消耗,或减少食物中营养成分的吸收来获得。此类药副作用较小。

(2) 促进代谢的生热药物。

(3) 其他药物。抑脂素(Leptin),也称肥胖抑素、消脂素或瘦素、神经肽Y拮抗剂、阿片拮抗剂和其他作用于神经内分泌途径的药物。当然上述所有的减肥药,对减肥是有效果的,而且有些还比较显著,但大多具有副作用,特别是有些会造成胆结石,故使用这类药物减肥,应按照医生的嘱咐,谨慎使用,切忌滥用,以防危害身体。

三、运动减肥

目前最普遍、最流行的减肥方法是通过运动进行减肥。它既能消耗体内多余的脂肪,又能使身体的各器官系统功能得到改善,对肥胖者来说是最好的减肥途径。当然运动减肥要正确进行。运动强度、时间长短及运动的次数都与能否最大限度消耗体内脂肪有密切关系。一般目前采用的减肥方法大多采取有氧运动减肥。例如,有氧锻炼,如步行、慢跑、有氧操、舞蹈、骑自行车、游泳、跳绳、爬楼梯等。要求运动强度以中小强度为主(>最大摄氧量55%),时间不少于30分钟,每周至少三次。当然刚开始时,时间可稍短些(20分钟以上),然后慢慢增加运动的时间,可达60分钟以上。因为运动训练初期消耗的能量70%为糖原,30%为脂肪,随着时间的延长(30分钟以上),脂肪动员加强及脂肪大量水解,这时脂肪的消耗能量占总耗量的50%以上,从而达到减肥目的。

运动训练(30分钟以上的有氧训练)可增加能量消耗。主要是肌肉对血液中游离脂肪酸和葡萄糖的摄取和利用增多,脂肪细胞释放出大量游离脂肪酸,从而使脂肪细胞缩小变瘦,同时使体内糖转化成脂肪的热量减少。有报道表明,在以40%最大摄氧量强度运动时,脂肪氧化供能占肌肉能量来源的60%。一般来说,运动强度>55%最大摄氧量的有氧运动最好。

运动训练还可以提高心肺系统功能,提高身体素质,提高基础代谢率,减少肥胖并发症的发生、发展。

四、行为矫正疗法

改变日常生活行为方式是减肥的根本要求,尤其对中青年肥胖者来说,大部分是由于参加工作后不注意饮食和少运动造成的,故要求肥胖者改变原来不合理的饮食习惯,如少吃高脂肪、高热量的食物,限制进餐的次数,改变进食的方式,如慢食,提前进餐,吃流食,吃蔬果餐等。改变饮食的坏习惯,如寝前不吃东西,不在看电视时吃饭或吃其他东西,不暴饮暴食,少喝酒,特别是啤酒,做到一日三餐,晚餐少吃些。增加运动,增加日常活动量,如少坐汽车上下班,改为骑自行车或步行,不坐电梯上下楼,制定每周至少3次以上的体育活动计划表,改变不运动的习惯,努力抽空参加锻炼。经常进行中小强度,时间较长(30分钟以上)的有氧运动。建立健康的生活方式,合理营养,积极锻炼,保证充足的睡眠,善于调节心理压力,保持稳定情绪,不吸烟、不吸毒、不酗酒。

第五节 减肥锻炼注意事项

一、制定运动处方并确保安全

运动时采用的运动强度或负荷量应根据肥胖程度、健康状况和心肺功能而定。要在不损害身体健康或不影响生长发育的状况下从事运动锻炼,一般以有氧锻炼为主。运动后应使体重和体脂下降到一定水平,使心肺功能和体质健康状况有所提高,停止运动后的3~6个月内肥胖程度不应反弹到原来水平。

二、选择适宜的运动项目

目前,最流行的减肥运动项目是步行、慢跑和骑自行车等耐力运动。只要达到一定的运动量,体脂便会下降。新近提出"水中运动"是一种最适宜的减肥运动。"水中运动"即头在水面的情况下,于水池中进行蹬固定自行车、步行、慢跑等动作。与陆地运动相比较,它的优点是:浮力使关节承受的压力负荷减轻,减少运动损伤发生;散热过程加强,促进产热过程,增加热量消耗;另外,也减轻运动中的热感觉,能够提高运动强度、频率和持续时间。

三、确定合理的运动强度、时间与频率

根据有关资料,引起体脂下降至少要达到以下要求:每次中速踏步、游泳和骑自行车20~30分钟,一周3次,每次消耗能量300千克。在身体适应的情况下增加强度、频率及持续时间能更有效地减肥。

青少年肥胖者相对于儿童和老年肥胖者来说,体力好,对疲劳的耐受性强,因此运动强度和运动量应适当加大。

运动项目:长跑、步行、游泳、划船、登山、健美操、迪斯科和球类运动等。

运动强度:一般运动强度可达本人吸氧量的60%~70%或最高心率的70%~80%。

运动频率:由于青少年肥胖者多有减肥上的主观愿望,自觉性强,为提高减肥效果,运动频率可适当增大,一般每周锻炼4~5次为宜。

运动时间:每次运动时间不少于1小时,持续时间可视减肥要求而定,晚饭前2小时运动最佳。

第十二章

体能锻炼

第一节 体能概述

由于目前还没有一个统一的体能概念,可从体能定义中挑选有意义的决定因素进行反思,它不仅能指导我们在实际体能训练中不盲目、不盲从,而且能帮助我们更好地理解体能本质,把握体能训练的实质。

一、体能与遗传

遗传是机体发展的先决条件,人体大部分的形态结构和机能与遗传有很大的关系。遗传为身体形态、机能的形成和发展提供生理、生化和组织结构的物质基础,后天的训练仅能在遗传的基础上得到有限提高和完善。在竞技体育方面遗传就显得更为重要了,有关专家认为,顶尖的运动员绝不是偶然产生的,他们所达到国家级和世界级的运动成绩也绝不是仅仅靠后天的努力……遗传基础是特殊体能者的必要条件。正因为遗传对运动成绩的取得如此重要,对运动员早期选材的意义就不言而喻了。但事实并非全都如此:肌纤维的百分比组成是受遗传决定的,相应肌纤维的百分比组成是运动员获得优良运动成绩的先决条件,优秀马拉松运动员的慢肌纤维百分比平均为82%,但也有个别运动员仅为50%;优秀短跑运动员的快肌纤维平均为79%,其中也有个别运动员为48%。可见遗传是个体体能发展的充分条件,但并非必要条件,过分地看重遗传,会使我们陷入按图索骥的窘境。同时,如果我们的体能训练仅是为满足日常工作生活所需,凸显遗传的重要性,其现实意义是值得我们思考的。不过由于体能的发展是建立在各自不同的遗传基础平台上,提醒我们对体能改善结果的评价,似乎以单个个体纵向的比较更有意义。

二、体能与机能水平

人体的机能指人体不能感觉和观察到的全身组织、器官和系统的机能活动水平,对于运动,主要涉及神经系统、肌肉、关节软组织和内脏器官的机能水平。人体机能能力越高,则相应的体能也越强,后天的体能训练是通过跑、跳、投等具体的体育锻炼手段,不断挖掘人体机能潜力的过程。体能的高低取决于机能能力,体能是机能能力的外在表现。然而当我们采用同一种运动方式来发展体能、提高机体的机能时,却不得不面临因运动强度不同,持续时间不同或重复次数不同,而对相同组织或者系统的机能造成不同的影响。例如,普通青年的800米跑和高水平运动员的800米跑,需要提供的机体机能支持是不同的,对于普通青年而言,800米是中长跑,而对于高水平运动员来说则是中短跑,完成该项运动所用时间不同,决定了其动用的主要供能系统也是不同的,相应的体能支撑系统肯定会不一样。即使是优秀运动员,也会因为从事的运动项目不同,体能也会带有明显的专项特征,并形成有专项特色的机能能力。不同的专项体能需要发展不同的机能系统支撑,体能训练的实质虽是对机体机能潜力的挖掘,但体能的提升发生在外在"量"的改善,机体机能的改善则多内化为"质"的转换。

三、运动素质与身体形态

由于"身体素质"和"运动素质"所包含的内容相似,都包含有力量、速度、耐力、灵敏性、柔韧性、协调性和平衡性等能力,因此,体育术语"身体素质"和"运动素质"在体育学界一直存在混用的现象,力量、速度、耐力、灵敏性、柔韧性、协调性和平衡性等能力只是身体素质的一部分,不能代表也不能概括为身体的全部素质。有学者建议将身体素质改称"运动素质",并同时将原有身体素质概念的内涵和外延赋予它。

身体形态主要指身体的外在形态,包括长度、宽度、围度和充盈度,不同的身体形态为人体体能的表现提供不同的现实可能。肌肉横截面积增加,即肌肉围度增加,肌肉的绝对力量增加,但影响肌肉力量大小的因素并非只有肌肉围度,提高神经系统对肌纤维的动用能力似乎更为经济,因为它不增加肌肉的围度,不增加机体的负重,以相对力量的增加为目的的现代力量训练更能体现训练的效益。肢体长度是决定某些项目运动成绩的因素,但并非对所有运动项目都如此,比如某些球类项目、跳高类项目及投掷类项目,参与者的身高能在一定范围内对运动成绩产生正面影响,而有些运动项目却对参与者的身高有一定的限制,比如体操、举重等,过高的身高反倒不利于参与者水平的发挥。《2014年国民体质监测公报》指出,我国学生在身高、体重和胸围等身体形态方面呈持续增加趋势,但耐力、速度、爆发力、力量等身体素质却呈下降趋势。可见身体形态与运动素质并非具有同步变化的趋势,把身体形态作为体能的构成因素是有限度的和需要辩证看待的。

体能概念是个仍在发展和演进的概念,演进的趋势是从体能的本质对体能进行高度概括,并对体能概念的内涵和外延进行辩证地反思,使其能更好地解释体能的本质;遗传是体能发展的生物学基础,体能改善的外在表现为能力的提升,内在表现为机能能力在某些"质"上的转换。理性看待身体形态在体能构成上的贡献,不仅能为我们的体能训练提供新的方法,也能在面对身体形态改变时避免盲目的乐观。

第二节 力量素质及其锻炼

力量素质是指人体在工作时克服阻力的能力。力量来源于肌肉,力量的大小主要取决于运动员的肌肉生理横断面大小、肌肉的结缔组织的弹性、红白肌的比例、神经冲动的强度和频率、相关运动中枢间的协调能力等因素。力量素质是一切运动的基础,决定其他身体能力的发展,直接影响动作技术的掌握和运动成绩的提高。发展最大力量有两个途经,一是依靠肌肉协调能力改善和提高,二是通过增大肌肉体积来实现。力量素质的发展主要体现在相对力量、速度力量、力量耐力和静力性力量这四种力量的发展上。

一、相对力量训练

1. 相对力量训练的方法

相对力量训练应安排大强度、少重复次数和相对多组数的练习。一般采用自身最大力量的85%以上大负荷强度,每组1~4次。不能采用低于60%的中强度练习,如果负荷强度小,参加工作的运动单位少,不利于刺激更多的运动单位同时工作,最大力量的增长的效果就低。强度越大,重复次数相应减少,练习组数的确定应以不降低每组练习的重复次数为宜。每一动作速度适当快些,可控制在一定时间内完成,每组要有足够的休息时间。

2. 相对力量训练的注意事项

大强度训练应有一个准备阶段,负荷强度应逐步加大,在训练中可先以最大负荷的40%强度开始,当每组增加到12次后,应及时提高负荷的强度。

二、速度力量训练

1. 速度力量训练的方法

速度力量的代表性训练是爆发力训练,目前多采用各种超等长训练方法,其原理是肌肉先做退让工作,并且肌肉被极度拉长,然后在最短时间内转入克制工作并快速收缩,如各种跳跃、深跳、单腿跳、分腿大跳、跳台阶、倒地俯卧撑等练习。

发展爆发力训练的负荷强度,可采用40%~60%负重练习,或者克服自身体重练习。练习的重复次数和组数不可太多,一般每组次数以动作速度不明显降低为准。以最快速度或尽量以极限或接近极限速度来完成每一次的重量,休息时间较充分,但不宜太长。

2. 速度力量训练的注意事项

速度力量训练应从较小负荷强度开始逐步增加负荷强度。速度力量发展要经常变换刺激强度,调节神经肌肉对于刺激的适应程度,促进速度力量能力的不断发展。

三、力量耐力训练

1. 力量耐力训练的方法

循环训练法是发展力量耐力的有效训练方法。在训练中可以根据训练的具体任务,结合专项特点和内容,把发展上肢、肩带、腰部、下肢的力量练习,建立成若干练习站,运动员根据规定的顺序、路线,依次完成每组规定的练习内容和次数,反复循环练习。一般力量耐力的增长表现在重复次数的增加上,每次练习要力争增加重复次数,当重复次数超过项目特点需要时,就应增加负荷重量。采用25%~60%负荷强度,坚持尽可能长时间或重复尽可能多的次数,并在机体尚未完全恢复时就开始下一组训练。

2. 力量耐力训练的注意事项

发展力量耐力的重复练习次数最为重要,重复练习次数视运动员而定,组数不宜太多,不能以组数来减少重复练习次数,影响训练效果。

四、静力性力量训练

1. 静力性力量训练的方法

静力性力量的练习内容应选择静力性的难度动作和同伴配合性的静力动作,以及动静结合的复合型力量组合练习。此外,注意动员更多的肌肉参与运动并采用能发挥最大肌力的角度,以取得最大的训练效果。静力性力量训练运动强度范围为60%~70%,时间为10秒左右,可在负重和克服自身重量下练习。

2. 静力性力量训练的注意事项

在以憋气完成静力性练习时,会使肌肉紧张、血管封闭、肌肉中的血液循环发生不同程度的暂时中断,因此训练时憋气时间不宜过长,休息时间应充分。

五、通过力量素质训练发展肌肉群

根据上述四种力量训练方法,常采取以下方法发展前臂、上臂、肩、胸、臂、腰、臀、大腿、小腿等肌肉群力量。

下面以竞技健美操为例,介绍力量训练的主要手段。

(一)上肢和肩带力量练习

1. 推撑力量

一般练习:利用体操凳进行的俯卧撑、推倒立、双杠屈伸、站立推举杠铃、仰卧推举杠铃、俯身提拉杠铃。持哑铃的手臂练习包括前上举、侧上举、俯身上举、腕屈伸等。

俯卧撑动作练习:双臂、单臂、击掌、肘侧倒、肘后倒、单腿、后举腿、分腿。

2. 直臂支撑力量

一般练习:脚位置放高的仰撑、侧撑、俯撑以及靠倒立、爬倒立、双杠支撑和摆动、双杠支撑移动。

支撑动作练习:分腿支撑、直角支撑、支撑转体等。

3. 托举力量

推举杠铃并顶举一定时间。托举同伴,同伴可选择平卧、站立、直角支撑、俯撑等姿势练习。

4. 拉引力量

引体向上、爬绳等。

(二)躯干力量练习

1. 腹肌力量

各种仰卧收腹练习:两头起、仰卧起坐、仰卧举腿。

各种悬垂收腹练习:肋木收腹举腿。

各种快速踢腿练习:扶肋木前踢腿、原地和向前高踢腿跑跳。

2. 背肌力量

在高位上的俯卧抬上体、两头起、摆腿。

3. 侧腰肌力量

侧卧起上体、仰卧体转起坐。

4. 躯干控制力量

仰卧,脚和肩背分别置于体操凳上,身体伸直保持一定时间,腹部可负重。

俯卧,脚和前臂分别置于体操凳上,身体伸直保持一定时间,背部可负重。

(三)下肢力量练习

1. 弹跳力

一般练习:连续深蹲跳练习、连续蹬跳 10~20 米、跳短绳、跳台阶、连续起踵。以上练习可负重、单腿和双腿做,跳绳和跳台阶还可两腿交替做。

大跳动作练习:连续横劈腿、纵劈腿跳、团身跳、屈体跳、跳转体、肩负杠铃蹲跳起、负重分腿跳、负重起踵等。

2. 落地缓冲力量

主要采用负重半蹲起和静止负重半蹲的交替退让练习,可肩扛杠铃或同伴,练习时并行开立,膝稍内扣,上体直立,下蹲到半蹲姿势(膝关节角度约为135°),保持一定时间,然后直立。

3. 控制力量

采用扶肋木和不扶肋木的前、侧、后搬腿和控腿,前屈后控腿平衡等练习,可负重做。

(四)手腕关节力量练习

采用推小车、控倒立、倒立爬行、连续俯卧推跳及负重的手腕屈伸练习等。

六、力量素质训练的基本要求

(1)首先必须掌握每个练习要发展的是哪部分肌肉力量,属于何种性质的力量,分清不同类型的力量训练的负荷强度、量以及间隙时间的特点。

(2)结合成套动作中的难度动作进行训练,达到技术和力量同步发展。

(3)在全面发展大肌肉群和主要肌肉群力量的同时,注意发展小肌肉群力量,均衡发展身体两侧肌肉群力量,还要重视肌肉与肌肉群之间的协调训练。

(4)应注意培养肌肉的紧张与放松的调节意识以及呼吸动作的协调配合意识。在训练课中应把发展相对力量、速度力量、静力性力量安排在前,发展力量耐力安排在后。

(5)每个力量训练项目完成以后,要及时进行改变运动形式的辅助练习或对肌肉进行放松练习,如用静力牵张法、手法按摩等积极的手段,消除肌肉的酸胀感,以减少体力的消耗,并提高肌肉的弹性。

(6)力量训练时一定要按照动作的规格去完成动作,当运动员出现因疲劳而动作变形时,应果断地终止练习,以免造成运动损伤。

第三节 速度素质及其锻炼

一、速度素质对体能发展的作用

速度素质是机体在短时间快速运动的能力,它包括对外界信号刺激快速反应的能力、人体快速完成动作的能力以及快速位移的能力。

速度是完成各种运动技能以及完成各种运动技术的基础,有些运动项目(如100米跑)本身比的就是快速运动的能力,有些运动项目本身虽不是比速度,但速度对运动成绩有着直接的影响。世界上一些优秀足球队,都把短距离的速度作为选拔运动员的主要指标之一。另外,乒乓球运动员的反应速度、击球的动作速度,篮球运动员的短距离的快速起动、冲刺奔跑,武术、体操运动中快速完成动作的瞬间速度,田径跳跃中的助跑速度、起跳速度,投掷项目中的出手速度等,都在该项目的运动中起到十分重要的作用。

速度练习能够促使多种身体素质的发展,对正在成长的青少年来说,是发展灵活、协调、爆发力等素质的好手段。

发展速度素质能够提高大脑皮层兴奋与抑制过程转换的灵活性。从生理角度来看,动作速度的快慢与大脑皮质的运动神经中枢兴奋和抑制迅速转换能力以及兴奋和抑制的强度有关,因为它们是决定运动过程中肌肉的收缩和放松能力以及肌肉的用力程度的重要因素。中枢神经灵活性高的练习者能够准确支配肌肉的紧张和放松,完成各种动作达到高度的协调性,保证速度的发挥,表现为灵敏,反应快。

速度练习可以使运动器官功能得到增强,特别是肌肉的力量和弹性,只有肌肉有力量,才有可能达到肌肉的快速收缩,发挥出快速完成动作的能力。肌肉弹性好,就能在肌肉收缩前充分拉长,使其产生爆发性的收缩,在一定范围内肌肉的拉长越迅速,则收缩速度越快。

二、速度素质的分类

速度素质是指人体快速运动的能力,速度素质包括反应速度、动作速度和移动速度。

反应速度是指人体对各种信号刺激(声、光、触等)快速应答的能力,反应速度由神经反射通路的传导速度和神经系统的灵活性所决定,灵活性高,反应时间短,反应速度快;否则,反应速度就慢。反应速度还表现在运动员在完成动作时对各种动作结构和动作节奏快慢变化的控制能力和应变能力,如短跑练习者从发令到启动的时间,投掷、跳跃、跨栏等运动员在瞬间变化的情况下作出反应的快慢。反应速度基本属于纯生理过程,不受其他因素的干扰。纯生理过程的提高是相当困难的,很大程度上取决于遗传因素,训练可使练习者潜在的反应速度能力表现出来并稳定下来。

动作速度是指人体或人体某一部分快速完成某一动作的能力。

移动速度是指人体在特定方向上位移的速度,以单位时间内机体移动的距离为评定指标,在体育运动中常常以人体通过固定距离所用的时间来表示。

三、提高速度素质的方法与手段

（一）提高反应速度的方法与手段

1. 信号刺激反应法

这种训练法对各种突然发生的信号(声音、光、手势等)做出反应,完成各种动作。可提高练习者对简单信号的反应能力,适合于初学者和短跑项目的训练。

（1）看手势或其他信号做3米、6米、9米正面或转身跑。预备姿势可以是站姿,也可以是坐姿、跑姿或卧姿。

（2）运用视觉和听觉信号,做出各种快速起动和冲刺、移动变向、急停和跳跃练习。

（3）各种距离看手势起跑及冲刺比赛。

（4）教师抛垂直球,练习者定点起动,力争在球落地前从球下钻过,或让球下落并反弹起来,队员在第二次球落地前从球下钻过。

（5）一队员任意抛球,另一队员在起动移动接球后抛回,或一队员抛球,两个队员轮流抛球,也可一队员抛球,其他队员绕过若干障碍物将抛出的球接住。

（6）队员面对墙站立,教师向队员方向掷出各种变换球的同时发出信号,让队员将球接住后再抛给教师。

（7）全队做圆圈跑动报数,做好追人的准备。教师随意喊1或2,被喊到的队员立即加速追赶前面邻近的队员,要求在外圈一圈之内追到。

2. 运动感觉反应法

这是一种心理训练法,通过提高时间感知能力,进而提高反应能力,适合中长跑、游泳等项目,运用运动感觉反应法一般要经过三个阶段。

（1）练习者对某一信号快速做出应答后,由教师把所花费的时间告诉练习者。

（2）对信号快速做出应答后要求自己报出估计时间,然后教师再告之准确时间,让其比较两者的差距。目的在于提高练习者对时间感觉的准确性。

（3）最后要求练习者按事先规定的时间去完成动作。

这种练习可以提高练习者对时间的判断能力,促进反应速度的提高。

3. 移动目标反应法

这是对移动的目标(如球、对手等)的变化做出反应的练习方法。具体步骤如下：

(1) 看(或听)移动目标所发出的信号。

(2) 判断移动目标运动的方位和速度。

(3) 选择和确立对移动目标信号做出反应的应答方案。

(4) 做出应答反应动作。

其中最重要、最关键的是第二步,判断移动方位和速度的准确性会直接导致所选择和确定行动方案的正误,因此是练习的重点,练习中还可逐渐提高其难度。如果目标移动的速度过慢或过快,可缩短或增加目标与练习者之间的距离。

4. 选择性练习

选择性练习是提高反应速度的训练方法之一,指让练习者随着信号复杂程度的变化做出事先规定好的、但与通常不同的应答动作。例如,教师喊口令,同时向前跑,练习者则迅速向后转跑出;再如教师喊"蹲下"口令,练习者必须站立;教师喊向左转,练习者则向右转;教师喊一、二、三、四中某一数字,练习者及时做出相应(事先规定)的动作等。

5. 综合性练习

发展反应速度必须与发展灵敏、协调结合起来,通常采用的手段有球类活动、活动性游戏和综合练习等。

(二) 提高动作速度的方法与手段

1. 利用外界助力提高动作速度

这是指练习者在助力的帮助下,提高完成某一技术环节动作速度的练习。例如,在体操练习中经常采用助力(推、拉、拨、送等助力)帮助练习者提高动作速度完成动作;在推铅球练习中采用助力帮助练习者在最后用力阶段快速送髋,形成超越器械的动作。在使用助力手段时,必须掌握好助力的时机及用力的大小,同时让练习者很好地感觉助力的时间及力量大小,以便使他们能独立并及早地达到动作速度的要求。

2. 减少外界自然条件的阻力

这是指练习者在减少外界自然条件的阻力情况下完成某一技术环节的动作速度练习。例如,顺风跑,自然阻力减少,可以提高练习者两腿交换的动作速度;利用动作加速或变化重量的后效作用,提高动作速度;缩小完成练习的空间、时间界限。

3. 反复进行快速动作练习

这类练习能提高肌肉收缩速率,改善神经系统对肌肉的支配作用。常采用的手段有：

(1) 原地支撑快速高抬腿跑。

(2) 坐姿或站立快速摆臂。

(3) 快速挥臂。

(4) 快速踢、踹。

(5) 快速击打等。

其他如改变条件的各种专门练习,借助信号刺激提高动作速度,发展动作所需部位的肌肉力量等练习,也是常用的训练手段。

（三）提高移动速度的方法与手段

1. 通过提高力量素质发展移动速度

（1）上肢和全身负重力量练习：提拉杠铃、抓举杠铃、高翻杠铃、卧推杠铃等。

（2）下肢负重力量练习：半蹲走、弓步走跳或走、半蹲快速跳起等。

（3）各种爆发性的力量练习。

① 各种单、双足跳练习。

② 左右脚交替向前做跨跳练习。

③ 各种距离的多级跳练习。

④ 连续双脚跳越 3~5 个栏架或橡皮筋练习。

⑤ 立定或助跑 1~2 步的跳高或跳远练习。

⑥ 跳深练习。

⑦ 跳楼梯练习。

⑧ 半蹲姿势从高台跳下后，立即再跳过低障碍练习。

2. 反复进行专项练习

通过反复跑的专项练习，提高在快速移动中克服内外阻力的能力，是直接提高移动速度的重要练习手段。

（1）各种起跑。

① 碎步起跑。半蹲立，上体前倾，以手指能触地为宜，原地快速碎步跑 10 秒，听到信号后迅速起跑接疾跑 20 米，要求碎步跑时频率越快越好。每组练习 2~3 次，重复进行 2~3 组，组间休息 5~7 分钟。

② 跨步起跑。两手撑地，一腿向后伸直，另一腿关节尽量靠近胸部成跨步，听信号后迅速起跑接疾跑 20 米，要求起跑时收腿动作迅速。每组练习 2~3 次，重复进行 2~3 组，组间休息 5~7 分钟。

③ 变向起跑。背向蹲立，听信号后，迅速转体成蹲踞式起跑接疾跑 20~30 米，要求转体动作迅速，起跑动作符合技术要求，每组 2~3 次，重复进行 2~3 组，组间休息 7~10 分钟。

④ 高抬腿接起跑。站立做原地快速高抬腿练习，听到信号后迅速起跑接疾跑 20 米，要求高抬腿动作必须达到规定的标准，疾跑越快越好。每组练习 2~3 次，重复练习 2~3 组，组间 5~7 分钟。

⑤ 转身起跑。背对前方站立，听信号迅速转体 180°做蹲踞式起跑接疾跑 20 米，要求转体动作迅速，完成起跑动作迅速，每组练习 2~3 次，重复进行 2~3 组，组间休息 5~7 分钟。

⑥ 前倾起跑。两脚前后开立，身体自然向前倾，至重心前倾失控时迅速起跑 20~30 米，要求起跑前必须达到重心前移。每组练习 2~3 次，重复进行 2~3 组，组间休息 5~7 分钟。

⑦ 俯撑起跑。从俯撑开始，听信号后迅速收腿成蹲踞式起跑 20~30 米，要求起跑动作迅速，可采用比赛形式计时，每组练习 2~3 组，重复进行 2~3 组，组间休息 5~7 分钟。

（2）加速跑。以正确的姿势由慢到快，逐渐加速，一般跑 60~80 米距离，在速度较慢时，应注意技术动作的规范性，并在速度逐渐加快时动作不变形，此练习具有改进技术和发展加速能力的双重功效。

（3）反复跑。站立式起跑，用最快速度跑 30 米、60 米、80 米，强度大，间隔时间通常以心率恢复至每分钟 120 次为宜。

（4）间歇跑。间歇跑类似于反复跑，但其特点是严格控制休息时间，待上组练习尚未完全恢复时开始下一组练习，使机体承受"氧债"的能力得以提高，练习强度控制在80%～90%最大心率。间隔时间因人、因项目而异。

（5）变速跑。变速跑对于发展速度耐力，提高无氧代谢能力十分有效，变速跑由快跑和慢跑交替进行，确定快跑与慢跑的强度和时间间隔是保证变速跑练习效果的前提，通常慢跑段结束时心率恢复到140～150次，练习效果好，一般采用30米快+40米慢、100米快+100米慢等不同组合，各种变速跑的段落组合及强度及重复的次数要根据项目的特点、练习者的水平等因人而异。

（6）定时跑。全速跑15秒钟，留下距离标记，充分恢复后再跑，要求每次所跑的距离不能相差5米，重复练习5～7次。

（7）行进间跑。加速跑进至最大速度，并保持最大速度通过一段距离，这是发展跑速的常用手段，由于跑的速度快，动作容易紧张变形，故这个跑段不宜过长，通常为10～20米。例如，10米行进间跑，全力加速跑30米左右，达到最高速度，并保持最高速度持续跑进10米，此练习的核心是达到最高速度，力求竭尽全力跑出高速。

（8）上、下坡跑。蹲踞式起跑，听信号后全速沿7°斜坡跑道上坡跑30米，接转身下坡跑30米，返回为一组，重复3～4组，可采用比赛形式计时。

（9）30米计时跑。蹲踞式起跑，听信号后进行全速30米计时跑，要求预先规定速度标准。重复练习7～10次，每次速度不得低于预定速度的95%。也可采用成组30米计时跑。

（10）冲刺跑。采用30～60米的段落，快速起跑后，迅速进入高速跑，最后竭尽全力冲刺做压线动作。可成组进行。

（11）放松大步跑。采用60～80米段落，跑动时要求中速，重心高，步幅尽量拉开，脚跟提起，用脚前脚掌富有弹性地跑进。

3. 高频率的专门练习

（1）跑的专门性练习。通常有小步跑、高抬腿跑、后蹬跑、车轮跑等，采用这些练习不仅对纠正不正确动作有帮助，同时对速度也有严格要求。

（2）小步跑变加速跑。在跑道上做加快频率的行进间小步跑，听到信号后加速跑20米，要求有一定起跑速度，在高速下完成练习。

（3）高抬腿跑变加速跑。站立，快速行进间高抬腿，听信号后变加速跑20米，要求高抬腿跑的动作规范，频率逐渐加快。

（4）后蹬跑变加速跑。快速行进间做后蹬跑，听信号后变加速跑20米，要求后蹬有力，蹬摆配合协调。

（5）车轮跑变加速跑。快速进行间做车轮跑，听信号后变加速跑20米，要求听信号后逐渐加大上体的前倾，同时积极加强后蹬摆腿变加速跑。

第四节　耐力素质及其锻炼

耐力素质是指人体在长时间进行工作或运动中克服疲劳的能力，也是反映人体健康水平或体质强弱的重要标志。

一、耐力素质对体能发展的作用

1. 对血管系统的作用

提高耐力素质对心血管的作用,一是可以改善心率变化,二是可加强心肌力量。心率是反应心脏功能良弱的标志。人体运动时,循环功能的主要变化是心排血量的增加,各组织器官的血流量重新分配,特别是骨骼肌的血流量迅速增加,以满足其代谢增强时的能量供给。心脏具有一定的储备力,平日心排血量大约只有最大排血量的1/4。发展耐力素质可增大心肌力量,进而增加心排血量,从而提高人体活动能力。

(1)心率变化。健康成年人的心率,男子为65~75次/分,女子为70~80次/分。当人体发热、精神紧张时心率都会加快。一般来说,运动强度越大,心率越高,两者成正比例关系。但心率值是有极限的,正常人的心率最高值为180~200次/分(平均值为195次/分)。长期坚持耐力素质练习的人,安静状态下心率可比正常人的心率略低一些,田径运动员的心率大多为50次/分左右,马拉松运动员心率只有40次/分左右。为什么心率能保持低水平呢?原因之一是控制心脏活动能力的中枢神经系统对运动的一种适应性反应;原因之二是心脏容积增大,心肌收缩力加强,每搏输出量增多的结果。提高耐力素质可使心率减少,心脏功能得到改善。

(2)每搏输出量。每搏输出量的增多,说明心脏对耐力素质练习的适应性能力得到了提高。每搏输出量与最大吸氧量呈正比例关系,运动时心排血量变化直接影响机体各器官的有氧代谢。当心排血量达到最高峰时,吸氧量也达到最高峰。因此,心排血量又是决定有氧代谢能力的关键。有氧代谢供能能力又是全身耐力的原动力及构成体力的重要因素。提高耐力素质可使心排血量增大,体力增加,精力旺盛。

(3)血管变粗,毛细血管增多。坚持耐力素质练习的人,随着心血管系统功能的增强,人体的毛细血管增多,从而增多了血液流动的通道,供血量也大大增加,使各肌肉组织有足够的氧可以利用,同时排泄的功能也得到增强,使骨骼肌的耐力提高,不易疲劳。另外,还能使心脏肌肉组织的血管供血充分,可防止心脏病的发生。

经常从事耐力素质练习还有一个显著的效果,就是使血管的口径变大。不从事锻炼的人,其动脉口径不大,内径也相当狭窄,输送血液的毛细血管也不增多,所以供血不足,容易疲劳。

2. 对呼吸系统的作用

人体不断地从自然界吸入氧气,又不断地把新陈代谢产生的二氧化碳排出体外,这种吸氧和排出二氧化碳的气体交换过程,就是呼吸。执行呼吸任务的器官就是呼吸器官,呼吸器官包括鼻、咽、喉、气管、大小支气管和肺。进行气体交换的只有肺,其他部分是气体的通道,不能进行气体交换。

耐力素质练习需要消耗大量的能量物质和氧气,来供应所必需的能量,同时又产生大量的二氧化碳。在这种情况下,呼吸器官必须加倍地工作,从而使呼吸机能得到改善。主要表现在三个方面:

(1)呼吸肌增强。在进行耐力素质练习时,为了满足人体各组织所需的氧气量,一方面要加大呼吸深度,另一方面还要加快呼吸的频率,这样就使呼吸肌得到了锻炼。

(2)肺活量增大。长期从事耐力素质练习的人肺弹性增大,呼吸肌的力量增强,所以肺活量比不锻炼的人大得多,一般可增大20%左右。据有关调查,经常进行长跑的中老年人的肺活量,比同年龄的不锻炼者大30%左右。

(3) 加大呼吸深度。不参加体育锻炼的人的呼吸是浅而快,一般青年人安静时每分钟呼吸为12~18次,女子比男子稍快,儿童、少年和中老年人都比青年人快。经常从事耐力素质练习的人,能加大呼吸深度,呼吸的次数也可以减少。

3. 对肝功能的作用

耐力素质练习时,由于能源物质——糖的消耗增加,使肝脏的后勤供应加强,因而使肝脏的机能得到锻炼。运动员的肝脏里储备的糖原多,运动时向外输送得快。肝糖原对肝脏的健康极为重要,它能保护肝脏,医生之所以让患肝病的人适当多吃些糖,就是这个道理。经常坚持耐力素质练习的人肝脏机能比一般人水平高,对疾病的抵抗能力也强,在动用肝糖原时比一般人来得经济。另外,肝脏又是一个重要的消化腺,经常进行耐力练习,在肝机能提高的基础上,就更有利于食物的消化。

4. 对消化系统的作用

经常进行耐力素质练习,能提高胃肠的消化功能。进行耐力素质练习时肌肉运动加强了,除了需要心血管系统和呼吸系统输送给氧气外,还需要胃肠供给营养物质。这样,消化腺分泌的消化液就更多了,消化管道的蠕动就更强了。胃肠的血液循环得到改善,使食物的消化和营养物质的吸收进行得更加顺利和充分。

5. 对神经系统的作用

长期进行耐力素质练习,能使神经兴奋与抑制、传导与反应等机能得到明显的改善;可以使人的精力充沛,精明果断,动作迅速、准确、有力;可以使人体对外界刺激的适应能力有明显的提高;使机体对致病因素的抵抗能力有显著的增强。例如,当长期从事耐力素质练习者受到突然的寒冷侵袭时,就能迅速收缩毛孔表层血管,增加新陈代谢等防御反射;在炎热的环境里,就能迅速舒张表层血管,以加强热的散发;当细菌侵入人体,能快速动员各种防御机能,以保护身体免受损害。这些都是神经系统功能良好的具体表现。

二、体能发展中提高耐力素质的方法与手段

(一) 提高耐力素质的方法

1. 持续练习法

持续练习法是指负荷强度较低、负荷时间较长、无间断地连续进行练习的方法。持续练习法主要用于发展一般耐力素质,可提高有氧代谢系统供能能力以及该供能状态下有氧运动的强度,可为进一步提高无氧代谢能力及无氧工作强度奠定坚实的基础。

持续练习法的特点:技术动作可以单一,也可多元,平均强度不大,负荷时间相对较长,以有氧代谢系统功能为主。一组练习的持续负荷时间至少应为10分钟以上。负荷强度心率指标平均为每分钟160次左右。

2. 间歇练习法

间歇练习法是指对多次练习时的间歇时间做出严格规定,使机体处于不完全恢复状态下,反复进行练习的方法。合理应用间歇练习法,可使心脏功能得到明显的增强,使机体各机能产生适应性变化。

间歇练习法的特点:练习时的心率控制在每分钟170~180次即可,间歇时间以心率降至120次为开始下一组练习的确定依据,动作结构前后稳定。每次练习的次数(组数),因人而异。

3. 重复练习法

重复练习法是指多次重复同一练习,两次(组)练习之间安排相对充分休息的练习方法。通过多次重复练习,不断强化运动条件反射的过程,有利于掌握和巩固技术动作;可使机体尽快产生较高的适应性机制,有利于发展和提高身体素质。构成重复练习法的主要因素有:单次(组)练习的负荷量、负荷强度及每次(组)练习之间的休息时间。休息的方式通常采用静止、肌肉按摩或散步。

重复练习法的特点:一次练习的负荷时间较长,负荷强度较大并与负荷时间呈现相关性;能量代谢主要由糖酵解供能系统完成;间歇时间充分。

4. 循环练习法

循环练习法是指根据训练的具体任务,将练习手段设置为若干个练习站,练习者按照既定顺序和路线,依次完成每站练习任务的练习方法。运用循环练习法,可有效地激发练习者的情绪,累积负荷"痕迹",交替刺激不同体位。

循环练习法的特点:各练习站有机联系,各个练习站平均负荷强度相对较低,各组循环内、各站之间无明显中断,一次循环的持续负荷时间较长;负荷强度高低交替搭配进行;循环组数相对较多。

5. 变化练习法

变换练习法是指变换运动负荷、练习内容、练习形式以及条件,以提高练习者的积极性、趣味性、适应性及应变能力的练习方法。变换运动负荷,可使机体产生适应性变化,从而提高承受运动负荷的能力。变换练习内容,可使不同运动素质、运动技术和运动战术得到系统的训练和协调的发展。

变化练习法的特点:降低负荷强度,有利于学习和掌握运动技术;提高负荷强度及密度,可使机体适应大强度工作的需要。

(二) 提高耐力素质的练习手段

1. 有氧耐力练习

(1) 定时跑。在场地、公路或树林中做 10~20 分钟或更长时间的定时跑。

(2) 定时定距跑。在场地或公路上定时跑完规定距离的练习,如要求在规定时间内跑完 5 000 米。

(3) 变速跑。在场地上进行。快跑段、慢跑段和强度应根据任务与要求决定。一般以 400 米、600 米、800 米、1 000 米等跑段进行。快跑段心率控制在 140 次/分左右,慢跑段心率恢复到 120 次/分以下,间歇时心率恢复到 100 次/分以下时,开始下一组练习。

(4) 重复跑。在跑道上进行。重复跑的距离、次数与强度也应根据任务与要求而定。发展有氧耐力重复跑强度不应大,跑距应较长些。

(5) 越野跑。在公路、树林、草地、山坡等场地上进行。跑的距离一般在 4 000 米以上,或多达 10 000~20 000 米。时间一般在 20 分钟以上。

(6) 法特莱克跑。在场地、田野、公路上进行。它也是自由变速的越野跑或越野性游戏。持续 30 分钟左右,也可更长时间。

(7) 水中定时跑。不规定游泳姿势及速度,只规定在水中游一定的时间,如不间断地游 15 分钟、20 分钟等。

(8) 5 分钟运球跑。篮球场内,以单手或双手交替运球跑动 5 分钟,要求不间断跑动,不能静止运球。

（9）30分钟以上的足球游戏。在足球场或手球场打比赛性游戏。

（10）篮球"斗牛"游戏。篮球场上打半场或全场比赛性"斗牛"30分钟以上。

（11）5分钟以上的循环练习。选择8~10个练习，组成一套循环练习，循环进行5分钟以上。心率控制在140~160次／分，休息时心率恢复到120次／分以下时，开始下一组练习。

（12）5分钟以上的跳舞。如健美操等，不间断地跳5分钟以上，心率控制在160次／分以下。

2. 无氧耐力练习

（1）原地间歇高抬腿跑。原地做快速高抬腿练习。如发展非乳酸性无氧耐力，则可做每组5秒、10秒、30秒快速高抬腿练习，要求越快越好。为发展乳酸性无氧耐力，则可做1分钟练习，或100~150次为一组练习。

（2）高抬腿跑转加速跑。行进间高抬腿跑20米转加速跑80米。

（3）原地或行进间间歇车轮跑。

（4）反复跑。重复次数应根据距离的长短及学生水平而定。

（5）间歇行进间跑。行进间跑距根据水平而定，计时进行。

（6）计时跑。可做短于专项距离的重复计时跑或长于专项距离的计时跑。

（7）迎面接力反复跑。跑道上，两队相距100米，迎面接力跑，要规定每棒时间。

（8）反复加速跑。跑道上加速跑100米或更长距离。跑完后放松走回再继续跑。

（9）反复超赶跑。在田径跑道或公路上，10人左右成纵队慢跑或中等速度跑，听口令后，排尾加速跑至排头。

（10）变速跑。变速快跑与慢跑结合进行。快跑段与慢跑段距离，应根据练习者实际而定。如发展非乳酸性无氧耐力，则常采用50米快+50米慢+100米快+100米慢，或直道快+弯道慢，或弯道快+直道慢等进行练习。如发展乳酸性无氧耐力，常采用400米快+200米慢，或300米快+200米慢，或600米快+200米慢等进行练习。

3. 有氧、无氧混合耐力练习

（1）定时、定速竞走。在场地或公路上，用80%左右的速度竞走1~2分钟。

（2）定时、定距跑。在场地或公路上跑1~2分钟，跑距400~600米，速度控制在80%最高速度左右。

（3）重复跑。在场地上重复跑600米或800米，速度控制在80%最高速度左右。

（4）原地高抬腿跑。原地高抬腿跑1~2分钟。

（5）上坡跑。在10°的斜坡路道或公路上做上坡跑，持续1~2分钟为一组。

（6）球场往返跑。足球场边线站立，听口令跑至足球场对面边线后再转身跑回，时间为1~2分钟。

（7）往返运球投篮。在篮球场由一端跑至另一端篮下投篮后再运球返回投篮，连续做1~2分钟。

（8）原地双脚跳绳。原地1~2分钟双脚跳绳。

（9）原地沙坑上跳。在跳远沙坑，连续完成1~2分钟上跳练习。

（10）定时定速游泳。在规定1~2分钟时间内用80%~90%的最高速度游泳。

三、提高耐力素质的注意事项

（1）重视呼吸能力的培养。

（2）有氧耐力练习与无氧耐力练习相结合。

（3）积极恢复,消除疲劳。

（4）加强医务监督。

第五节　柔韧素质及其锻炼

一、柔韧素质的定义

柔韧素质是指人体关节在不同方向上的运动能力以及肌肉、韧带等组织的伸展能力。发展柔韧素质,不仅可以加大动作幅度,使动作更加优美、协调,而且能加大动作的力量与速度,加速机体疲劳的消除,减小受伤的可能性。因此,正确地进行柔韧素质练习,对于提高学生的体能水平与运动技术水平具有重要的意义。

柔韧素质对各项运动技术的掌握和发挥具有重要的作用,其具体作用如下：

（1）加大运动幅度,加速动作掌握进程,有利于技术水平的提高,使技术动作更加协调和准确。

（2）提高关节的灵活性,增加动作的协调性和优美感,可获得最佳的效果。

（3）提高动作速度,增强肌肉收缩力。根据肌肉收缩产生力的大小因素来看,肌肉初长度越长,产生的肌力就可能越大。通过柔韧素质练习,可提高肌肉初长度。

（4）可以节约能量,使肌肉维持较长的工作时间。

（5）可以消除疲劳。目前,国内、外许多体育工作者都把柔韧练习列为整理活动的重要组成部分,其目的就是为了减小肌肉酸痛,促使疲劳物质的代谢,加速运动后疲劳的消除。

（6）可以预防运动损伤。提高关节的柔韧性,可以改善与提高其周围韧带和肌肉的弹性与活动幅度,这对预防运动损伤、提高运动成绩、延长运动寿命具有十分重要的意义。

二、提高柔韧素质的方法和手段

（一）提高柔韧素质的方法练习

1. 主动柔韧性练习

这是指人体靠自己的力量将软组织拉长,如做站立体前屈、前后摆腿等。

2. 被动柔韧性练习

这是指在外力帮助下使人体的软组织得到拉长,如同伴帮助压腿,逐渐提高后举腿的幅度等。

做被动柔韧性练习时,动作幅度一般都会超过主动柔韧性练习的指标,人体的被动性练习与主动性练习的指标差距越大,这说明学生的柔韧素质潜在的能力越大。所以说,被动性练习对提高柔韧素质具有积极意义和重要影响。

3. 动力拉伸法

这是指有节奏地、通过多次重复同一动作的练习,使软组织逐渐地被拉长的练习方法。

4. 静力拉伸法

这是指先通过缓慢的动力拉伸动作将肌肉等软组织拉长,当拉伸到一定程度时暂时静止不动,使这些软组织得到持续被拉长的方法。

在柔韧素质锻炼中,一般应把动力和静力拉伸方法结合起来练习,即在做拉伸柔韧练习时,应有动力拉伸和静力拉伸,动静结合效果更佳。在做上述练习方法中可主动完成,也可被动完成。

(二)提高柔韧素质的练习手段

1. 颈部

(1) 头部绕环。两脚开立,两臂体后屈肘互抱,头部向前、左、后、右依次做绕环动作。要求两臂抱紧,绕环幅度逐渐加大。

(2) 头部屈动。两脚开立,两手叉腰,头向前屈,还原;向后屈,还原;向左屈,还原;再向右屈,还原。连续练习,要求屈动的角度为45°。

(3) 左右转头。两脚开立,两手叉腰,头向左转,还原;再向右转,还原。反复练习。要求头要平转,不能抬头或低头。

2. 肩关节

(1) 单人练习。

① 直屈臂绕环。两脚开立,两臂侧屈于肩上,两手扶肩上做向前、向后绕环;两臂伸直,以肩关节为轴做向前、向后绕环。要求做时肩关节放松;逐渐加大绕环幅度,直臂绕环时不能屈臂。

② 两臂前后绕环。两脚开立,两臂上举,一臂直臂向前,另一臂直臂向后同时绕环,数次后两臂交换方向练习。要求以肩带臂,两臂充分伸直,逐渐加大绕环幅度。

③ 胸部含展。两脚开立,两手垂于两侧,含胸,还原;挺胸,还原。要求含展充分,不能端肩。

④ 上下振臂。两脚开立,一臂上举,另一臂下举,同时用力后振。两臂交换练习,反复做。要求振臂时挺胸,臂不得弯曲,振幅逐渐加大。

⑤ 双手握振臂。两脚开立,双手体前交叉,翻掌上举,同时用力后振,数次后拉到极限时臂上举不动,静止 15~20 秒,要求振臂时挺胸,两臂不能弯曲,振幅逐渐加大。

⑥ 反拉肩。两脚开立宽于肩,两手背后相握,上体前屈,两臂后振,数次后,两臂摆到极限时静止 15~20 秒,要求振幅逐渐加大。

⑦ 侧拉肩。两脚开立,两臂屈肘互抱于头后,一手拉引另一臂的上臂,用力侧屈,侧拉至极限时静止 15~20 秒,左右侧交换做。要求做时上体不得前倾。

⑧ 背撑拉肩。练习时仰卧,两脚垫高;两臂屈肘向前撑地;两臂伸直顶肩,同时,挺胸,抬头。多次重复。要求直体。

⑨ 跪姿压肩。并脚跪立,两臂向前伸直,手扶地做下振动作,数次后拉到极限静止 15~20 秒。要求逐渐加大振幅。

⑩ 仰卧拉肩。直脚坐于垫上,手指朝后直臂后侧撑垫,做屈腿身体前移的拉肩动作。反复练习。要求两臂撑直,逐渐加大移动幅度。

(2) 双人练习。

① 双人压肩。二人面对分腿站立体前屈,两人双臂各搭对方的肩上,做上体同时下振动作。也可做左右侧压肩动作,几种姿势反复练习。要求腿不得弯曲,下振时躯干前倾90°以下。

② 双人拉肩。二人背对背,相距一步,两脚开立,两手上举,头后相互紧握,各自用力前拉,臂与肩齐平时,静止 10～15 秒。要求双脚不得移动,持续用力,保持均衡。

③ 助力拉肩。直腿坐,两臂后伸。同伴于体后握其双腕,使其直臂后举,有伸拉感时持续 20 秒。要求上体不得前屈,同伴用力不要过猛,要缓慢用力。器械练习有肋木上的压肩、拉肩、侧转拉肩等;在单杆或吊环上做各种握法的悬垂、借助绳或木棍的转肩练习。

④ 分腿坐压肩。分腿坐,上体前屈,两臂前伸,手掌触地;同伴于身后,双手按压其肩胛骨部位,使其胸、腹、双臂紧贴地面,并保持该姿势 20 秒。要求按压时要缓慢用力。连续做 3～5 次后交换。

⑤ 双人顶拉肩。练习者两脚前后开立,两臂上举,两手互握,同伴在体后一手向后拉臂,另一手向前上方推肩,连续进行 5～10 次后交换做。要求逐渐用力。拉到极限后稍停留 5 秒。

（3）利用器械的练习方法。

① 压肩。面对肋木站立,上体前屈,两臂前伸握肋木,含胸,低头,躯干用力向下振动,使肩拉开,振幅逐渐加大,振至最大角度时静止 15～20 秒。

② 拉肩。背对肋木,两腿开立下蹲,两臂上举正握肋木,胸腹前挺,做拉肩动作,连续做 5～10 次为一组。要求臂和腿都要蹬、拉直。

③ 侧拉转肩。侧对肋木,内侧手反握肋木,做向前蹬地、转体、拉肩动作,反复练习,两臂交换进行。要求转体后,身体充分拉开,拉开的肩角为 90°～120°。

④ 持棒转肩。两脚开立,两手握体操棒两端,直臂经体前、上、后方向做转肩动作,将体操棒置于体后,再还原。要求两臂不得弯曲。

⑤ 背握悬垂。练习者两臂上举,两手反握高单杠,身体悬垂,静力伸展。要求肩充分放松,身体与两臂成直线。

3. 肘关节

（1）小臂绕环。两脚开立,两臂侧平举,大臂不动,小臂以肘关节为轴做向内、向外绕环,反复练习。要求肩肘放松,先慢后快。

（2）肘绕环。练习者站立,右臂屈肘,右手持哑铃上举。以肘为轴,右手向内、向外或由内连续绕环。要求肘始终抬与肩平。

4. 腕关节

（1）单人练习。

① 手腕绕环。两脚开立,两臂在胸前屈臂,两手指交叉做向内、向外的绕环动作。要求腕关节放松,绕环自如。

② 压指练习。两臂胸前屈,两手交叉互握,两臂向下、向前、向上屈伸臂,同时做翻掌动作。数次后,两臂向前翻掌至极限时,静止 20～30 秒。要求臂伸展时充分伸直,不能弯曲。

③ 面壁推手。面对墙站好,距离 1～1.5 米身体前倒,连续做手指推撑练习。

（2）双人练习。

双人直腿对面坐,两脚相对,两手互握,互相后倒拉对方,脚蹬住,膝不能弯曲,逐渐加大力量。也可两人交替做体前屈和后倒动作,后倒时肩要着地。反复练习。

（3）器械练习。

① 腕旋转。练习者站立,右臂上举持棍成水平状,左右旋转手腕至最大幅度。要求水

平旋转腕关节。

② 腕屈伸。练习者两手持系有重物的木棍前屈站立,两手不断交替屈伸上卷重物。要求加大腕屈伸幅度。

③ 手指拨球。两脚开立,两臂屈于胸前持球,做手指左、右拨球的动作。要求小臂始终垂直,用手指拨球,手腕同时发力。

5. 膝关节

膝关节的柔韧主要发展腿部后面肌群(股二头肌、半腱肌、半膜肌、小腿三头肌、胫骨后肌)的伸展性;发展屈膝能力主要发展腿部前面肌群(股四头肌、缝匠肌、胫骨前肌、拇长伸肌)的伸直性。

(1) 双腿屈伸。两腿并拢,两手扶膝做下蹲动作,反复进行。要求下蹲充分,蹲起时膝盖伸直,速度可由慢到快。

(2) 膝关节绕环。双手扶膝成半蹲,左右旋转绕环,或开合加旋转绕环。要求膝关节放松,逐渐加大转动幅度。

(3) 膝关节屈伸。身体呈全蹲姿势,两手握踝关节,两腿伸直后再蹲下,反复练习。要求两手不能离开踝关节,腿尽力伸直。

(4) 体前屈伸膝。练习者体前屈膝,两手撑地站立。两腿伸膝至直立,全脚掌撑地。多次重复,要求可以做静力伸展膝。

(5) 跪姿伸直两膝。练习者呈蹲踞式起跑姿势,两腿同时伸膝至前脚掌撑地,手指撑地。多次重复。要求在规定的时间内完成。

(6) 体前折体。练习者仰卧,向后上摆腿,提臀至各种折体。要求提臀至垂直部分。

(7) 体前屈走。练习者两脚前后开立,两手上举。上体前屈,右手向后触左脚踵,然后直体。左脚前迈步,上体前屈,左手向后触右脚踵。两脚与两手交替向前协同配合。要求逐渐加大步幅。

(8) 体前屈弓步走。练习者成左弓步,上体前屈,左手触左外侧踝,右手斜上举。然后右腿屈膝前摆成右弓步,右手触右外侧踝。两腿交替弓步走。要求弓步走幅度逐渐加大。

(9) 体前屈体后屈压腿。练习者上体伸直,两腿成纵叉。上体前屈,两手向前搬前脚;然后上体后屈,两手向后触后脚。前、后屈体交替。要求髋充分伸展。

(10) 仰卧起抱膝坐。练习者仰卧,听口令立即向前抬体,同时屈膝、折体,两手抱膝。要求上下肢协调配合。

6. 髋关节

(1) 左右转髋跳。练习者两腿左右大开立,两手叉腰或两手下垂。两脚用力跳起,以髋为轴,向左转髋90°,左脚踵、右前脚掌撑地;然后向右转髋180°,右脚踵、左前脚掌撑地。多次重复。要求髋前后转动,逐渐加大两腿之间的距离。

(2) 仰卧挺髋。练习者两臂上举成仰卧,手背与脚踵着地,手背与前脚掌撑地,同时,向上挺髋,静力伸展。要求腹肌紧张。

(3) 屈膝仰卧挺髋。练习者屈膝仰卧,向上挺髋,提踵,至肩着地。要求充分挺髋。

(4) 跪立成背弓。练习者两手反叉腰跪立,向前挺髋至背弓。要求控制住身体,不能前倒。

(5) 波浪起。练习者屈膝体前屈站立,两臂下垂,弓背、上摆臂、蹬腿、挺胸、抬头、提踵。

要求动作顺序连贯、协调。

7. 踝关节

（1）踝关节屈伸。站立，两手叉腰，一腿前举，做踝关节屈伸动作。两腿交换练习。要求屈伸要充分。

（2）踝关节绕环。直立，两手叉腰，重心移至一脚，另一脚脚尖着地，做踝关节绕环动作。两脚交替练习。要求踝关节放松，逐渐加大幅度。

（3）跪坐压脚背。跪坐，两手在两侧扶垫，臀部后坐压脚背，膝关节上抬，还原。可连续做，也可在抬到最高点时静止 5~10 秒。

（4）体前屈伸踝。练习者体前屈直立，两手撑地。两腿伸踝提踵至脚尖，两手指撑地。多次重复，要求向上提臀保持高重心。

（5）单腿提踵。练习者右脚站立，两手扶肋木。两手不动，右脚连续提踵。要求提踵至脚尖。

8. 脊柱

脊柱的柔韧包括颈椎、胸椎、腰椎的柔韧。方法有跪立的体后屈、体侧屈、虎伸腰等。胸、腰椎柔韧素质常结合在一起练习，主要采用下腰、体前屈等练习。

（1）双人体侧屈。

① 两人肩并肩站立，内侧手相握，外侧手头上相握，同时两人外侧腿向侧迈一步，成侧弓步，做体侧屈。

② 两人背对背站立，两臂侧平举，两手互握，同时向侧屈体。要求两人动作协调一致，动作幅度逐渐加大。

（2）侧摆体。

练习者两手握高肋木，身体自然下垂。以肩为轴，向左、右摆体。要求身体在平面内摆动。

9. 腰腹部

（1）弓箭步转腰压腿。

（2）体前屈手握脚踝，尽量使头、胸、腹与腿相贴。

（3）后桥练习，逐渐缩小手与脚距。

（4）双人背向，双手头上握或互挽臂互相背。

（5）分腿坐撑挺腹、仰卧起"桥"、下"桥"挑腰起及双人互背、下腰练习、握手翻身等。

10. 胸部

（1）俯卧背屈伸。

（2）虎伸腰。练习者跪立，手臂前放于地下，胸向下压。要求主动伸臂、挺胸。

（3）练习者面对墙站立，两臂上举扶墙，抬头、挺胸、压胸。要求让胸尽量贴墙，幅度由小到大。

（4）练习者背对鞍马头站立，身体后仰，两手握环，使胸挺出。要求充分伸臂，顶背拉肩。

（5）练习者并腿坐在垫子上，臂上举，同伴在背后一边向后拉其双手，一边用脚蹬练习者肩背部，向后拉肩、振胸。

11. 腿部

（1）前后劈腿，左右劈腿。

（2）压腿。将脚放在一定高度上，另一腿站立，脚尖朝前，然后正压（勾脚）、侧压、后压。

（3）踢腿。原地扶把杆或行进，正踢、侧踢、后踢。

（4）摆腿。向内、向外摆腿。

（5）弓箭步压腿、跪坐压脚面，用脚内侧、外侧、脚跟、脚尖走。

（6）分腿坐压腿、屈腿坐压腿等单人练习。

（7）双人练习。体前屈振动、助力前压腿、助力推压上举腿、助力压膝等。

三、提高柔韧素质应注意的问题

（1）柔韧性练习要持之以恒。

（2）加强柔韧性锻炼的科学性，合理控制柔韧性的发展水平。

（3）发展柔韧性要全面。

（4）发展柔韧素质应与发展其他身体素质同步进行。

（5）柔韧性练习要因人而异。

（6）发展柔韧素质要从小抓起。

（7）注意练习时的外界温度。

（8）柔韧性练习后应结合放松练习。

（9）柔韧性练习时要防止受伤。

参考文献

REFERENCES

[1] 王步标,华明.运动生理学[M].2版.北京:高等教育出版社,2011.
[2] 邓树勋,王健,乔德才,等.运动生理学[M].3版.北京:高等教育出版社,2015.
[3] 易锋,刘德华.大学生体育健身原理与方法[M].苏州:苏州大学出版社,2015.
[4] 于德淮.运动损伤防与治[M].沈阳:辽宁科学技术出版社,2010.
[5] 刘舒,张佩文.运动损伤图解[M].北京:北京体育大学出版社,2008.
[6] 张笑昆.运动损伤与康复[M].哈尔滨:黑龙江教育出版社,2007.
[7] 程丹彤,徐中秋.有氧运动全书[M].北京:中国纺织出版社,2010.
[8] 王世涛,王永超.有氧运动[M].长春:吉林出版集团有限责任公司,2010.
[9] 刘炎.有氧运动与运动保健[M].北京:中国医药科技出版社,2006.
[10] 宫美凤.大学生健美健身精粹[M].北京:北京航空航天大学出版社,2011.
[11] 曲爱玲.形体与健美[M].海口:南海出版公司,2010.
[12] 潘国建.形体健美理论与方法[M].上海:学林出版社,2010.
[13] 张凤民,齐景龙.健美运动[M].长春:吉林出版集团有限责任公司,2010.
[14] 康江龙.新编实用体育与健康教程[M].西安:西安交通大学出版社,2010.
[15] 王旭冬.体育健身原理与方法[M].北京:北京体育大学出版社,2008.
[16] 刘胜,张先松,贾鹏.健身原理与方法[M].武汉:中国地质大学出版社,2010.
[17] 林鸿严.健身宝典[M].广州:广东科技出版社,2010.
[18] 满昌慧,李祥晨.安全健身理论与实践[M].北京:中国林业出版社,2010.
[19] 张先松.健身健美运动[M].武汉:华中科技大学出版社,2009.
[20] 范青惠.大学生健身安全指南[M].北京:北京体育大学出版社,2009.
[21] 陈琳,侯菊花.健身锻炼方法与评定[M].郑州:河南人民出版社,2010.
[22] 毛振明.大学生体育文化与实技教程[M].沈阳:东北大学出版社,2013.
[23] 郝光安,冯青山,丁兆锋.大学体育教程[M].北京:人民体育出版社,2012.
[24] 谭志刚,雷智勇,吴润平.大学体育与健康[M].西安:西安交通大学出版社,2014.
[25] 毛振明.现代大学体育[M].北京:教育科学出版社,2015.
[26] 易锋,刘德华.大学体育教程[M].苏州:苏州大学出版社,2015.
[27] 唐宏贵.体育健身原理与方法[M].武汉:湖北人民出版社,2006.
[28] 魏胜敏,李艳,沈震.现代休闲体育健身养生原理与方法[M].北京:中国时代经济出版社,2014.